JN081682

新・考える民法Ⅲ
債権総論
［第2版］

平野 裕之

慶應義塾大学出版会

第2版 はしがき

　新・考える民法シリーズは，単なる司法試験受験対策本ではなく，およそ司法試験に出題されないような，判例もない学者の論文でも論じられていない問題まで取り上げていた。頭の体操とでもいうべき問題を多く含んでいた。それゆえに，司法試験受験生の需要に応えるものではなかった。それをこの『Ⅲ債権総論』旧版からはかなり路線変更をしたつもりであったが，それでも，まだまだ司法試験の問題を遙かに凌駕する問題が含まれていた。

　今回の改訂では，このような本にアカデミックな需要はないときっぱり諦め，「考えすぎる民法」からの更なる脱却を試みた。マニアックな問題は削除し，問題によっては，関連問題という形で解説だけ残している。学問的には「考えすぎない民法」への退化であるが，司法試験受験対策本としては，大いなる進化である。他にも，設例をより簡単にしたり，場合分けの作業を軽減したりと，問題文の改善をした。このシリーズを授業で使用していて，学生からはレベルが高すぎると批判されたが，そのような声を聞かなくて済むのは清清するが，悲しさもある。どこまで「無毒化」が成功しているかは分からないが，授業で使用してみて，更なる改善を図りたい。

　本書でも本シリーズⅠ総則と同様に模範答案例をつけている。あくまで参考であり，書き方についてはこれでなければならないというものではない。また，〔設問〕について関係者の図を載せてみた。この図をどこに置くかは迷ったが最初にまとめておいたので，必要に応じて解説を読む際に参照していただきたい。更にいうと，解説中に【図】を加えて理解がより深められるための工夫を図っている。後二者は本シリーズで本書初めてである。ささいな変更であるが，学習書としては大きくパワーアップしたものと信じている。

　ところで，改めて司法試験とはどのようなものと位置付けられているか確認すると，司法試験法1条1項では，「司法試験は，裁判官，検察官又は弁護士となろうとする者に必要な学識及びその応用能力を有するかどうかを判定することを目的とする」と規定されている。論文式試験については，同3条2項が，「論文式による筆記試験は，裁判官，検察官又は弁護士となろうとする者に必要な専門的な学識並びに法的な分析，構成及び論述の能力を有するかどうかを判定することを目的と」するものと規定する。また，同4項には，「……知識を有するかどうかの判定に偏することなく，法律に関する理論的かつ実践的な理解力，思考力，判断力等の判定に意を用いなければならない」とも規定する。

　要するに，①法的知識，②法的応用能力（分析，構成及び論述の能力）が，司法試験の論文試験では試されることになり，採点は知識だけを見るのではなく，**事案を分析**したり，答案を構成・論述する能力も採点されることになる。判決文や司法試験の答案には，定型的なパターンがあり，金太郎飴判決，金太郎飴答案が要求される。金太郎飴答案が批判されたことがあるが，金太郎飴答案の方が採点は楽でありがたい。

　本書に話を戻すと，本書の当初の意図は，学者的な学理的分析能力の涵養にも重きを置いた。それを大いに改め，<u>マシーンになって金太郎飴答案を作成するための留意点を示す</u>だけの本になっている。研究者養成ではなく，実務法曹養成のための教育には必要であると自分に言い聞かせるしかない。ただそれでも，民法の議論は，簡単に理解して記憶できるようなものばかりではないので，学生がよく分かっていない問題点を易しく説明をして理解させることは必要であり，実はそのためには学理的分析能力が必要である。

　最後になったが，今回も慶應義塾大学出版会の岡田智武氏にお世話になった。この場を借りてお礼を申し上げたい。また，校正の段階で早稲田大学法学部のゼミ生である，菅家利宇乃，野澤光司，上田千和，宮澤慶，宮垣花・堀越謙志郎，安池広隆，鈴木一平，林隼輔，細谷愛（以上4年生），上田菜奈子，菊地柊，吉幸祐紀（以上は3年卒業の3年生）の諸君には，校正に目を通してもらい貴重な意見を出してもらった。ここに併せて感謝し，彼らまた彼女らの今後のご活躍を祈念したい。

　2024年4月

平野裕之

初版 はしがき

──本書の方針及び使用法の説明を兼ねて──

　本書は，拙著『新・考える民法Ⅰ［民法総則］』及び『新・考える民法Ⅱ［物権・担保物権］』に続く債権総論を扱う『新・考える民法Ⅲ［債権総論］』である。2020 年 4 月をもって，2017 年改正民法が施行されることになり，本書は改正法に従って説明をしている。もちろん，改正法の文脈において旧規定との関係について理解が必要なこともあり，必要に応じて旧規定についても言及している。

　読者は問題をまず読んで何を書いたらよいのか大まかな指針を知りたいと思うであろうから，まず冒頭には書くべき論点とその問題における重要度を示した。そこに示した論点の重要度は，その問題の文脈における重要度に過ぎず，その論点の設問を離れた学問的重要度ではないことに注意して頂きたい。どんなに学問的に重要な論点であっても，設問の中の位置づけとしては触れる程度でよいとされるものは問いにおける重要度は低くなるのである。また，設問ごとの解説の冒頭に出題の趣旨的な概説を示した。そして，最後には，答案の大体の書き方について答案構成の一応のサンプルを示しておいた。これでなければいけないということはなく，あくまでも 1 つの参考例として考えて頂ければ幸いである。

　よい答案は，木に喩えて比喩的に言えば，幹がちゃんとできており大きな枝だけでなく，枝葉まで丁寧に落とさず見事に書いてあり，かつ，周りに不要な雑草も生えていない答案である。大きな枝が何本か足りなければ大きな点差がつくが，ほぼ同じ樹形でそれなのに差がつくのは枝葉の部分まで丁寧に書いてあるかどうかの微妙な差である。実力的には大差ないのに答案では差が出るのはこの程度の差である。そのための能力を身に付けるためには，事例問題を数多くこなして経験的に身に付けるしかない。

　ところで，辰巳法律研究所の前シリーズ同様，本シリーズも『考え過ぎる民法』と揶揄され，司法試験のレベルを超えてしまっていないかと危惧をしている。特に改正法の残された問題点にまで論点が及ぶものには，まだ議論も定着

していないし不要だという意見は当然出されるであろう。しかし，知識を吐き出すだけでなく，考える力を鍛える上で必要なので，かなり難問と思われるような問題も取り上げた。本書が現実の司法試験の問題を超えてしまっているとしたら，早く司法試験の問題が『新・考える民法』に追いつくことを期待したい。

　本書の出版には岡田智武氏にお世話になった。この場を借りてお礼を申し上げたい。『新・考える民法Ⅳ［債権各論］』も引き続き今年中には出版する予定である。

2020 年 3 月 20 日

平 野 裕 之

目　次

次の文章を読んで、後記の［**設問1**］、［**設問2**］及び［**設問3**］に答えなさい。（配点：100点〔［設問1］、［設問2］及び［設問3］の配点は、40：30：30〕）

【事実Ⅰ】

1.　2024年10月10日、高級なαリンゴを栽培する甲リンゴ園を経営するAは、地元のB会社と、既に収穫可能な同園のリンゴを1箱10個入りで100箱（合計1000個）を販売する契約を締結した。代金は1箱3000円で合計30万円とし、代金の支払は納品後1週間以内に行う約束である。

2.　Aは、同月12日に、甲リンゴ園のリンゴをC会社にも1箱10個入りで100箱（合計1000個）を同じく合計30万円で販売した。BまたCへのリンゴの引渡しについては、10月末まで行うことが合意され、引渡方法は、Aがその倉庫に準備をし、BCが受け取りに行く約束になっている。

3.　同年10月24日に、甲リンゴ園の地域を猛烈な台風が襲い、甲リンゴ園もリンゴが大量に落果する被害を受けた。上記台風の通過後、Aが甲リンゴ園を確認したところ、収穫可能なリンゴは思ったより少なく1000個しかなかった。

4.　Aは事情をBCに話して、それぞれ50箱ずつしか引渡しができないこと、代金は15万円となることを連絡した。しかし、BもCもこれを了承せず、甲リンゴ園に1000個あるならば100箱（合計1000個）約束通り引き渡すよう求めている。同年10月27日、Aは毎年購入してくれているBを優先し、1000個を収穫し100箱に詰めて、これを全てBに引き渡した。

［設問1］

【事実Ⅰ】1から4までを前提として、Cは、A及びBに対してどのような法的請求また法的主張をすることができるか、理由を付して解答しなさい。Aに対するBCの権利については、①500個の引渡請求権ずつになるという考え

と、② 1000 個の引渡請求権のままという考えとが可能であるが、いずれを適切と考えるか検討した上で解答しなさい。なお、本件台風による落果は、不可抗力によるものとして考えよ。

【事実 II】

　【事実 I】1～3 の後に、以下の事実があった。

5.　A は事情を BC に話して、それぞれ 50 箱ずつしか引渡しができないことを了承してもらい、BC はこれに応じて、50 箱（500 個）、代金 15 万円に契約を変更することに応じた。そのため、2024 年 10 月 30 日、A はリンゴを収穫し、箱につめて 100 箱を用意した。

6.　リンゴの引渡しは、A が引渡しの準備ができ次第連絡をして、BC が甲リンゴ園に引取りにいくことになっていた。同日、A は 100 箱の準備ができたため翌 31 日に引取りに来るよう BC に通知をした。A は、B 引渡用と C 引渡用とに 50 箱ずつ分離することなく倉庫に保管していた。

7.　ところが、その夜に倉庫に窃盗団が入り、用意していた 100 箱のリンゴすべてを盗み出した。A は倉庫には厳重に鍵をかけた上で、夜中も収穫したリンゴが保管されているため見回りをしていた。倉庫の壁を破壊して侵入するという予見できない方法で窃盗がなされており、A に過失は認められないものとする。

［設問 2］

　【事実 I】1～3 及び【事実 II】を前提として、A の BC に対する代金 15 万円の支払請求が認められるかどうか検討しなさい。

　また、BC ともに運送用の車両が仕事に使用されていて使えなかったため、10 月 31 日に引取りにいけず、11 月 1 日の午前 2 時頃に【事実】7 の被害にあった場合についても検討せよ。

【事実 III】

　【事実 I】1～3 の後に、以下の事実があった。

8.　A は事情を BC に話して、それぞれ甲リンゴ園のリンゴは 50 箱ずつしか

引渡しができないことを了承してもらった。それと同時に、Aは、不足分の甲リンゴ園のαリンゴ50箱に代えて、Aの親戚が経営する乙リンゴ園のαリンゴ50箱（同じく1箱10個入り）をAが買い入れて引き渡すことをBCと合意をした。

9. 同年10月29日、Aはまず甲リンゴ園のリンゴを収穫し箱詰めし、BCにそれぞれ50箱ずつ引き渡した（持参債務と合意されているものとする）。残りの50箱分のリンゴについても、10月30日に、Aは乙リンゴ園からαリンゴを仕入れて50箱ずつ用意し、BCの営業所に持参して受取りを求めた。

10. Bはこれを受け取ったが、Cはやはり乙リンゴ園のαリンゴでは得意客が納得しないと主張し、その受取りを拒否した。そのため、Aは乙から仕入れた50箱を持ち帰り倉庫で保管していた。同年11月1日午前2時頃、倉庫に窃盗団が入り、この50箱のリンゴすべてを盗み出した。Aに過失は認められないものとする。

[設問3]

　【事実Ⅰ】1～3及び【事実Ⅲ】を前提として、【事実Ⅲ】8の合意については、①契約内容の変更（債務内容の変更による更改）の合意、また、②代物弁済の合意と解する可能性があるが、それぞれの解釈によりAはCに対してどのような法的請求ができるのかを考え、本問ではいずれの解釈が適切か検討しなさい。

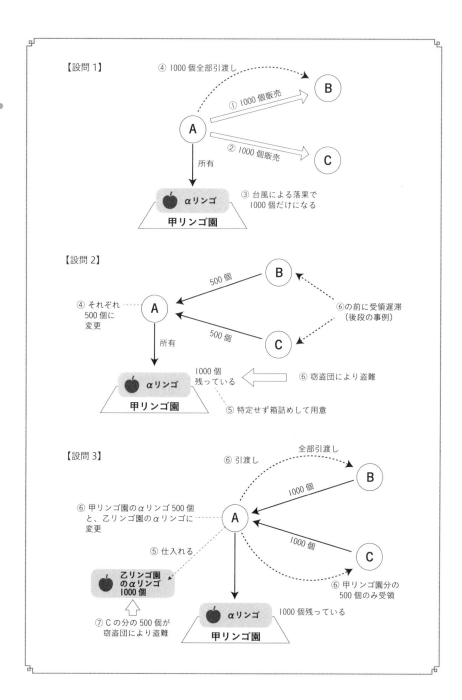

【設問1】

④ 1000個全部引渡し

① 1000個販売

② 1000個販売

所有

③ 台風による落果で
1000個だけになる

αリンゴ

甲リンゴ園

【設問2】

500個

④ それぞれ
500個に
変更

500個

⑥の前に受領遅滞
（後段の事例）

所有

1000個
残っている

⑥ 窃盗団により盗難

αリンゴ

甲リンゴ園

⑤ 特定せず箱詰めして用意

【設問3】

全部引渡し

⑥ 引渡し

1000個

⑥ 甲リンゴ園のαリンゴ500個
と、乙リンゴ園のαリンゴに
変更

1000個

⑤ 仕入れる

乙リンゴ園
のαリンゴ
1000個

αリンゴ

1000個残っている

⑥ 甲リンゴ園分の
500個のみ受領

甲リンゴ園

⑦ Cの分の500個が
窃盗団により盗難

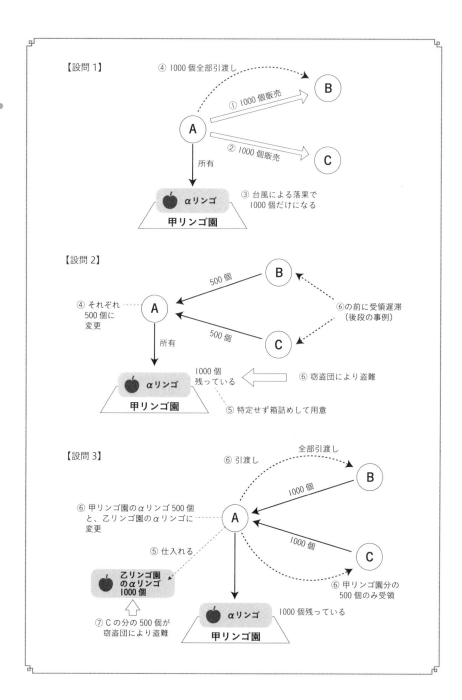

○ 言及すべき点及び論点 ○

1 [設問1] について
①制限種類債権（重要度A）
②リンゴが1000個になった場合にBCの債権はどうなるか
　ⓐリンゴが1000個になればBCの債権は特定するのか（重要度C）
　ⓑBCの債権は分割債権になるのか（重要度A）
③事情変更の原則による契約改訂権（重要度C）
④リンゴをすべてBに引き渡した効果（②を前提として）
　ⓐCの債務の履行不能（重要度C）
　ⓑAの損害賠償義務（重要度C）

2 [設問2] について
①契約改訂の合意（重要度C）

②制限種類債権の特定（重要度A）
③債務者に帰責事由のない履行不能（重要度B）
④債権者の受領遅滞（重要度A）
　ⓐAの損害賠償義務（重要度C）
　ⓑ履行不能解除（重要度C）

3 [設問3] について
①代物弁済の合意の効力（重要度C）
②提供と代物弁済の効力（重要度B）
③代物弁済と危険負担（重要度B）
④契約内容変更の合意（更改）と危険負担（重要度B）
⑤いずれの合意と解するのが妥当か（重要度B）

解説及び答案作成の指針

1 [設問1] について（配点は40点）

【出題趣旨】 [設問1] は，BCのAに対する債権は**制限種類債権**であること，制限種類債権では履行不能があることを確認し，債権者が複数いて全員を満足させるに足るだけの目的物がなくなったが，それが不可抗力による場合の法律関係を検討してもらう問題である。それと同時に，事情変更の原則，台風についての不可抗力免責，その後の一方への引渡しによる履行についての責任について検討することが求められる。

(1) Aの債務の分析と確認

(a) **契約の性質——青田売りではなく，目的物は特定している**　　もし契約時期が，リンゴがなる前の例えば2月頃であれば，栽培・収穫をする将来物の販売（青田売り）と分析される。しかし，本問では，既にリンゴの実が収穫時期に達している。ただその特定物のうちの特定されていない1000個の売買と考えることができる。そうすると，BCの債権は，現在甲リンゴ園になっているリンゴ（特

5

定物）を対象とするが，そのどれかが特定していない**制限種類債権**と分析できる。

　(b)　**制限種類債権の効果**　　当初は十分な数があり，甲リンゴ園のリンゴを
BC に 1000 個ずつ引き渡すことは可能であった。ところが，その後に猛烈な台風
が襲い，甲リンゴ園の収穫間際のリンゴが被害を受け，引渡しができるリンゴが
1000 個ほどになってしまった。制限種類債権は，種類債権とは異なり目的物が
「特定」されているため履行不能が考えられる特殊性がある。ただ本問では，BC
全員に全部を履行することは不可能になったが，BC のいずれかに 1000 個を渡す
ことは可能である（いわば択一的不能）。結果として二重譲渡と同様の関係になっ
ており，この場合の法律関係を考えることが本問の課題である。

> 【**答案作成についてのコメント**】まず，本問の BC の債権が制限種類債権であることを確認し，全員に
> 対する履行は不能になっており，この場合の法律関係の問題提起をすべきである。判例もない議論
> であり，問題に気が付いたことを示すことが求められる。

(2)　**BC の債権はどうなるか**

　(a)　**2 つの解決の可能性**　　本問のような事例を扱った判例はない。学説上も
殆ど議論がないが，2 つの考えが可能である（奥田昌道編『新版注釈民法(10) I』
314 頁以下［金山直樹］）。B が 1000 個のリンゴを受けることは，それぞれの立場
でどう評価されるのであろうか。なお，事情変更の原則により，A に変更権を認
めるべきかにも言及してもよい。

　❶　**割合比例説**　　1 つは，**割合比例説**であり，BC の債権に応じた分割債
権になり，BC それぞれ 500 個の引渡しを求める制限種類債権になるという考え
である（☞【図1】）。この考えでは，B は 500 個しか引渡しを受ける債権はないの
で，1000 個を受け取ったのは債権を超えた受領になる。混合寄託についての
665 条の 2 第 3 項はこのような処理をしており，条文解釈としてはこの類推適用
という根拠づけが考えられる。

> 【**図 I　割合比例説**】
> ① C500 個の制限種類債権　　1000 個の受領は 500 個分を超える分は無効になる（引き渡さ
> 　れた 1000 個の所有権はどうなるか）
> ② B500 個の制限種類債権　　C の債権は，B への 1000 個の引渡しにより履行不能になるの
> 　か（A が B から 500 個を取り戻す可能性がある）

　❷　**上限確定説**　　他は，**上限確定説**であり，BC も 1000 個全部の債権を

保持するという考えである（☞【図2】）。上記665条の2第3項は，**共有**であり共有持分に対応する数量の請求に制限していると考えれば，本事例に類推適用するのは難しい。BCの1000個のリンゴを受ける権利には影響がないことになる。一方に1000個引き渡すとそれは有効であり，他方は必ず履行不能になる。ただし，BがCの受領を妨害した場合には，Bの受領は有効だが，BはCに対して債権侵害の不法行為が成立する余地はある。

【図2　上限確定説】
① C1000個の特定物債権　　1000個の受領は有効である
② B1000個の特定物債権　　Cへの1000個の引渡しで履行不能になる

◆**関連問題1──BCに500個ずつ引き渡したらどうなるか**　　もし，AがBCにそれぞれ500個ずつ引き渡した場合，AはBCにどのような責任を負うのであろうか。

❶　**割合比例説**　　まず，割合比例説では引渡義務は500個になり，全て履行していることになる。BCは残り500個を受けられないが──既に台風の時点で履行不能──，ⓐその原因は不可抗力なのでAには責任はなく，AはBCに対して損害賠償義務を負わない。ⓑ他方で，536条1項により，BCは代金の半分の支払を拒絶でき，また，542条2項により，半分につき売買契約を解除することができる。

❷　**上限確定説**　　他方，上限確定説では，BCにそれぞれ500個を引き渡すと，その時点で初めてそれぞれ残り500個は履行不能になる。Aの行為により初めて履行不能になるので，Aは履行不能について責任を負うのであろうか。それぞれ残り500個の引渡しは履行不能になっている。しかし全員に1000個の引渡しはできず，それは不可抗力が原因であり，上限確定説でも，割合比例説と同じ扱いになる（☞ⓐⓑ）。だったら，割合比例説が良いのではないかという疑問を生じるが，上限確定説では自由競争の関係になり，BC共1000個受け取れる可能性がある点で，割合比例説との差が残される。

◆**関連問題2──割り切れない場合**　　例えば，あるメーカーのαバッグが世界中で限定販売であり，日本の割り当てが10個で，そのメーカーの日本支店Aが10個仕入れて倉庫に保管しており，特約店BとCに2個ずつ販売したとする。Aが盗難にあい，αバッグが3個又は1個しか残っていない場合には，ABCの権利関係はどうなるのであろうか。また，盗難で2個残っているが，Aが，BCDに1個ずつ販売していたらどうなるのであろうか。上限確定説では債権に変更はなく，自由競争又は当事者の協議に任されることになる。やっかいなのは，割合比例説である。3個残っている場合は，BC1個ずつの権利で残り1個は自由競争というのであろうか。このような問題を避けられることからも，上限確定説が適切である。

（b）　**CのA及びBに対する法的請求**　　AがBに1000個全部を引き渡した本問の事例では，それぞれの立場で，CはABにどのような法的請求をすることができるのであろうか。

　　（ア）　**割合比例説**　　まず，割合比例説では，BCはそれぞれ500個しか引渡しを受ける債権を有しておらず，Bが1000個受け取ったのは，500個分余計に受

け取ったことになる。500個分の引渡しは無効になる。

❶ **CのBに対する法的請求**　2つの構成が考えられる。

ⅰ　**共有構成**　連帯債権ではないので、CのBに対する分配請求権は認められない。500個分の債権なので、Bは引き渡された1000個全部の所有権を取得できない。Bに引き渡された1000個は<u>BCの共有</u>になると考えれば、CはBに対して、<u>持分に基づいて</u>500個の分配請求ができる。

ⅱ　**原状回復請求権の代位行使構成**　また、500個分の弁済が無効なので、AはBに対して原状回復請求権として、500個の返還請求権を取得するとも考えられる。CはAに対する引渡請求権——Aが取り戻せる間は履行不能になっていない——に基づきこれを代位行使（代位権の転用）して、Bに自己に500個を引き渡すよう請求できる（423条の3）。

◆**関連問題——Bが500個既に処分したらどうなるか**　もし、割合比例説で、Bが受け取った1000個の中の500個既に処分しており、Bの下に500個しか残っていない場合、CのBに対する請求権はどう考えるべきであろうか。①共有物の分割請求では、500個はABの共有であり、1／2の共有持分に基づいてAは半分の250個の引渡請求権が認められることになる。②これに対し、500個分弁済が無効なので、500個の原状回復請求権がAにBに対して成立しており、Cがこれを代位行使するのであれば、CはBに500個の自己への引渡しを請求できることになる。

❷ **CのAに対する請求**　AはBから500個取り戻せるので、CのAに対する債権は履行不能になっておらず、CはAに対して、Bから500個取り戻して自分に引き渡すよう請求できる。もし、Bが既に処分していれば履行不能に確定する。その場合、AはBに500個しか引き渡す義務がないのに、Bに1000個引き渡しているため、履行不能について責任を負う。台風が原因であり不可抗力であることを主張できない。

(イ)　**上限確定説**

❶ **CのBに対する法的請求**　上限確定説では、AのBへの1000個のリンゴの引渡しは有効であり、Bは受領したリンゴ全ての所有権を取得する。CはBに対して半分500個の<u>分配請求権は認められない</u>（二重譲渡の買主同様）。

❷ **CのAに対する法的請求**　問題はCのAに対する損害賠償請求である。リンゴが1000個しか履行できなくなったのは不可抗力でありAの帰責事由はないが、Aが<u>Bだけに渡してCへの引渡しを履行不能にしているのである</u>。2つの考えが可能である。

ⅰ　**免責肯定説**　まず、AがBCのいずれかに目的物を引き渡すかは

自由であり——債権者としても自由競争——，Cへの引渡しが履行不能になっても債務不履行責任を負わないと考えることもできる。

　　　ⅱ　免責否定説　　他方で，AがBに全部を引き渡したためにCへの履行が不能になったのであり，Aは責任を免れず415条1項により責任を負い，同2項により1000個分の——500個ではなく——塡補賠償を義務づけられると考えることもできる。しかし，初めから特定物を二重譲渡した場合とは異なり，ⅰの解決が妥当なように思われる。

　(c)　CのAに対する法的主張　　上限確定説の❷でⅰの立場では，CはAに対して塡補賠償を請求できないとしても，法的主張としては，代金全額の支払を拒絶でき（536条1項），また，履行不能を理由に契約全部の解除ができる（542条1項1号）。代金は支払われていないので，解除をしても代金の返還請求は問題にならない。もちろん，Aの責任を認める立場でも，536条1項は適用にならないが——塡補賠償請求権を取得している（415条2項1号）——契約解除は可能であり，塡補賠償額と代金との差額を賠償請求できる（545条4項）。

【答案作成についてのコメント】判例もなく，考えの可能性としては2つが指摘されているが，いずれによって書いてもよい。考えて自分なりの解答を示す必要がある。おそらく改正法で665条の2第3項が導入されたので，これを類推適用する答案が多く出されると思われる。

2　［設問2］について（配点は30点）

【出題趣旨】　［設問2］は制限種類債権が不可抗力により全債権者への履行ができなくなった後に，BCそれぞれ500個の債権という合意がされたので，残された1000個につきBCが500個ずつの引渡しを求める債権を持つだけになっている。この場合に，B用とC用とに分離せず，箱詰めして準備をして翌日の引渡しを待つだけの段階で，不可抗力により履行不能になった場合の法律関係（前段），そして，受領遅滞中の段階であった場合の法律関係について（後段），特定との関係に注意しつつ危険負担について考えてもらう問題である。

⑴　［設問2］前段について

　(a)　合意による債権関係　　まず，ABまたはACの合意により，1000個30万円の売買契約を500個15万円の売買契約に変更している（一部合意解除）。BCの債権は，甲リンゴ園に残された1000個のリンゴと特定されつつ，その中のどの500個と特定されていないので，依然として制限種類債権のままである。

　(b)　盗難後の権利関係——特定はないが履行不能

(ア) **特定はない** Aはリンゴ1000個を収穫し，これを箱に詰めて準備をしてBCに通知をしている。制限種類債権の特定のためには，<u>準備をして渡せるようにしただけでは足りず，BC用にそれぞれ別々に特定する必要があり</u>，本問ではそれがなされていない。したがって，<u>提供は認められるが特定はない</u>ことになる（最判昭30・10・18民集9巻11号1642頁［漁業用タール事件］）。［設問2］前段では，<u>BCはいまだ受領遅滞にはない</u>。

(イ) **履行不能になっている——AのBCへの代金支払請求** この結果，盗難が不可抗力でありAに帰責事由がないが，BC共に，① 536条1項の危険負担の抗弁権を援用でき——412条の2第1項で履行不能は抗弁事由になり，それに対応して反対債権も消滅せず，抗弁権を認める構成に変更された——，また，② 542条1項1号により契約解除ができる。なお，412条の2第1項の「不能」については，盗難にあっただけで，物理的に滅失したわけではないが，<u>社会通念上履行「不能」と考えられる</u>。

(2) ［設問2］後段について——受領遅滞の事例

(a) BCいずれも受領遅滞

後段では，Aは準備をしてBCにリンゴの受取りを催告している。受領遅滞につき債権者に帰責事由が必要なのかは議論があるが，本問では，BCが受取り期日を徒過しており，引取りにいけなかったのはBCの自己の都合によるものである（帰責事由あり）。

(b) 受領遅滞中のいずれの帰責事由によらない履行不能

(ア) **Aは履行不能について責任なし** 制限種類債務であっても履行不能がありうるので，特定前にも目的物の善管注意による保管義務があると考えるべきである（400条類推適用）。しかし，債権者BCの両者に受領遅滞があり注意義務が軽減されている（413条1項）。いずれにせよ，本件盗難は，避け得ない盗難であり，Aに帰責事由がない（415条1項ただし書）。

(イ) **BCの代金支払義務等について——所有権の移転はないが所有者危険の移転はある** 受領遅滞中の両当事者の帰責事由なき履行不能は，<u>債権者の帰責事由による履行不能とみなされる</u>（413条の2第2項）。そのため，危険負担をめぐっては【図3】のような規律を受ける。

【図3　債権者の帰責事由による履行不能】

　① BC は代金支払拒絶権が認められない（536条2項）。

　② BC は契約解除ができない（543条）。

　③ BC は担保責任の保護を受けられない（567条2項）。

　　（ウ）　**結論**　　以上の結果，BC はリンゴ500個の代金15万円を支払わなければならない。BC それぞれのリンゴを別々に保管していないので，特定による所有権の移転はないが，所有者危険は買主 BC らに移転することになる。なお，567条1項は「目的物」を括弧書で「売買の目的物として特定したものに限る」とし，「この条において同じ」と規定している。そのため，567条2項にも適用になるが，通常の事例を考えた規定であり，本事例にも拡大してよい。

◆**関連問題**──**変更合意がなかったらどうなるか**　　もし，AB または AC 間に500個と変更する合意がなかったら，［設問2］後段はどう考えるべきであろうか。①割合比例説では，変更合意なしに当然に500個ずつの債権になるので，［設問2］後段と同じ解決になる。②上限確定説では，BC 共に1000個の引渡請求権を有しているため，A が BC に1000個の提供したら，いずれに危険が移転するのであろうか。A は，いずれかに渡せば他方に対する債務は履行不能になり，代金を二重に取得できなかったのであり，A が BC 両者から代金全額を取得できるのは不合理である。

　　確かに，全部の不能について A は責任を負わない。しかし，債権者の帰責事由によるものとみなされるのは，残っていた1000個の分であり，代金30万円（60万円ではない）の支払を請求できるにすぎない。ところが，A が BC のいずれからも30万円の支払を受けられるのでは，過ぎた保護を与えることになる（合計60万円になる）。かといって，A がいずれに請求するのか決められるというのも公平ではない。では，BC に15万円ずつの分割債務になると考えるか。それも別々に回収する手間を負担させ適切ではない。

　　そこで，A は BC いずれに対しても代金30万円の支払を請求できるが，不真正連帯債務の関係と考えて，BC 間で15万円を超えて支払った場合，その超えた金額を他方に求償できると解すべきである。

【答案作成についてのコメント】本問は制限種類債権という特殊事例を扱っているが，基本は改正法の危険負担の規定をあてはめて解決をしてもらう問題である。危険負担の規律が旧法とは変わったこと，また，後段では，413条の2第2項を中心として危険負担がらみの規律を芋づる式に持ち出して論じることが必要である。

3　［設問3］について（配点は30点）

【出題趣旨】［設問3］は，αリンゴ1000個の引渡義務を，甲リンゴ園のαリンゴ500個と乙リンゴ園のαリンゴ500個の引渡しに変更することが合意されており，これが更改としてなされたか代物弁済としてなされたかで法的扱いがどう異なってくるのか検討し，いずれが本事例の解決として適切なのかを考えてもらう問題である。

(1)　債務内容の変更（更改契約）だとすると

　(a)　**債務が当然に変更される**　　まず，本件合意は，下記【図4】のように残り500個につき甲リンゴ園のαリンゴから乙リンゴ園のαリンゴ（これも制限種類債権である）の引渡しに変更する合意であり，513条1号の「給付の内容」に重要な変更をするものであり，更改と考えることができる。ただそのためには，乙リンゴ園のリンゴαの引渡しがなくても甲リンゴ園のリンゴαの引渡しを求める債権は，<u>合意だけで消滅する</u>と意識されていることが必要である。

【図4　債務内容の変更】
　①当初の債務　　甲リンゴ園のαリンゴ1000個の引渡義務
　②変更後の債務内容
　　ⓐ甲リンゴ園のαリンゴ500個の引渡義務
　　ⓑ乙リンゴ園のαリンゴ500個の引渡義務

　(b)　**危険が移転する**　　［設問3］では，<u>Aによる乙農園のαリンゴ500個の提供は有効である</u>。この結果，Cは受領遅滞になり，413条の2第2項が適用になる。従って，既に述べたように，Cは536条2項，567条2項により代金支払義務を免れない。

(2)　代物弁済契約だとすると

　(a)　**合意の分析**　　乙リンゴ園のαリンゴ500個を<u>引き渡して初めて</u>甲リンゴ園のαリンゴ500個の引渡義務が消滅するという内容の場合には，合意だけでは当初のαリンゴの引渡義務は消滅しておらず，代物弁済の合意となる（☞【図5】）。代物弁済をめぐっては，2つの合意，そして合意と代物による弁済行為とが区別される（☞(ア)❶❷）。

【図5　代物弁済】
　①当初の債務　　甲リンゴ園のαリンゴ1000個の引渡義務
　②変更後の債務内容
　　ⓐ甲リンゴ園のαリンゴ500個の引渡義務
　　ⓑそれ以外の義務
　　　ⅰ甲リンゴ園のαリンゴ500個の引渡義務（未だ消滅していない）
　　　ⅱ乙リンゴ園のαリンゴ500個の引渡しによる代物弁済義務（これが必須か ⅰ との選択か［また誰に選択権があるのか］かは合意による）

(ア) 代物「弁済」により当初の債務が初めて消滅する

❶ **代物「弁済」が必要**　　債務の消滅のためには，弁済が必要であり（473条），代物弁済では，代物での「弁済」が必要になる。その意味で，代物弁済では，更改とは異なり合意だけでは債務は消滅せず，代物での「弁済」が必須である。

❷ **代物での弁済に弁済の効力を付与する合意が必要——要物契約？**
何も合意がなければ代物では「弁済」の効力が生じるわけはなく，<u>代物の引渡しに当初の債務の「弁済」の効力を認めるという当事者の合意——債権契約ではなく準物権契約——</u>が必要である。その合意の効力により代物の引渡しに当初の債務に対する弁済が有効になる。

ⅰ **要物契約か**　　代物「弁済」の効力が生じるのには代物「弁済」が必要であり，この準物権契約は<u>要物契約と考えられている</u>。質権設定の合意とその後の質物の引渡しと同様の関係と理解することになる。

ⅱ **弁済がされていないだけ**　　ただし，代物による弁済がなされたら弁済の効力を付与するという代物弁済契約の効力は<u>既に生じており</u>，代物弁済は<u>弁済の効力が生じるための要件</u>と切り離して考えることもできる。質権設定契約も，質物の引渡しがあれば質権が成立するという効力は生じており，引渡しは<u>「質権」の成立要件</u>と切り離すこともできる。

(イ) **代物の引渡しを約束する合意——債権契約（諾成契約）**　　代物弁済に効力を付与する合意とは別に，<u>代物の引渡しを約束する債権契約をすること</u>は契約自由の原則（521条2項）からして，その効力を否定する理由はない。ただその法的構成もいくつか考えられ，どの合意をするかは自由であり，事実認定の問題になる。

❶ **選択債務の合意**　　まず，当初の債務と代物弁済義務とを選択債務とする合意が考えられ，その選択権を債務者，債権者のいずれに与えるか——債務者に選択権を認める場合，任意債務という構成も考えられる——，催告による選択権の移転を認めるか，全て当事者の合意に従う。本問では，BC全員に1000個の引渡しができないためこのような合意をしたので，選択債務と認定するのは難しい。

❷ **代物弁済義務の履行に限定する**　　例えば，100万円の債務に代えて甲画の引渡しを合意した場合，債務者は100万円の支払を免れる，債権者は甲画

を手に入れることができると期待しているのであり，債権者や債務者が100万円の支払を選べるというのは，当事者の予期に反する。そのため，2つの債務が成立するが，代物弁済義務の履行しか認められない——100万円を提供・供託しても無効——という合意がされていると考えるべき場合もある。本問はこの事例と考えられる。

(b) 本問はどう考えるべきか

(ア) いずれの契約と認定すべきか

❶ **更改と代物弁済❷の可能性**　では，本問はどう考えるべきであろうか。甲リンゴ園のαリンゴの引渡しは想定されておらず，債務者Aの選択権も債権者BCの選択権も考えられていない。この意味では，更改が適切であるが，代物弁済でも❷のように考えることができ，この点ではいずれが適切か判断できない。

❷ **合意だけで当初の債務を消滅させる意図**　本問では，甲リンゴ園のαリンゴに代えて乙リンゴ園のαリンゴを引き渡す義務に一本化する，合意だけで甲リンゴ園のαリンゴの引渡義務を消滅させることが意図されているものといえる。そのため，債務内容を変更する更改契約と認めるのが，当事者の通常の意思に合致したものであり適切である（取引通念に従った契約解釈）。

(イ) AC間の法律関係についての結論

❶ **更改では**　更改の場合には，既に乙リンゴ園の500個のリンゴの引渡義務が成立しているため，乙リンゴ園の500個のαリンゴの提供は有効であり，危険はCに移転しており，CはAに代金全額の支払を免れない。

❷ **代物弁済では**　代物弁済契約❷の場合でも，代物弁済義務は成立しているため，乙リンゴ園の500個のαリンゴの提供は有効である。この結果，危険はCに移転しており，CはAに代金全額の支払を免れず，結論には差はないことになる。代物弁済契約❶で債権者に選択権を認めると，Cは甲リンゴ園のリンゴの引渡しを選択して，乙リンゴ園の500個のαリンゴの受領を拒絶し危険の移転を否定できる（これは適切ではない）。

【答案作成についてのコメント】本問は更改か代物弁済の合意のいずれも検討して，とくに代物弁済の合意について改正法も踏まえた分析を行うべきである。結論としては，Cの代金支払義務を認めることが落としどころとなる。

1 ［設問1］について

(1) BCのAに対する債権の分析

　BCいずれの債権も、Aに対する甲リンゴ園に今なっているαリンゴ（特定物）の中から1000個の引渡しを受ける債権である（制限種類債権）。ところが、本問では不可抗力たる台風により、甲リンゴ園のリンゴが1000個に減り、BC両者に1000個を引き渡すことができなくなった。そして、AはBに1000個全部を引き渡している。

　この場合、Cは、AまたBに対してどのような法的請求・法的主張ができるのであろうか。

(2) CのBに対する法的請求・主張

　(a) BCの債権はどうなるか　　BCの債権は、目的物が1000個になったので500個ずつの引渡請求権（分割債権）になると考えるべきであろうか。この点、665条の2第3項を類推適用することは無理である。同規定は、目的物が混和（245条）により共有となるため、持分に応じた請求権に限定されるのであり、共有という事情のない本問にはその趣旨はあてはまらないからである。

　(b) CはBに何も請求できない　　このため、BCの債権は、それぞれ1000個の引渡請求権のままであり、AのBに対する1000個の甲リンゴ園のαリンゴの引渡しは有効である。連帯債権でもないため、CのBに対する分配請求は認められない。ただしBが、Cが引渡しを受けるのを故意的に妨害したならば、債権侵害の不法行為が成立する可能性はある。しかし、Aは長年の顧客Bに引き渡しただけであり、そのような事情は認められない。よって、CはBに対して何らの法的請求は認められない。

(3) CのAに対する法的請求

　(a) 塡補賠償請求　　では、CはAに対して債務不履行（履行不能）を理由に、1000個分の塡補賠償（415条2項）を請求できるのであろうか。Cは1000個の引渡請求権があり、AがCではなくBに全て引き渡したため、Cの債権が履行不能になっている。一見すると、二重譲渡で一方に履行して他方が履行不能になった事例同様に、当然に塡補賠償（415条2項）ができるかのようである。

　(b) 危険負担によるべき　　しかし、合計2000個の債権に対して1000個は履行不能にならざるをえず、それはAの帰責事由によるものではない。いずれが履行不能になるかは、債権回収の自由競争にまかされ、債務者Aが一方に履行したことは違法性を欠くと考えるべきである。よって、CはAに対して、1000個について塡補賠償を請求できない。Aは、代金の支払請求に対して危険負担の抗弁を主張でき（536条）、また、契約全部を、履行不能を理由に解除することができる（542条1項1号）。

2 ［設問2］前段について

(1) 合意による債権関係

　BCとAとの間で、一部合意解除がされ、500個の引渡義務が残されている。そのため、甲リンゴ園のαリンゴは1000個あり、いずれも全額の履行が可能である。

(2) 盗難による権利関係

　(a) 不可抗力による履行不能　　ところが、その後、用意したリンゴ全部が盗難にあっている。B引渡用、C引渡用と分離はされていないため、用意した旨を伝えて翌日引取りに来るよう催告しても特定はない（特定債権の一種だが、401条2項を類推適用できる）。しかし、全部が盗難にあっているため、BCいずれについても全部履行不能になっている。もはや窃盗団からリンゴを取り戻すことは期待できず、社会通念上「不能」といえる（412条の2第1項）。履行不能につきAに過失がないので、Aは損害賠償義務を負うことはない（415条1項ただし書）。

　(b) 危険負担による処理　　盗難は、引取期日前なので、BCは受領遅滞にはない。そのため、BCに危険は移転しておらず、BCは代金全額の支払を拒絶することができ（536条1項）、また、BCいずれも契約全部を解除することができる（542条1項1号）。543条は適用にならず、契約解除には、債務者の帰責事由は不要である。

3　〔設問2〕後段について

(1) BCいずれも受領遅滞
後段の事例では、Aがリンゴを準備して、BCに翌日の引取りを催告し、引渡前にAに過失なく全部窃盗にあっている。これが社会通念上履行不能であることは、前段と同様である。前段と異なるのは、BCが引取期日に引取りにいかず、BC共に受領遅滞にあることである。

(2) 受領遅滞中のいずれの帰責事由にもよらない履行不能

　(a) Aには履行不能に責任なし　　制限種類債務も特定前に善管注意による保管義務はあるが、本問では、BCに受領遅滞があるため、Aの注意義務が軽減される（413条1項）。また、避け得ない盗難であり、Aに帰責事由はない（415条1項ただし書）。問題文でも、Aに過失がないことが確認されている。従って、AはBCいずれに対しても損害賠償義務（塡補賠償義務）を負うことはない。

　よって、BCはAの代金支払請求に対して損害賠償請求権による相殺を主張することはできない。

　(b) AのBCへの代金支払請求の可否

　　① 不可抗力である　　履行不能原因は盗難であり、BCに帰責事由はない。では、BCは、危険負担につき536条2項によらず、同1項により代金の支払を拒み、また、543条は適用されることなく、542条1項1号により、売買契約を解除できるのであろうか。Aからの反論を検討してみたい。

　　② 債権者の帰責事由が擬制される　　Aからは、BCには受領遅滞があり、そのため、413条の2第2項により本件履行不能は債権者BCの帰責事由によるものとみなされるとの主張がされることが考えられる。また、567条2項の援用も考えられる。これは正当である。確かに特定はないが、567条2項のためには提供だけで十分であり、「前項と同様とする」というのは同条1項括弧書の「特定」までは要求され

ないと解すべきである。

　　③　**結論**　この結果、536条2項が適用されBCは代金の支払を免れない。また、543条が適用されBCは売買契約を解除することもできない。この結果、Aは、BCに対しそれぞれ15万円の代金の支払を求めることができる。

4　[設問3] について

(1)　更改契約だとすると

　まず、AB間、AC間の本件合意を500個につき、甲リンゴ園のαリンゴ500個から乙リンゴ園のαリンゴ500個に変更する更改契約（契約上の債務の内容の変更契約）であるとすると、Cは、もはや甲リンゴ園のαリンゴ500個の引渡しを請求することはできない。Aの提供した乙リンゴ園のαリンゴ500個の受領を拒絶したことにより、目的物が特定しまた同時にCは受領遅滞になる。

　その結果、その後のAの過失によらない盗難には、413条の2第2項が適用され、Cは乙リンゴ園のαリンゴ500個分の代金15万円の支払義務を免れない（536条2項、567条2項）。

(2)　代物弁済契約だとすると

　(a)　**代物弁済まで元の債務は消滅しない**　代物弁済の場合には、債務が消滅するには代物「弁済」が必要であり、それまでは、甲リンゴ園のαリンゴ500個の引渡義務が残っている。ただし、代物弁済「契約」は合意だけで成立する諾成契約である（522条2項）。その結果、甲リンゴ園のαリンゴ500個に代えて乙リンゴ園のαリンゴ500個を引き渡す債務が成立している。

　(b)　**2つの債務の関係**　甲リンゴ園のαリンゴの引渡義務とそれに代えて乙リンゴ園のαリンゴの引渡義務の2つが成立するが、2つの債務の関係はどう考えるべきであろうか。いくつかの合意が考えられる。本問の処理は、いずれによるかにより異なってくる。

　　①　**選択を認める**　まず、選択関係にすることが考えられ、債権者Cに選択権が与えられる場合では、Cは甲リンゴ園のαリンゴ500個を選択し、乙リンゴ園のαリンゴ500個の受領を拒絶できる。この場合には、乙リンゴ園のαリンゴ500個の提供がされても、Cに受領遅滞はなく危険はCに移転していない。Cは536条1項を援用し、542条2項により500個分の解除ができる。

　　②　**代物弁済に限定する**　他方で、甲リンゴ園のαリンゴ500個に代えて乙リンゴ園のαリンゴ500個を引き渡す債務の履行また履行請求しかできないものとすることも考えられる。この場合には、Cは乙リンゴ園のαリンゴ500個の受領を拒絶できず、受領遅滞となり、代金15万円の支払を免れない。本問では、甲リンゴ園のαリンゴ500個の渡しの選択の余地を残しているとは考えられず、②が合意されていると解される。

　　③　**本問の結論**　②では更改と同じ結論になるが、①で債権者に選択権を認めると、Cは甲リンゴ園のαリンゴを選択でき、乙リンゴ園のαリンゴの受取りを拒絶

でき、危険の移転を争うことができる。後者は適切ではない。

(3) いずれの契約と認定するのが適切か

　以上のように、本問では、更改契約、代物弁済契約のいずれと構成しようと、Aが
Cに代金15万円の支払を請求できるという結論に変わりはない。そうだとすると、
甲リンゴ園のαリンゴ500個の引渡義務を、乙リンゴ園のαリンゴ500個の引渡しに
より初めて消滅させるのが、当事者の意思に合致するかどうかにより決められるべき
である。BCに甲リンゴ園のαリンゴ1000個ずつ引き渡せなくなったため、本件契
約をしたのであり、もはや甲リンゴ園のαリンゴ500個の引渡しは想定していない。
そのため、更改契約と解するのが適切であると思われる。

以上

No.2　債務不履行

次の文章を読んで、後記の **[設問 1]**、**[設問 2]** 及び **[設問 3]** に答えなさい。(配点：100 点〔[設問 1]、[設問 2] 及び [設問 3] の配点は、30：35：35〕)

【事実 I】

1. 2024 年 4 月 10 日、A（株式会社）はその所有の甲地上にある自社ビルの建替えを考え、建設業を営む B（株式会社）に旧建物の取壊し・新建物の建築を依頼した。請負代金 5 億円は、契約時に着手金として 1 億円を支払い、建物の完成、引渡しまた A 名義での所有権保存登記後速やかに残額 4 億円を支払うことが合意された。

2. B は、旧建物の解体、基礎工事を終了し、建物の建設に取り掛かった。B は同年 4 月に特注で C（株式会社）に製作してもらった乙クレーンにより建物建設工事を行っている。乙クレーンは、特注により、操作を誤った場合に、他との接触の危険を察知して停止する自動停止装置が装備される約束であった。この機能は同種のクレーンには装備されていない特別のものである。

3. 同年 5 月 20 日、B の従業員 D が乙クレーンを操作して建物の建築作業を行っていたところ、D が操作を誤り建築中の建物にシャベルが衝突しそうになった。本来であれば自動停止装置が危険を察知して停止するはずであったが、装置が作動せず、クレーンのシャベルが建物に衝突し横転した（以下、「本件事故」という）。

4. 本件事故により、乙クレーンは大きく損傷し修理が必要になった。乙クレーンの自動停止装置が作動しなかったのは、プログラムの設定が十分でなかったためであり、改良したプログラムと交換することでこの点の問題は容易に解消できる。

5. 本件事故後、B は、C に対して、乙クレーンの損傷の修理、また、自動停止装置が適切に作動するプログラムへの交換を求めた。これに対し、C は、乙クレーンを適切に固定していなかったために横転したものであると主張し、B の請求を争っている。

[**設問1**] 【事実Ⅰ】を前提として、以下の各問いに答えなさい。

(1) Bは、Cに対してどのような法的請求をすることができるか、法的根拠を付して解答しなさい。

(2) 本件事故により操縦をしていたDが負傷をしたとして、Dは誰に対して損害賠償を請求することができるか、法的根拠を付して解答しなさい。

【事実Ⅱ】

【事実Ⅰ】1の後に、以下の事実があった。

6. 2024年12月20日、Bは建物の建設を完了し、A名義での完成建物（以下、「丙建物」という）の所有権保存登記を行い、丙建物をAに引き渡した。

7. Bは、同年5月8日に、建物完成前に建築資金を獲得するため、Aに対する残代金債権4億円をEに譲渡しており、内容証明郵便により債権譲渡通知をAに対してなし、これは翌9日にAに到達している。

8. Aは、同年12月25日に、残代金の支払ができそうにないため、Eと協議して、完成後4億円に利息をつけて3か月ごとの4回の分割払いとすることを約束し、丙建物に残代金債権を担保するために抵当権の設定を受け、その旨の登記を経た。

9. 2025年2月に、Aは調査の結果、丙建物には契約に適合しない点が存することを発見した。その内容は、①建物の主柱たる鉄骨に断面の寸法300mm × 300mmのものを使用することになっていたにもかかわらず、断面の寸法250mm × 250mmの鉄骨が使われていること、及び、②屋外の非常階段が契約で予定された構造とは異なる構造になっていることである。

10. 鉄骨は断面の寸法250mm × 250mmであっても法令上問題はなく、また、想定される地震に対して十分な安全性を備えている。他方、非常階段には安全上の問題もあり、震度5程度の地震によっても支柱が倒壊するおそれがある。非常階段を契約通りの構造にするには全面的に作り替えるしかないが、安全性の問題点については補強工事により対処することが可能である。

[**設問2**] 【事実Ⅰ】1及び【事実Ⅱ】を前提として、以下の各問いに答えなさい。

(1) AはBに対して、どのような法的請求をすることができるか、法的根

拠を付して解答しなさい。

(2) Eが、1回目の分割払金1億円と利息の支払をAに対して求めたとして、これに対して、AはBに対して主張しうる事由をもって対抗することを考えている。AはEに対して、どのような法的主張を対抗することができるか、法的理由を付して解答しなさい。

【事実Ⅲ】

【事実Ⅰ】1の後に、以下の事実があった。

11. 2024年12月20日、Bは建物の建設を完了し、A名義での完成建物（以下、「丙建物」という）の所有権保存登記を行い、Aに丙建物を引き渡した。その後、BはAから残代金の支払を受けた。

12. 2025年1月に、Aは事業を縮小することを決め、完成したばかりの丙建物をその敷地と共に、F（株式会社）に売却し、引渡しまた所有権移転登記を行った。

13. 同年5月に、丙建物の設計にかかわった一級建築士が、地震などに対する安全性の計算を記した構造計算書を偽造していた事実が発覚した。調査した結果、丙建物は法令の要求する耐震構造を充たしておらず、震度5程度の地震によっても倒壊する危険があることが判明した。

14. Fは、補強工事を施して丙建物を使用することを考えたが、基礎の部分から補強工事を施す必要があり、建替えに匹敵する巨額の費用がかかり、また、補強工事により建物の外観がかなり悪化することが分かった。Bには、本件耐震偽装を見抜けなかった点に過失がある。

[設問3] 【事実Ⅰ】1及び【事実Ⅲ】を前提として、以下の各問いに答えなさい。

(1) Fは、Aに対して、どのような法的請求をすることができるか、法的根拠を付して解答しなさい。

(2) Fは、Bに対して、どのような法的請求をすることができるか、法的根拠を付して解答しなさい。

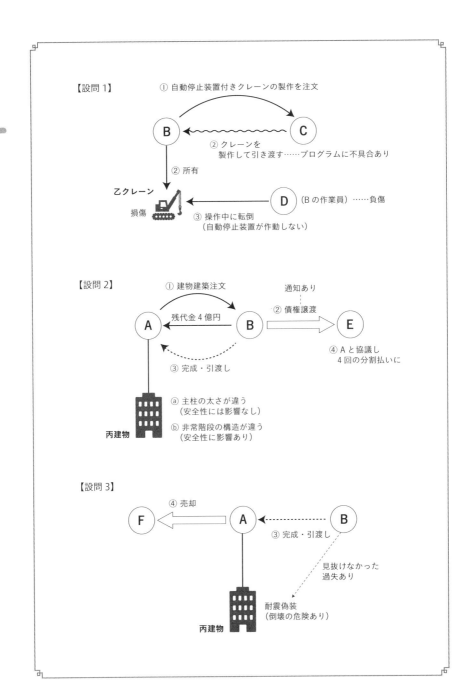

【設問1】

① 自動停止装置付きクレーンの製作を注文

B 〜〜〜〜〜〜〜〜〜〜 C

② クレーンを
　製作して引き渡す……プログラムに不具合あり

② 所有

乙クレーン

損傷

③ 操作中に転倒
（自動停止装置が作動しない）

D （Bの作業員）……負傷

【設問2】

① 建物建築注文

A 残代金4億円 B

② 債権譲渡

通知あり

E

④ Aと協議し
　4回の分割払いに

③ 完成・引渡し

丙建物

ⓐ 主柱の太さが違う
　（安全性には影響なし）
ⓑ 非常階段の構造が違う
　（安全性に影響あり）

【設問3】

④ 売却

F ← A ⋯⋯ B

③ 完成・引渡し

見抜けなかった
過失あり

耐震偽装
（倒壊の危険あり）

丙建物

1 〔設問 1〕小問(1)について──BのCに対する請求
(1) 担保責任（債務不履行責任）
①不適合の認定（重要度B）
②クレーンの修補請求（重要度B）
(2) 不法行為責任
①不法行為になるか（重要度B）
②請求権競合（重要度D）

2 〔設問 1〕小問(2)について
(1) 雇主Bに対する損害賠償請求
(a) 安全配慮義務について（重要度B）
(b) 安全配慮義務違反が認められるか
①通常のクレーンにはついていない安全装置（重要度B）
②たとえ義務違反だとしても，Bに帰責事由があるか（重要度C）
(c) 不法行為責任・請求権競合（重要度D）
(2) メーカーCに対する損害賠償請求
(a) 不法行為責任
①不法行為上の過失につき契約内容が考慮されるか（重要度A）
②過失相殺がされるべきか（重要度C）
(b) Dに対する安全配慮義務（重要度B）

3 〔設問 2〕小問(1)について
(1) 不適合といえるか（重要度A）
(2) 認められる請求権
(a) 修補請求権（やり直しを含め完全履行請求権）
①鉄骨について（重要度A）
②非常階段について（重要度B）
(b) 損害賠償請求（重要度B）

4 〔設問 2〕小問(2)について
(1) 債権譲渡の対抗要件（重要度B）
(2) 債務者に対する対抗事由
(a) 対抗要件具備時までに生じた事由（重要度B）

(b) 相殺を対抗できるか
①469条に規定を新設（重要度B）
②対抗要件具備時前の「原因」による債権でよい（重要度B）
③本件での債権はこれに該当するか（重要度A）

5 〔設問 3〕小問(1)について
(1) AF間の売買の担保責任
(a) 追完請求権
①補強工事の請求（重要度B）
②追完請求として契約通りの建物の再度の建築請求（重要度D）
(b) 代金減額請求（重要度C）
(c) 契約解除
①建物だけの解除（重要度B）
②土地建物全部の解除・契約個数論（重要度B）
(d) 損害賠償請求
①564条により415条による（重要度B）
②415条1項ただし書の適用の可否（重要度B）
(2) 不法行為責任
(a) 倒壊の危険のある建物の販売は不法行為に該当するか（重要度B）
(b) 過失はあるか（重要度B）

6 〔設問 3〕小問(2)について
(1) AB間の請負の担保責任
(a) 過失有り（重要度B）
(b) 売買と請負の担保責任の連鎖・代位行使（重要度B）
(2) BF間の不法行為責任
(a) 危険な建物の建築は不法行為か（重要度A）
(b) 権利・利益侵害があるか（重要度A）
(c) 不法行為で賠償される損害はあるか（重要度A）
(3) 債権者代位権の行使（重要度B）

解説及び答案作成の指針

1 ［設問1］について （配点は(1)(2)で30点）

【出題趣旨】 ［設問1］小問(1)は，BがCに対して，担保責任に基づいてどのような請求ができるのか検討をしてもらう問題である。担保責任に基づいて，乙クレーンの損傷の修補請求ができるのかも論点になる。また，乙クレーンの損傷につき，不法行為責任を理由に損害賠償請求ができるのかも補足的に検討が必要になる。

(1) 請負の担保責任の規律 （総論）

(a) **製作物供給契約** CがBとの契約通りのクレーンを製作して引き渡す請負契約上の義務の不履行（不完全履行）があり，担保責任が成立する。この点，559条の準用規定を通じて売買の担保責任規定が請負に適用され，僅かな特則が規定されている（636条，637条）。なお，製作物供給契約の法的性質については議論があるが，本問では特注でその契約限りの製品を製作してもらっているので，BC間の契約は請負契約に分類しておく。

(b) **請負の担保責任の規律** 請負に準用される売買の担保責任であるが，後述するように債務不履行責任として規律し，債務不履行の一般規定に置かれていない特則（デフォルトルール）だけを規定した。それが，追完請求権（562条）と代金減額請求権（563条）そして除斥期間（566条）である。

(2) 追完請求権

以下の点について，BはCに対して修補を請求できるであろうか。これを検討するのが，［設問1］小問(1)で求められている。【図1】②について否定する理由付けをしっかりと議論することが求められる。

【図1 修補請求ができるか問題となる点】
①引き渡された乙クレーンに契約内容通りの機能がない点
②本件事故により乙クレーンが損傷した点

(a) **追完請求権の位置づけ** 562条の追完請求権の法的根拠付けについては議論がある（【図2】参照）。なお，引渡時に不適合が存したことが，担保責任が認められるためには必要になる（567条1項）。

❶ 異質説（現実賠償説）　　まず，債務不履行があっても，損害賠償は金銭賠償であるが（417 条），それに対する例外として<u>現実賠償を規定したのであろうか（異質説／現実賠償説）</u>。そう考えれば，追完請求権は，担保責任の効果として新たに成立した法定の債務であり，契約上の債務ではないことになる。引渡時が基準時であり，【図1】②に562条を適用することはできない（☞(b)❷）。

❷ 同質説（適合物給付義務存続説）　　不適物の給付は，契約内容に適合した目的物——特定物も含む——の引渡義務の完全なる履行（＝弁済）ではない。従って，<u>契約内容に適合していない物の引渡しは，債務の本旨に合致した履行（＝弁済）ではなく，完全な履行（＝弁済）の効力（473条）が発生しない</u>のである。その結果，契約上の給付請求権（債権）が残される。それを追完請求権と考えることもできる（適合物給付義務説／同質説）。追完義務を，契約上の適合物給付義務が完全には消滅せずに存続したものと考えることになる。この考えでも，【図1】①と②は大きく異なり，②への562条の適用は認められない。

【図2　追完請求権の位置づけ】

①異質説　適合物引渡義務　→　受領により消滅？
　　　　　担保責任成立　→　追完義務が新たな債務として成立（現実賠償）
②同質説　適合物引渡義務　→　債務の本旨に合致しない履行　→　債務が完全には消滅
　　　　　せず追完義務として残る（不完全な履行の効果があり，不完全には消滅）

(b)　本問の結論

❶ 【図1】①について　　まず，BがCに対して，【図1】①の約束通りのプログラムを完成させて，乙クレーンに設置するよう請求することは，559条，562条により認められる。

❷ 【図1】②について　　他方で，乙クレーンの損傷であり，その不適合と相当因果関係があるが，【図1】②には562条の適用はない。<u>担保責任の基準時は引渡し時であり</u>，引渡し後に発現した場合でも，その原因が引渡し前にあれば適用可能である。部品の強度に問題があり，引渡後使用していてそれが原因で破損した場合には，部品の交換を請求できる。しかし，本件では相当因果関係があるというにすぎない。引渡後の目的物の損傷で目的物の不適合が原因であっても，担保責任の対象にはならず，追完請求は認められない。勿論特約があれば別である。

(3) 担保責任に基づくその他の法的請求

> 【図3 担保責任の内容】
> ①追完請求権（562条）
> ②代金減額請求権（563条）
> ③契約解除権（564条，541条，542条）
> ④損害賠償請求権（564条，415条）

(a) 代金減額請求権及び契約解除権

❶ 代金減額請求権──請負人の修補権の保障（追完優位の原則）

ⅰ 乙クレーンの不適合　乙クレーンの自動制御装置の不具合については代金減額請求権が認められる（559条，563条）──代金既払いの場合には差額分を返還請求する──。ただし，請負人の修補権を保障するため，修補不能，修補拒絶又は催告しても修補がされなかったことが必要である（追完優位の原則）。

ⅱ 本件事故による損傷　本件事故による損傷については，先にみたように担保責任の対象にはならないので，その修理費用を代金減額の対象とすることはできない。その費用を損害賠償請求でき，未払いの場合には代金との相殺ができるが，既払いの場合には損害賠償請求をするしかない。

❷ 契約解除権

ⅰ 使用に問題はない　Bは，559条，564条，541条又は542条により乙クレーンの製作請負契約を解除できるであろうか。【図1】①の不具合は修補できるため，541条の催告解除になるが，催告しても修補されなくても解除できるのか，541条ただし書の適用が問題になる。自動停止装置はクレーンに必須の機能ではないことを考えると，解除はできないことになりそうである（541条ただし書）。

ⅱ 安全性を特に重視した可能性あり　しかし，Bは安全性を特別に重視してこの機能を付けたのであり，Bにとっては重要であるという評価もできる（最判平11・11・30判時1701号69頁参照［ゴルフ会員契約で，ゴルフ場は完成したが，併設のホテルなどが完成していない事例］）。いずれにせよ，本件事故による乙クレーンの損傷を理由には契約解除をすることはできない──滅失しても同様──。

(b) 損害賠償請求権

❶ **不適合部分について（【図1】①）**

i **415条1項適用・563条の類推適用説**　修補に代わる損害賠償請求も可能であるが（559条，564条，415条1項），請負人の修補権を保障するためには，563条の要件を類推適用する必要がある。軽微な場合でも塡補賠償を請求することができる。

ii **415条2項適用説**　学説には，修補に代わる損害賠償請求に415条2項を適用する考えもある。415条2項3号の制限があるため，軽微な場合には塡補賠償を請求できないことになる。容易にプログラムの改良ができるため軽微な不適合だと考えると，いずれの立場によるかで，修補に代わる損害賠償請求を認めるかどうかの差が生じる――ii説でも代金減額ができるので議論の実益はない――。

❷ **拡大損害について（【図1】②）**　本件クレーンの損傷については，担保責任により修補請求はできないが，不適合により生じた損害として，559条，564条，415条1項により債務不履行を理由とした損害賠償請求をすることが考えられる。ただ目的物そのものの損傷を拡大損害と考えるかは議論がある。拡大損害だとすると，給付利益に対する適合物給付義務ではなく，生命，身体，財産といった不法行為法上の法益に対する保護義務の違反と構成することになる。下記のような判例があるが，目的物自体の損傷についての判例はない。

◆**関連判例**　最高裁の判例はないが，下級審判決には，卵豆腐による食中毒事件につき，「売買契約の売主は，買主に対し，単に，売買の目的を交付するという基本的な給付義務を負っているだけでなく，信義則上，これに付随して，買主の生命・身体・財産上の法益を害しないよう配慮すべき注意義務を負って」いるとして，債務不履行責任を認める判決がある（岐阜地裁大垣支判昭48・12・27判時725号19頁）。これに従えば，適合物給付義務の不履行たる担保責任ではないが，信義則上の義務違反による債務不履行が認められる。「財産上の法益」に，売買の目的物自体の保護まで含めることを認めるものではない（ただし，否定もしていない）。

(4) 不法行為責任の追及

(a) 適合物給付義務違反　適合物給付義務の不履行による給付利益の不獲得については債務不履行のみが成立し，不法行為は成立しない。不法行為法上の権利・利益の侵害，これらの権利・利益を侵害しない一般的不可侵義務違反が，不法行為の成立のためには必要である。単なる債務不履行は，債務不履行を成立させるだけで，不法行為にはならない。

(b) 乙クレーンの損傷について　目的物の不適合が原因で，買主・注文者の

他の財産が侵害されたならば，所有権侵害の不法行為が成立する。では，目的物自体が損傷・滅失した場合はどう考えるべきであろうか。乙クレーンでいうと，プログラム以外は問題のないクレーンが損傷している。

そのため，①拡大損害に準じて考えるか，②適合物が取得できないだけなので，債務不履行にすぎないと考えるか——PL法では製品自体の損害は債務不履行の問題として対象としない——，2つの考えが可能である。

> 【答案作成についてのコメント】BのCに対する法的請求については，担保責任についてその妥当範囲に注意しつつ，改正法の内容が理解できていることが示せればよい。不法行為についても言及し，単純な債務不履行について不法行為は問題にならず，709条の権利・利益侵害が必要なこと，乙クレーン自体の損傷につき不法行為責任を問うことができるのかを検討すべきである。

2 ［設問1］小問(2)について

> 【出題趣旨】 ［設問1］小問(2)で議論すべきなのは，乙クレーンの製造について，自動停止装置の装着は当然には要求される安全性ではなく，BC間の契約により当事者間で相対的に約束された義務にすぎないことが，CのDに対する不法行為責任についても考慮されるのかという問題である。BはDに対して安全配慮義務を負うが，Bに義務違反また過失が認められるかも，検討する必要がある。

(1) DのA及びBに対する損害賠償請求

(a) **そこまでの安全性が要求されるか**　注文者Aには，指示に誤りがあったといった事由はなく，第三者Dに対する責任は問題にならない（716条）。使用者BがDに対して安全配慮義務を負うことは疑いなく（最判昭50・2・25民集29巻2号143頁），問題は，まず，自動停止装置の設置まで安全配慮義務として要求されるのかである。

(b) **Bに過失があるか**　もしこれを肯定するとしても，Bには帰責事由があるかが更に問題になる。なぜならば，自動停止措置が作動しなかったことにBに過失はないからである。Bが自動停止装置が作動しないことに気が付いたにもかかわらず，そのまま使用し続けたといった特段の事情がない限りは，BのDに対する責任を認めることは難しい（415条1項ただし書）。

(2) DのCに対する損害賠償請求

(a) **不法行為責任**

(ア) **BC間の特約**　Cは，通常要求されないクレーンの自動停止装置の設

置をBとの請負契約により，B に対して義務づけられているだけであり，B に対して債務不履行責任を負うことはあっても，D に対して不法行為責任を負うことはないのではないかといった疑問がある。普通のクレーンで同様の事故が起きても責任は生じないのに——D の操縦ミスである——，この場合には，C の D に対する不法行為が成立するのであろうか。

（イ）　**特約の第三者への効力**　　フランスでは，契約の当事者間で約束された義務の違反でも，その義務違反により第三者が損害を被れば，第三者に対する不法行為責任を免れないと考えられている。この点，日本では議論はなく，判例もない。第三者 A に対して不法行為責任を負わないという結論も考えられ，肯定・否定両論がありえる。

　(b)　**債務不履行責任**

（ア）　**BC 間の信義則上の義務**　　BC 間において，適合物給付義務という契約上の義務だけでなく，信義則上の配慮義務が認められるとすると，その内容が契約内容を考慮して高度化されることを認めるのは不合理ではない。ところが，本件では B 側ではあるが，契約当事者ではない D が損害を被っている。

（イ）　**信義則上の義務の D への拡大（債務不履行責任の人的拡大）**　　BC 間であっても，拡大損害についての付随する信義則上の義務違反が問題である。そのため，先の岐阜地裁大垣支判昭 48・12・27 判時 725 号 19 頁（卵豆腐事件）は，「そのような売主の契約責任は，単に買主だけでなく，信義則上その目的物の使用・消費が合理的に予想される買主の家族や同居者に対してもあると解するのが相当である」と，信義則上の義務を第三者に拡大している。ドイツ民法 311 条 3 項は「第三者保護効を有する契約法理」を認めている。

（ウ）　**本問へのあてはめ**　　本問では，B は D に対して安全配慮義務を負い，B はその安全配慮義務の履行のために安全なクレーンの製作を依頼したのであり，D は保護の受益者たる被用者である。そのため，D を BC 間の契約の信義則上の義務の保護の対象とすることは許される。これによれば，D の C に対する債務不履行責任の追及が可能になり，C の D に対する不法行為責任（☞(a)）も認めれば，請求権の競合が認められる。自動停止装置が作動していれば事故は生じなかったので，D に事故についての過失はあるが過失相殺をすべきかは微妙である。

【答案作成についてのコメント】操作ミスに備える自動停止装置がなくても，特約がなければ債務不履行ではなく，また，不法行為にもならないのが原則であり（自動車で自動停止装置がなくても欠

陥にはならない），Bの従業員に対する安全配慮義務も，原則はそこまでの安全性は要求されず，たとえ安全配慮義務を認めるとしてもBには帰責事由はない。ところがBC間でこの点で特約があることが，CD間の責任にどう影響してくるかを検討してもらいたい。

3　[設問2] 小問(1)について（配点は(1)(2)で35点）

【出題趣旨】　[設問2] 小問(1)は，民法における請負人の担保責任を確認しつつ，そのあてはめとして，品質に問題がなくても契約に適合していなければ債務不履行になり担保責任が成立すること，また，不法行為との関係を検討してもらう問題である。

(1)　契約不適合について

　丙建物に使われた主柱の鉄骨は断面の寸法 250mm × 250mm であり，契約で合意された寸法 300mm × 300mm を下回っており，法令上問題なく，また，耐震構造上も問題がなくても，債務不履行となる。判例は，請負契約で，「本件建物の耐震性を高め，耐震性の面でより安全性の高い建物にするため，南棟の主柱につき断面の寸法 300mm × 300mm の鉄骨を使用することが，特に約定され，これが契約の重要な内容になっていた」と認め，同 250mm × 250mm の鉄骨を瑕疵あるものと認定した（最判平 15・10・10 判時 1840 号 18 頁）。改正法でもこの判例は先例価値が維持されるべきであり，本問でも不適合給付と認められる。また，非常階段が品質不適合（559 条，562 条）になることは疑いない。

(2)　担保責任の内容

(a)　追完請求

　　(ア)　鉄骨について　　まず，鉄骨については，建物の中の主柱だけ取り換えるわけにはいかず，また，耐震性に問題がないので，追完請求として鉄骨を契約に適合させるよう工事をすることを請求できない。また，約束の鉄骨の建物に建替えるよう請求することも認められない——追完請求は修補に限らず，やり直しを求めることも一般論としては可能——。412 条の 2 第 1 項の「不能」と考えてよい（詳しくは次述）。

　　(イ)　非常階段について

　　　●　旧 634 条 1 項ただし書は削除された　　次に，非常階段については，安全性についての問題はその部分の補強だけで済むが，契約通りの構造にするに

は作り替えるしかない。これは勿論技術的に可能である。では、A は安全性確保のための工事の請求ではなく、非常階段を現在のものを撤去して契約通りの構造のものを新たに取り付けるよう請求できるのであろうか。改正前は、旧 634 条 1 項ただし書に、瑕疵が軽微で過大な費用がかかる場合には修補請求はできず、損害賠償請求によるしかないことが規定されていた。ところが、旧 634 条は改正法により削除されている。

❷ **改正法の下での解釈**　旧 634 条 1 項ただし書が削除されたのは、瑕疵が重大な場合にはどんなに費用がかかっても修補請求ができてしまうが、技術の進歩により費用さえかければ修補可能な事例が格段に増加しているためである。軽微な場合に限定するのを止め、412 条の 2 第 1 項の不能の解釈にまかせたのである。解決方法としては、①追完請求権は成立するがその行使を権利濫用として否定する、または、② 412 条の 2 第 1 項の「不能」の解釈により解決することが考えられるが、後者によったのである。

❸ **本問の結論**　上記❷の②によって不能として考えるが、A は B に対して、非常階段については、安全性確保のための補強工事は請求できるがそれを超えて非常階段の全面的な工事のやり直しまでは請求できないと考えられる。条文上の説明としては、559 条、562 条 1 項ただし書を適用して、請負人 B の主張する追完方法が認められるといってよい。

(b)　その他の請求

❶ **代金減額請求**　まず、鉄骨について、300mm × 300mm の鉄骨の値段から 250mm × 250mm の鉄骨の値段の差額を代金減額請求ができる（559 条、563 条 2 項）。見つかったらその相当額の代金だけしか受けられないというだけのサンクションでは抑止効が期待できないが、抑止は免許取消し、営業停止等の行政罰また刑事罰に期待するしかない。非常階段についても、おそらく安く仕上げる構造としたことにより浮いた差額分は——(a)の補強工事分は差し引く——、代金減額請求により吐き出させることになる。

❷ **損害賠償請求**　損害賠償請求については、代金減額を認めるので否定するか、又は、563 条と同じ要件を設定して差額分を損害賠償請求することを認めることになる。B が補強工事をしないため、A が他の業者に依頼して行わせた場合には、その費用の損害賠償請求ができる。取替工事は請求できないので、A が他の業者に非常階段の取替工事をさせても、その費用全額ではなく、補強工

事分を限度として賠償請求ができるにすぎない──その限度で相当因果関係を認めることができる──。

❷　**契約解除**　契約解除については，鉄骨，非常階段ともに契約をした目的を達しえないほど重大な不利益ではないので，541条ただし書により解除は否定される。412条の2第1項により履行不能なので，542条の解除であるとすると，541条ただし書のような規定がないので，541条ただし書の類推適用また542条2項の趣旨から同様の制限──契約をした目的を達しえないわけではない──をすることが考えられる。

(3) 不法行為責任の追及

(a) 不法行為に基づく損害賠償請求

(ア)　**不法行為責任を認める**　最判平19・7・6民集61巻5号1769頁は，設計・施工者等は，「当該建物に建物としての<u>基本的な安全性が欠ける</u>ことがないように配慮すべき注意義務」「を怠ったために建築された建物に建物としての基本的な安全性を損なう瑕疵があり，それにより居住者等の生命，身体又は財産が侵害された場合には，……これによって生じた損害について不法行為による賠償責任を負う」ことを認める。

(イ)　**しかし，事故は起きていない**　事例では，実際に事故は起きていないが，事故発生を予防するために修補をしており，明言していないが，<u>事故の予防費用は不法行為を理由に損害賠償請求ができる</u>ことになる。別の例でいうと，時限爆弾を仕掛けることは不法行為であり，爆発して被害が出れば不法行為を理由とした損害賠償請求ができるが，爆発を阻止するために費用を掛け爆発しなかったら，不法行為を理由とした損害賠償請求できないというのは不合理だからである（詳しくは［設問3］で論じる）。

(b) 本問へのあてはめ

(ア)　**建物の不具合について**　まず，建物は，安全性には関わらないので，担保責任は成立するが，不法行為を理由とした損害賠償請求はできない。

(イ)　**非常階段の不具合について**　他方，非常階段については，安全性に関わるため，補強工事費用は，事故予防費用として不法行為を理由とした損害賠償請求をすることができる。非常階段を契約通りのものに付け替える工事は請求できないが，事故を避けるための補強工事は請求できる。注文者Aが他の業者に依

頼して補強工事をしてもらった場合，その費用は事故予防費用となり，A は B に対して<u>不法行為を理由として</u>損害賠償請求をすることができる。

【答案作成についてのコメント】品質的に問題がなくても，契約の内容と異なる建物を建築すれば契約不適合になること（より安全性を高めようとし，注文者がその点を重視していたことを強調するとよい），また，不適合について追完請求の可否の検討，この2つを中核として，請負人の担保責任を議論することになる。

4 ［設問2］小問(2)について

【出題趣旨】［設問2］小問(2)は，利息をつけて分割払いにする合意が準消費貸借となり債権の同一性が失われるのか，また，債権譲渡につき債務者の同時履行の抗弁権や相殺などの譲受人への対抗の可否についても考えてもらう問題である。

(1) 債権の同一性——準消費貸借契約か

AE 間では，E が債権譲渡を受けた後に，分割払いにしてまた利息をつけることが合意されている。E からは，これを**準消費貸借**と考え，債権の同一性がなくなり，A は請負代金債権について主張しえた事由を E に対抗できなくなるとの主張がされることが考えられる。この点，たとえ準消費貸借であっても，判例は，「債務の同一性は之を維持しつつ単に消費貸借の規定に従はしめんとするに止まる」合意と推定すべきであるという（大判昭8・2・24民集12巻265頁）。そのため，請負代金債権のまま，これを分割払いにして，消費貸借同様に利息の合意をしたにすぎないことになる。

(2) 債権譲渡について

(a) **債務者対抗要件は具備している**　467条1項により，E は債務者 A に対する債権譲渡の対抗要件を具備していることになる。ただし，債務者は譲渡人 B に対して<u>対抗要件具備時までに主張しえた事由</u>を，譲受人 E に対抗できる（468条1項）。

(b) **対抗事由1——相殺以外**

(ア) **同時履行の抗弁権，代金減額請求権など**　本件では，契約解除はできないので，①B に非常階段の修補請求をして，その履行まで代金の支払を拒む，また，②修補に代わる損害賠償請求権につき同時履行の抗弁権を主張することが考えられる。後者は，旧634条2項に明文規定があったが，これは削除され，こ

れに代わり改正 533 条括弧書に一般規定が設けられている。③代金減額の対抗も考えられる。軽微な瑕疵の場合には，同時履行の抗弁権は信義則上否定されるが（最判平 9・2・14 民集 51 巻 2 号 337 頁），非常階段の安全性は重大な事項であり，②の同時履行の抗弁権また①の先履行の抗弁権を認めてよい。

　(イ)　対抗要件具備後に成立した債権

　❶　原因があればよい　　ただし，本問では E の債権譲渡の対抗要件具備は完成前であり，修補請求権の成立，修補に代わる損害賠償請求権の成立もいずれもその後である。しかし，取消しが債権譲渡後でも，取消原因が成立していればよく，更には，契約解除についても，双務契約については反対給付が履行されなければ契約を解除して自己の給付義務の解放を受けるという期待が，契約と同時に既に成立している（最判昭 42・10・27 民集 21 巻 8 号 216 頁）。469 条 2 項 1 号のような規定はないが，468 条 1 項の解釈としてそのように考えられる。

　❷　本問について　　本問では既に対抗事由の原因が完成前から成立していた，すなわち，不適合な建物が作られた場合には，追完まで代金の支払を拒絶する，修補に代わる損害賠償請求権と同時履行の抗弁権が認められるという期待が既に契約と同時に成立していたと考えることができる。そのため，次の 469 条の趣旨を類推して，問題の抗弁権の成立は，対抗要件具備後であるが，債務者はその抗弁を譲受人に対抗できると考えるべきである。

　(c)　対抗事由 2 ── 相殺

　(ア)　改正前の無制限説　　代金減額の対抗を認めれば，本問では十分であるが，損害賠償請求権を認めてそれとの相殺を対抗することも考えられる。この点，改正前は旧 468 条 2 項の解釈により「債権譲渡と相殺」の問題につき，いわゆる**無制限説**が採用されていた。しかし，無制限説によっても対抗要件具備前に債権が成立していなければならない。

　(イ)　改正法による更なる拡大　　債権譲渡における債務者保護には，対抗要件具備前に原因があればよいので（☞(b)(イ)），相殺に特化した規定を置き無制限説を宣言しつつ（469 条 1 項），この点を明記した（同 2 項☞【図 4】）。債権譲渡の対抗要件具備前に，相殺の自働債権発生の原因があればよく（1 号），また，その双務契約における確認規定に等しいが，本問のように同一双務契約上の債権であれば（2 号），自働債権自体の成立は対抗要件具備後であっても，債務者は相殺をもって譲受人に対抗できる。本問も，A は，修補に代わる損害賠償請求権によ

り，Eの支払請求に対して相殺を対抗できることになる。

【答案作成についてのコメント】本問については，準消費貸借における債権の同一性について確認した上で，債務者Aの債権譲受人Eに対する対抗事由を検討する必要がある。そこでは，対抗要件具備後に成立した修補請求権による拒絶権，修補に代わる損害賠償請求権との同時履行の抗弁権また相殺権，代金減額請求権を検討すべきである。相殺については，改正法で469条が新設されたのでこれに必ず言及することが必要である。

5　[設問3] 小問(1)について（配点は(1)(2)で35点）——売主に対する請求

【出題趣旨】　[設問3] は，単に契約に適合しない建物の建築というだけでなく，生命，身体，財産に対して危険な建物が建築された場合に，債務不履行だけでなく，不法行為の成立が認められないか，契約当事者間また対第三者について検討してもらう問題である。

(1)　売主Aに対する担保責任の追及

(a)　追完請求権

　(ア)　**建替するしかない**　まず，耐震偽装のなされた丙建物が，AF間の売買契約の内容に適合するものではないことは明らかであり，FはAに対して担保責任を追及することができる。追完請求（562条）については，補強工事では対応できず，建て直しするしかないので，追完不能といわざるを得ない。

　(イ)　**売主の担保責任では建替請求は無理**　請負人の担保責任であれば，仕事完成義務の不履行であり作り直す（＝建て直す）よう請求できるが，特定物売主については，修補までしか請求できないものと思われる。しかし，建替が必要なので，代金減額では済まない。そのため，契約解除＋損害賠償請求又は契約解除をせずにする損害賠償請求が，実際には期待される権利行使である。以下この2つに分けて考察をする。

(b)　契約解除の有無による救済の差

　(ア)　**契約解除をする場合**　契約解除（542条1項1号）をする場合には，F

はAから代金の返還を受け，それで償われない損害を賠償請求することになる。土地建物はAに返還することになるが，ただ，<u>不適合があるのは建物だけである。</u>

❶　土地建物全部の解除　しかし，社会通念上土地建物は一体と考えられており，542条2項ではなく，542条1項3号を適用して契約全部——土地・建物ごとの契約ではなく，1つの契約——を解除できると考えられる。2つの契約だが，複合契約として全部の解除ができると構成する必要はない。

❷　建物だけの解除　1つの契約だとしても，全部解除が・で・き・る・というだけなので，Fは建物だけの解除を選択することもできる。この場合には，建物だけの代金の返還義務を認め，土地所有権に基づいて建物収去請求が認められる。

(イ)　契約解除をしない場合　他方，Fが売買契約の解除をせず，土地を保持して建物を建て替えることも考えられる。この場合には，建物を建て替えた費用を損害として賠償請求することになる。建物の取壊し及び廃棄物の処理の費用，また，新たな建物の建築費用——これは代金の返還請求に匹敵する——を損害として賠償請求することになる。建替えまでの使用利益は損益相殺がされない（最判平22・6・17民集64巻4号1197頁）。また，建替え期間中の仮事務所の賃料，引越費用などは賠償請求ができる。

(c)　Aの帰責事由　追完請求，代金減額，契約解除には，売主Aに帰責事由は不要である。ところが，損害賠償請求については帰責事由が認められないため免責される（415条1項ただし書）。Aは注文者にすぎず，また完成から1年しか経過しておらず，その間欠陥に気付いたことはなく，過失はない。415条1項ただし書の帰責事由は特約がない限り無過失の意味であり，AはFに対して損害賠償責任は免責されることになる。

(2)　売主Aに対する不法行為責任の追及

Aには過失が認められないため，709条の不法行為責任は認められないので議論の実益はないが，欠陥住宅の「販・売・」は「不法行為」に該当するのであろうか。次にみるように，欠陥住宅の「建・築・」は不法行為であるが，これとパラレルに考えて「販売」も不法行為と考えられるのであろうか。否定する必要はないが，Aには過失は認められないので，損害賠償義務を認めることはできない。

【答案作成についてのコメント】AF間は売買契約があるため，契約不適合による担保責任（不完全履行による債務不履行責任）が問題となる。FがAに対してどのような法的請求ができるか，契約解

除をする場合としない場合とを分けて考察すべきである。また，Aには過失が認められず責任は否定されるが，不法行為になるのかも言及だけはしておくとよい。

6 ［設問3］小問(2)について

> **【出題趣旨】** 小問(2)は，契約関係にない請負人の，注文者からの建物の買主に対する不法行為責任を検討してもらう問題である。先に指摘したように最高裁判決があるので，少なくとも判例には言及してその当否を検討してもらいたい。

(1) 欠陥ある建物の建築は第三者に対する不法行為になるか

(a) **基本的安全性欠如・拡大損害の発生** この点，判例は，設計・施工者等は，「建物としての基本的な安全性が欠けることがないように配慮すべき注意義務」を認め，「建築された建物に建物としての基本的な安全性を損なう瑕疵があり，それにより居住者等の生命，身体又は財産が侵害された場合には，……これによって生じた損害について不法行為による賠償責任を負う」とした（最判平19・7・6民集61巻5号1769頁［再上告審判決として，最判平23・7・21集民237号293頁］）。

(b) **拡大損害の発生の防止費用**

❶ **生命等の侵害による拡大損害は発生していない** ところが，上記判例の事例では，「居住者等の生命，身体又は財産が侵害された場合」と要件を設定しながら，生命等を侵害するという拡大損害が発生していないにもかかわらず，不法行為責任が認められている。709条では権利・利益の侵害が要件として必要であるが，生命等の侵害を介したいわゆる拡大損害が発生していないのである。この点，学説には権利・利益侵害の説明をめぐって議論がされているが，上記判決には言及がない。

❷ **拡大損害発生の防止費用は拡大損害と同視される** 調査官解説では，「その危険を除去するための費用が必要になっている」ため，既に損害（拡大損害）が生じており不法行為が成立していると解することができると説明がされている（高橋譲「判例解説」最判解民事平成19年度(下)520頁）。生命等の侵害だけでなく，その侵害予防のため費やした費用も，いわば拡大損害と同視して不法行為を理由に賠償請求が可能だという趣旨と評しうる。要するに純粋経済損害の賠償をこの場合に限って認めるものと考えてよい（☞【図5】2②）。

【図5 基本的な安全性に欠ける建物の建築】

1. **適合物を取得するという給付利益**
   ①価格低下分の損害　　担保責任のみ成立
   ②適合物取得の費用（修理代など）　　担保責任のみ成立

2. **拡大損害**
   ①事故が生じ生命，身体，財産が侵害される　　不法行為責任のみ成立（付随義務論で債務不履行責任の成立を認めることも考えられる）
   ②事故発生の予防費用　　不法行為責任が成立（2つの考えが可能）
   　ⓐ適合物実現にもなる限度で，債務不履行責任と競合するという考え
   　ⓑ適合物実現にもなる限度で差し引いた残額が不法行為で賠償請求できるという考え

(2)　**本問へのあてはめ**

(a)　**不法行為の要件を充たす**　　本問の丙建物は震度5程度の地震により倒壊の危険がある建物である。倒壊したならば，Fの事業所内の従業員の生命・身体に危険が及び，また，建物内のF所有の事務機器等が侵害されることになるため，丙建物は「基本的な安全性を損なう瑕疵」を有しているものと評価できる。そして，判例は明確ではないものの，そのような侵害が生じるのを予防する費用は不法行為に基づき賠償請求ができることになる。

(b)　**不法行為責任によりカバーされる損害**

❶　**カバーされるのは事故防止費用のみ**　　ここで注意すべきは，不法行為を理由に賠償請求できるのは，事故の発生を予防するための費用に限られるということである。そうすると，丙建物を撤去する費用のみが不法行為による損害賠償請求の対象になるにすぎない。

❷　**建替え費用全額はカバーされない**　　再度建物を建て替える新築費用は，契約の履行という履行利益（給付利益）を獲得するための費用となり，契約当事者間で債務不履行によってのみ賠償請求ができるにすぎない。代金を支払わない，目的物を引き渡さないといった拡大損害を生じない単純な債務不履行は，債務不履行だけしか成立せず不法行為にはならないのである（相手方が履行しないのは契約リスク）。

(c)　**債権者代位権による代位行使**　　そうすると建替え費用全額を不法行為による損害賠償請求では賄えないことになり，これについては，FのAに対する売買契約上の損害賠償請求権が成立し，また，AのBに対する請負契約上の損害賠

償請求権が成立するため，Ｆは債権者代位権（423 条）によって代位行使するしかないことになる——なお，フランスでは直接訴権という別の制度による——。そのためには，Ａが無資力状態にあること，また，Ａが権利を行使していないことが必要になる。代位債権者は，自己への支払請求が可能である（423 条の 3）。

【答案作成についてのコメント】欠陥住宅の建築が不法行為になるのかを，中心論点として力を入れて論じてもらいたい（判例は，「建物としての基本的な安全性を損なう瑕疵」の存在を要件とする）。709 条の不法行為の要件を充たしているのか，権利・利益の侵害をどう認定するのかという判例が明言を避けた点も含めて検討すべきである。そして，防止費用の賠償は不法行為で賠償請求できるとしても，建物撤去の費用までであり，建替え全体の費用は契約の履行の問題になり，債務不履行によらない限り賠償請求はできないことにも言及する必要がある。

1　［設問1］(1)について——BのCに対する法的請求
(1)　請負の担保責任
　Cには、Bに対して契約通りのクレーンを製作して引き渡す請負契約上の義務があり、乙クレーンにプログラムの不適合があるため、その不履行（不完全履行）が認められ担保責任が成立する。この点、基本的に、559条の準用規定を通じて売買の担保責任規定が請負に適用される。以下、いかなる法的請求ができるか検討する。
　(a)　追完請求　　BはCに対して、①まず、乙クレーンのプログラムを契約通りに設定し直して、これを改めて設置するよう請求できる（559条、562条）。②これに対して、乙クレーンの本件事故による損傷の修繕は請求できない。金銭賠償が損害賠償の原則だからである（417条）。また、担保責任の対象となるのは、引渡時に存在した不適合に限られるからである。
　(b)　代金減額請求　　①プログラムの不適合については、プログラムそのままで、BはCに対して代金減額を請求することも可能である（559条、563条）。ただし、そのためには、Bの修補権の保障のため、563条の催告・相当期間の経過、又は、履行拒絶が必要となる。Cは事故原因を争い、修補に応じておらず、この要件を充たしている。
　②他方、本件事故による乙クレーンの損傷については、(a)に述べたように担保責任が適用にならないため、その修補費用分を代金減額することはできず、次の損害賠償請求によるしかない。
　(c)　損害賠償請求　　①プログラムに関する損害は、適合物給付義務違反の担保責任を理由に賠償請求できる（559条、564条、415条1項）。実質代金減額と等しいため、代金減額的損害賠償請求については、請負人の修補権を保障するため、563条の要件を充たすことが必要であると解すべきである。本件事故のため工事が遅れたといった損害については、そのような制限は受けない。
　②本件事故による乙クレーンの損傷は、一種の拡大した損害として、信義則上の付随義務違反による債務不履行責任（415条1項）により、BはCに対して損害賠償請求をすることができる。
　(d)　契約解除　　Bは、559条、564条、541条又は542条により乙クレーンの製作という請負契約を解除できるであろうか。プログラムの不具合は容易に修補できるため、541条の催告解除になるが、催告しても修補されなくても解除できるのかは541条ただし書の適用にかかる。自動停止装置はクレーンに必須の機能ではないが、Bは安全を特に重視しており、Bにとっては重要であり、契約解除を認めるべきである。いずれにせよ、本件事故による乙クレーンの損傷を理由に契約解除をすることはできない。
(2)　不法行為責任
　①プログラムに関する不適合は、不法行為法上そこまでの安全性は要求されず単純

な債務不履行にすぎない。履行利益の獲得が問題となるにすぎない。②しかし、乙クレーンの損傷は709条の「権利」（所有権）侵害になる。損傷のない乙クレーンの引渡しを受けた後に、これが侵害されたのであり、他の財産が侵害された場合と同様に考えるべきである。よって、CはBに対して、乙クレーンの損傷につき所有権侵害による不法行為責任を理由に損害賠償請求をすることが認められる。(1)(c)の債務不履行責任とは、請求権競合の関係になる。

2 ［設問1］(2)について
(1) DのBに対する損害賠償請求
Bは雇用契約に基づき、従業員Dが事故により負傷しないようにする安全配慮義務を負う。しかし、自動停止装置は要求される安全性を上回るものであり、これが装着されていないからといって安全配慮義務違反にはならない。ただし、従業員に自動停止装置の装着を知らせ信頼させていた場合には問題になるが、その場合でも、Bには過失がなく責任を負わない（415条1項ただし書）。不法行為法上の安全配慮義務違反についても同様である。

(2) DのCに対する損害賠償請求
　(a)　**不法行為責任**　　不法行為法上の義務として、自動停止装置が付いたクレーンを製作する義務はない。Cには、危険な製品を製作しない一般的社会生活上の義務違反はなく、CのDに対する不法行為は成立しない。

　(b)　**債務不履行責任**　　Cは請負契約の信義則上の付随義務として、Bに対してクレーンによる事故防止の義務を負う。また、Bは労働者Dの安全を配慮する義務があり、それを実現するためより安全なクレーンを注文している。Cの信義則上の安全義務は、Dに対して拡大されると解すべきである。この結果、Cは信義則上の義務違反による債務不履行責任（415条1項）をDに対して負う。

3 ［設問2］(1)について
(1) 請負人の担保責任
　(a)　**契約不適合の確認**　　①鉄骨については、法令の基準や社会通念上要求される安全性を備えていても、それを超える合意があれば、合意に従うべきなのは当然である。従って、耐震性に問題がなくても、契約と異なる内容であれば品質不適合になる（562条参照）。②非常階段については、構造が異なるだけでなく、安全性も欠けており品質不適合が認められる。

　(b)　**追完請求権**　　①鉄骨については、鉄骨だけ交換することはできず、建替しか適合した状態にすることはできない。そのため、建物をそのままとして追完をすることは請求できないが、再度、要件を充たした建物に建て替えることは可能である。しかし、安全性には問題はなく、必要性に対して請負人の不利益は多大であり、建替請求は412条の2第1項により不能と解すべきである。

　②非常階段については、安全性は補強工事で対応可能であり、契約内容の構造にす

るには全面的に付け替えざるを得ない。①と同様に、非常階段全体の付け替え工事は、社会通念上不能というべきである（412条の2第1項）。よって、補強工事しか請求できない。

　(c)　その他の法的請求

　　①　代金減額請求　　鉄骨の不適合、非常階段の構造の不適合のいずれについても、AはBに対して代金減額を請求できる（563条）。鉄骨については追完不能なので、直ちに代金減額が認められるが、非常階段については、AがBに補強工事を求めて、相当期間を経過するか、Bの拒絶が必要である。

　　②　損害賠償請求　　AはBに対して、実際の価値との差額、自ら補強工事をした費用を賠償請求できる（559条、564条、415条）。Bには故意さえ認められそうであるが、制裁的な賠償は認められない。非常階段について実質代金減額に等しいものについては、①と同様の制限がされるべきである。

　　③　契約解除　　非常階段の構造の不適合については、補強工事を催告してなされなかったとしても、他の業者に依頼して補強は可能なので541条ただし書により契約解除はできない。鉄骨の不適合については、履行不能であり542条の解除が問題になるが、541条ただし書又は542条2項の趣旨から、Aは契約解除はできないと解すべきである。

4　［設問2］(2)について

(1)　準消費貸借——債権の同一性

　Eからは、AE間の準消費貸借により、債権の同一性が失われ、AはBに対する請負契約上の抗弁を対抗できなくなると主張されることが考えられる。しかし、本件AE間の合意に、債権の同一性を失わせる特段の事情はない。従って、合意後も、Eの債権はAB間の請負代金債権のままである。

(2)　Aによる抗弁権の対抗

　では、Eによる請負代金債権の行使に対して、Aはどのような抗弁を対抗できるであろうか。

　(a)　修補義務の先履行の抗弁

　　①　633条の類推適用　　仕事完成義務が不完全な「履行」により縮減したのが追完義務であり、633条により先履行義務のままである。非常階段の安全性は重要であり、Aは非常階段の補強工事までEに代金支払を拒絶することができる（633条の趣旨類推）。

　　②　468条1項の適用　　これに対して、Eからは、引渡しによる追完請求権の成立は、対抗要件具備後の事由との主張がされることが考えられる（468条1項）。しかし、請負で不適合な仕事がされたら、修補請求ができそれまで代金の支払を拒絶できるという事情は既に契約時に成立している。そのため、468条1項により、Aは上記拒絶権をEに対して対抗しうる。

　(b)　代金減額請求権

　また、AはEに対して559条、563条により代金減額請求ができる。上記のように、担保責任の成立前に対抗要件を具備しているが、それ以前の原因に基づく権利であり、代金減額をAはEに対抗できる。

　(c)　損害賠償請求権また相殺

　①　同時履行の抗弁権　　533条括弧書により、Aには修補に代わる損害賠償請求権と請負代金債権とにつき同時履行の抗弁権が認められる。Aの修補に代わる損害賠償請求権は、信義則上制限されるほど軽微ではない。また、この点も対抗要件具備前の原因に基づく事情である。よって、同時履行の抗弁権をEに対抗できる。

　②　相殺の主張　　AはBに対する担保責任上の損害賠償請求（代金減額的損害賠償請求権以外も含む）を自働債権として、Eが取得した請負代金債権を受働債権として相殺を対抗することができる。この点、相殺については別に469条が規定している。対抗要件具備後の債権でも、原因がそれ以前又は同一契約上の債権であれば、相殺を対抗することができる（469条2項）。既に述べたように、原因が対抗要件具備前なので、Aは469条2項により相殺をEに対抗できる。

5　[設問3] (1)について──FのAに対する請求

(1)　売主の担保責任

　(a)　品質不適合　　耐震偽装された丙建物は、売買解約に求められる安全性について品質不適合が認められるのは明らかである。そのため、売主Aには、売買契約上の担保責任が成立する。

　(b)　買主Dの権利

　①　追完請求権　　まず、買主Fは、Aに対して、追完を請求することが考えられる。しかし、事故を回避するには、建替するしかないので、追完は不能である（412条の2第1項）。よって、Fの追完請求は認められない。

　②　契約解除権　　また、Fは土地と建物の売買契約を解除して代金の返還請求をすることができるが（542条1項1号）、損害賠償請求はAに過失がなくできない（415条1項ただし書）。また、Fは、建物だけの一部解除も認められるべきである（542条2項）。この場合には、FはAに対して原状回復請求として（545条1項）、土地上の丙建物の収去を求めることができる。

(2)　不法行為責任　　生命、身体、財産に危険なものを販売する行為は、違法であり不法行為になる。しかし、Aには過失がないので、Fは不法行為を理由にAに対して損害賠償請求をすることはできない（709条）。

6　[設問3] (2)について──FのBに対する請求

(1)　欠陥ある建物の建築と不法行為

　(a)　不法行為にもなる　　契約に適合しない建物の建築は、注文者に対して債務不履行になる。加えて、居住者、第三者の生命、身体、財産といった一般的保護法益を侵害する危険のある建物の建築は、不法行為に該当する。

(b)　**不法行為法上の法益侵害が必要**　　しかし、不法行為法上の損害賠償義務が成立するためには、契約上の給付を受けられないというのに尽きず、居住者、第三者が生命等を侵害されたことが必要である。ところが、本問では、事故は未だ生じていない。ただし、居住者、第三者が生命等を侵害されことを防止するための事故防止措置を講じたならば、そのために要した費用は、事故による損害に準じて不法行為責任に基づいて損害賠償請求を認めるべきである（709条）。

(c)　**本問へのあてはめ**　　丙建物は震度5で倒壊の恐れがあり、基本的な安全性を欠くものといえる。耐震補強工事により危険性は除去できない。そのため、事故を防止するには、丙建物を撤去するしかない。この撤去費用は事故発生防止費用として、FはBに不法行為を理由に賠償請求ができる。

他方で、丙建物撤去後の新建物の建築費用は、履行利益の獲得のための費用であり、売主であるAに対してしか請求できない。しかし、既述のように、Aには過失がないので、Aにも請求できない。

(2)　**債権者代位権の行使**

(a)　**FのAに対する債権**　　FはAに対して、建物部分だけ売買契約を解除して、建物の代金分の返還請求権を取得することができる。契約解除には、Aの帰責事由は必要ではない。

(b)　**AのBに対する債権**　　Aは請負契約を解除して請負代金の返還を求めることができる（541条1項）。そのほかに損害があれば、賠償請求できる（415条、545条4項）。FのBに対する(1)の不法行為による丙建物の収去費用の損害賠償請求権と、この部分の損害賠償を含んだ損害賠償請求権の部分とは選択的に行使ができる。

(c)　**Fによる代位行使**　　Fは、Aが無資力であり、Aが権利行使をしていなければ、(b)のAのBに対する権利を代位行使ができる（423条1項）。Fは、Bに対して、請負代金の返還または賠償金の支払を、自己になすよう請求することができる（423条の3）。

以上

次の文章を読んで、後記の［**設問1**］、［**設問2**］及び［**設問3**］に答えなさい。（配点：100点〔［設問1］、［設問2］及び［設問3］の配点は、35：35：30〕）

【**事実Ⅰ**】

1.　Aは芸能活動を行いつつ飲食店経営等多数の事業を営んでいる。2023年10月20日、B出版社の出版する某週刊誌にAの名誉を毀損する記事が掲載された。Aはこれを読んで憤慨し、Bに抗議したが、Bはこれに対して掲載内容は真実であると主張して争っている。

2.　Aは訴訟も考えたが、芸能活動と事業の経営が多忙であるため、そのままになっていた。2年前にもBの同週刊誌にAの名誉を毀損する記事が掲載され、その時は記載内容が虚偽であったため、AB間で示談が成立して200万円を支払う合意がなされた。ところがその賠償金は未だ支払われていない。

3.　Aは、2024年に入ると事業経営が悪化し、同年2月にはその経営していた飲食店などの事業を一切止めてしまい、多額の借金が残り、債務超過の状態に陥った。Aに対して2000万円の貸金債権を持つ債権者Cは、Aが未だBから賠償金200万円を受け取っていないことを知った。

4.　そのため、Cは、2024年5月、AのBに対する200万円の賠償金から債権回収をすることを考え、その検討中に、2023年10月の上記の名誉毀損の事実を知った。Aは事業に失敗し自宅に引きこもったままで、Bに対する前回の慰謝料も含めて賠償請求をしていない。Cは、今回の慰謝料も200万円として、Bに対して合計400万円の支払を求めたいと考えている。

［**設問1**］　【事実Ⅰ】を前提として、以下の各問いに答えなさい。

⑴　Cは、Bに対して、Aを代位してAの有する名誉毀損による慰謝料請求権を行使することができるか、Bからの反論も踏まえ理由を付して解答しなさい。事実1のBによる記事は虚偽であるものとして考えよ　（⑵につ

いても同様とする）。

(2) Cは、Bが賠償に応じないため、Aの慰謝料請求権を代位行使して自分が原告になり訴訟を提起し、このことをAに訴訟告知をした。しかし、Aは自らBと交渉し、今回の名誉毀損については100万円で示談をして合計300万円の賠償金の支払を受けた。今回の名誉毀損も200万円が慰謝料としては相当額であったが、Cが訴訟提起をしたことを知りどうせ自分の懐に入らないと思いこの金額で示談したものであった。この場合のCのBに対する法的請求について検討しなさい。

【事実Ⅱ】

【事実Ⅰ】の後に、以下の事実があった。

5. 2024年6月、Aは、その所有の店舗として使用している甲不動産（土地及び建物）を担保にして融資を受け借金を返済することを考え、地元で金融業を営んでいるDと借入れの交渉を開始した。Dは、地元の違法な賭博場にAを接待と称して連れて行き、AはDに誘われるまま賭博に興じた。

6. その翌日、AはDから、賭博を行ったことを警察に言うと脅かされ、甲不動産をDに2億円で販売するように求められた。AはやむをえM、2024年6月5日に甲不動産をDに2億円で販売する契約を締結した（以下、「本件売買契約」という）。代金額は時価相当価格である。

7. 契約後直ちにAからDへの甲不動産の所有権移転登記がなされ、DからAに代金2億円全額が支払われた。AはDから支払を受けた代金で債権者Eに対する借入金2億円の返済をした。その他の債権者に対しては、Aは未だ支払ができていない。

［設問2］ 【事実Ⅰ】及び【事実Ⅱ】を前提として、以下の各問いに答えなさい。

(1) Aに対して弁済期の到来した500万円の貸金債権を有する債権者Fは、Aに代位して、Dに対して、本件売買契約の強迫取消しをして、甲不動産の所有権移転登記の抹消登記手続を求めて訴訟を提起した。これに対するDの反論も踏まえて、Fの請求が認められるかどうか検討しなさい。

(2) Aに対して弁済期の到来した500万円の貸金債権を有する債権者Fは、

①ＡのＥに対する弁済を詐害行為として取り消して、500万円を自分に支払うこと、又は、②Ｄに対して本件売買契約を詐害行為として取り消して、甲不動産の所有権移転登記の抹消登記手続をすることを求めたとして、それぞれの請求が認められるかどうか、ＥまたＤの反論を踏まえて検討しなさい。

【事実Ⅲ】

【事実Ⅰ】の後に、以下の事実があった。

8. 2024年4月20日、Ａは、その所有の店舗たる甲不動産（土地及び建物）を、Ａに対して1億円の貸金債権を有するＧに1億円で売却した。Ａは直ちに所有権移転登記手続を行い、Ｇに引渡しもなし、代金については貸金債権との相殺が合意された。甲不動産の評価額は2億円である。ＧはＡが無資力状態にあることを認識していた。

9. 同年5月に、Ｇは、Ｈに、甲不動産を2億円で売却した。ＧはＨから2億円の代金全額の支払を受け、Ｈは甲不動産の所有権移転登記を受けまた引渡しを受けた。Ｈは、Ｇから甲不動産を買い取る際に、ＡＧ間の売買契約の際にＡが無資力状態にあり、甲不動産が2億円の価値があるのにＧが1億円で買い取ったことを認識していた。

[設問3] 【事実Ⅰ】及び【事実Ⅲ】を前提として、Ａに対して5000万円の貸金債権を持つ債権者Ｉは、Ｇ又はＨに対して詐害行為取消訴訟を提起することを考えている。ＩのＧ又はＨに対する詐害行為取消請求が認められるかどうか、ＡＧ間の取引を代物弁済に準じて扱うべきかどうか条文上の根拠付けに注意をして、検討しなさい。

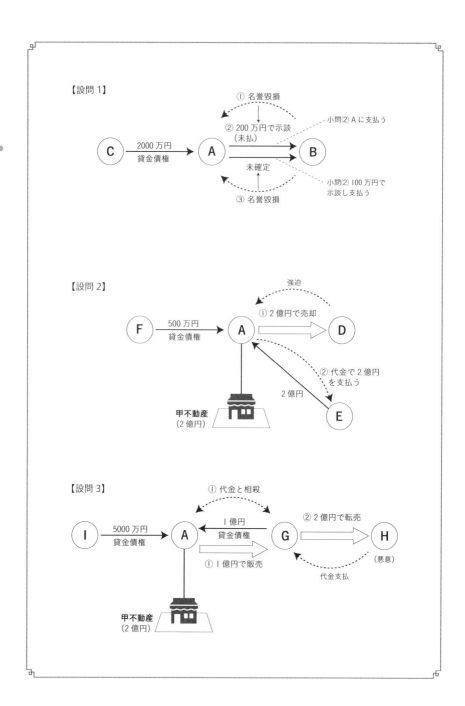

【設問1】

① 名誉毀損

② 200万円で示談（未払）

小問(2) Aに支払う

C → A → B
2000万円
貸金債権

未確定

③ 名誉毀損

小問(2) 100万円で示談し支払う

【設問2】

強迫

F → A
500万円
貸金債権

① 2億円で売却

A → D

② 代金で2億円を支払う

2億円

E

甲不動産
（2億円）

【設問3】

① 代金と相殺

② 2億円で転売

I → A
5000万円
貸金債権

1億円
貸金債権

A → G

① 1億円で販売

G → H

（悪意）

代金支払

甲不動産
（2億円）

1 ［設問1］小問(1)について
 (1) **債権者代位権の要件の確認**
  ①債務者の無資力（重要度B）
  ②被保全債権（金銭債権）及び被代位権
   利の存在（重要度B）
 (2) **抗弁事由——一身専属権**
  ①弁済期の到来（重要度B）
  ②一身専属権の排除（重要度B）
  ③名誉毀損の慰謝料請求権
   ⓐ原則は一身専属権（重要度A）
   ⓑ確定したら別（重要度B）
 (3) **代位権の行使内容**
  ①自己への支払請求（重要度A）
  ②被保全債権の金額への限定（重要度A）

2 ［設問1］小問(2)について
 (1) **代位行使の債務者への効力**
  (a) 訴訟告知が必要（重要度C）
  (b) しかし何らの拘束力なし（重要度A）
 (2) **示談の詐害行使取消し（重要度B）**

3 ［設問2］小問(1)について
 (1) **強迫取消権の代位行使（重要度B）**
 (2) **取消し後の原状回復請求権の代位行使**
  (a) 債務者への抗弁の代位債権者への対
   抗（重要度B）
  (b) 強迫者の同時履行の抗弁権の認否
   （重要度B）

4 ［設問2］小問(2)について
 (1) **弁済の詐害行為**
  (a) 通謀害意が必要（重要度B）
  (b) 支払不能時になされたことが必要
   （重要度B）
  (c) 要件を充足する場合
   ①取消債権者の自己への支払請求（重
    要度B）

   ②按分比例の抗弁の認否（重要度B）
   ③被保全債権額への限定（重要度B）
 (2) **不動産の相当価格での売却の詐害行為**
  性
  (a) 消費しやすい金銭への変更（重要度
   B）
  (b) 隠匿等の意図が必要（重要度A）
  (c) 買主の悪意（重要度B）

5 ［設問3］について
 (1) **Gに対する請求**
  (a) 廉価売買として424条1項の取消し
   を認めるか（重要度A）
  (b) 代物弁済規定の類推適用によるか
   （重要度A）
  (c) 価額償還請求権
   ①自己への支払請求（重要度B）
   ②行使できる金額（重要度B）
   ③類推適用を肯定すると差額のみの償
    還請求（重要度B）
 (2) **Hに対する請求**
  (a) 転得者Hに対する現物返還請求
   ①要件としてGの悪意も必要（重要
    度B）
   ②Gを飛ばして真正な登記名義回復
    のため所有権移転登記請求が可能
    （重要度B）
   ③類権適用を肯定すると返還請求でき
    ない（重要度A）
  (b) 現物返還請求できる場合に価額償還
   請求はできない（重要度C）
  (c) HのAに対する請求権
   ①1億円の返還請求はできる（重要度
    A）
   ②同時履行の抗弁権の認否（重要度
    A）

解説及び答案作成の指針

1　[設問 1] 小問(1)について （配点は(1)(2)で 35 点）

【出題趣旨】 ［設問 1］小問(1)は，無資力状態にある債務者 A が出版社 B に対して名誉毀損による慰謝料請求権を有しているが，これを行使していない場合に，示談により確定している債権と未確定の債権とに分けて，債権者 C がこれを代位行使できるかを論じてもらう問題である。423 条 1 項ただし書の一身専属権に該当するかどうかが中心論点となる。あわせて代位債権者の自己への支払請求の可否なども，改正法が明文で規定をしたことを確認してもらう問題である。

(1)　債権者代位権の要件の確認

(a)　**請求原因**　C は，A の B に対する債権を代位行使するため，これが認められるためには，債権者代位権の要件を充たすことが必要になる。

①債権者代位権の要件は，自己の債権の保全の必要性があり（423 条 1 項本文），債務者が無資力であることが必要となる（解釈による）。②債権が金銭債権であり——転用は措く——詐害行為前の原因により発生したものであること（424 条 3 項），③債務者がこれを行使していないことも必要である（解釈による）。これらは，請求原因として代位行使する C が主張立証することを要する。

(b)　**抗弁事由**　改正法で抗弁事由として明記されたものも含めて，被告とされた相手方が主張・立証すべき，代位行使の障害事由として，①被代位権利が，ⓐ一身専属権であること又はⓑ差押えを禁止された権利であること（423 条 1 項ただし書），②被保全債権が，ⓐ弁済期前であること（423 条 2 項本文）——原告が再抗弁として「保存行為」であることを主張できる（同項ただし書）——，ⓑ被保全債権が強制執行により実現できないものであることである（423 条 3 項）。更には，③債務者の権利行使を抗弁事由に位置付けることも考えられる。

(c)　**本問の問題**　本問では，(a)の請求原因たる要件はいずれも要件を充たしている。問題は，(b)の抗弁事由である，一身専属権ということである。(a)(b)を確認した上で，一身専属性の抗弁が出されることを確認し，検討すべきである。

(2)　名誉毀損による慰謝料請求権は一身専属権か

(a)　**一身専属権であり代位行使できない**

（ア）　**損害賠償請求権は確定していなくても一身専属権ではない**　　生命侵害による慰謝料請求権は当然相続説が採用されている（最大判昭 42・11・1 民集 21 巻 9 号 2249 頁）。帰属上の一身専属性はなく（896 条ただし書参照），債権譲渡も可能である（466 条 1 項ただし書参照）。債権が確定されていることは要件ではない。債権者代位権の適用も否定する理由はなく，**行使上の一身専属性**もない。

（イ）　**名誉毀損の慰謝料請求権は確定前には代位行使できない**　　ところが，名誉毀損による慰謝料請求権については，「<u>被害者が右請求権を行使する意思を表示しただけでいまだその具体的な金額が当事者間において客観的に確定しない間は，……右権利はなお一身専属性を有する</u>」として，「差押えの対象としたり，債権者代位の目的とすることはできない」とされている（最判昭 58・10・6 民集 37 巻 8 号 1041 頁）。相続性については不明である——相続を否定したら加害者に望外の利益を与えることになる——。また，名誉毀損以外の慰謝料請求権は不明である。

（b）　**一身専属性の根拠**

（ア）　**判例の挙げる根拠**　　上記判決は，一身専属権とされることの根拠として，①「これを行使するかどうかは専ら被害者自身の意思によって決せられるべき」こと，また，②「その具体的金額自体も成立と同時に客観的に明らかとなるわけではなく，被害者の精神的苦痛の程度，主観的意識ないし感情，加害者の態度その他の不確定的要素をもつ諸般の状況を総合して決せられるべき性質のものであること」を挙げている。

（イ）　**第三者が損害額を確定する不合理性**　　金額が確定していない損害賠償請求権の金額を，代位債権者が代位訴訟により確定させ，債務者に効力を及ぼすのは違和感がある。しかし，慰謝料以外も同じであり，改正法では，債務者への訴訟告知を代位債権者に義務付け（423 条の 6），債務者の利益への配慮がなされている。しかも，改正法では，訴訟告知がされようと債務者の権利行使は制限されず，裁判外で自由に合意することができる。この点を考えると，改正法では上記判例は先例価値を失ったと評することも不可能ではない。

（c）　**金額が確定すると一身専属性を失う**　　こうして疑問はあるものの，判例によればＢは名誉毀損の慰謝料であることを主張立証すれば代位行使を阻止でき，これに対して，代位債権者Ｃは，判決や合意により額が確定していることを主張立証する必要がある（再抗弁）。この結果，①前回の 200 万円分については代位

行使ができるが，②今回の金額未確定の慰謝料分については代位行使が許されないことになる。

(3) 代位行使できる 200 万円について

(a) **自分への支払請求ができる**　2 年前の名誉毀損については示談で額が確定しているため，C は代位行使できるが，代位行使の内容については，改正法に従前の判例の内容が明文化された。

代位債権者は，債務者への支払ではなく，<u>自分への支払</u>を請求できる（423 条の 3）。改正の際の議論では，責任財産の保全のためであり，<u>相殺を禁止すべきかどうか</u>が議論された。債権者の 1 人に，破産管財人のような役割を期待できないこと，代位権制度が旨みのない制度になってしまうことから，実務界からは相殺禁止に対して反対が出され，結局，解釈にまかせることにして規定は置かれなかった。

(b) **相殺により債権回収可能・被保全債権額に限定される**　そうすると，禁止規定がない限り，従前の運用が維持され，C は受け取った 200 万円を相殺により事実上債権回収に充てることができる。それを前提として，423 条の 2 は，債権回収に必要な限度での代位行使に制限し，被保全債権の額の限度での代位行使を認めるにすぎない。本問では C は 2000 万円の債権を有しておりこの点は問題にならず，200 万円全額の代位行使ができる。

> **【答案作成についてのコメント】** C による債権者代位権の行使について，まず要件を整理しつつ，一身専属性が問題になることを問題提起すべきである。そして，名誉毀損による慰謝料請求について，判例をあてはめて結論を出せばよい。更に，代位債権者が自己への支払請求ができ，相殺により債権回収が事実上容認されることにも言及をすべきである。

2　［設問 1］小問(2)について

> **【出題趣旨】**　［設問 1］小問(2)は，代位債権者が代位訴訟を提起した場合に，債務者の権利行使に対してどのような拘束力が生じるのかを問う問題である。その上で，詐害的な示談がされた場合の債権者の保護について検討を加える必要がある。

(1) 債権者代位訴訟と債務者への効力

(a) **改正前は差押え類似の効力が認められていた**　改正前は，債権者が代位行使に着手して債務者に通知をすると，債務者には処分禁止の効力が生じること

が認められていた（最判昭 48・4・24 民集 27 巻 3 号 596 頁）。しかし，差押えをしているわけでもないのに，そのような差押え同様の効力を認めることには批判が強く，改正法はこの点について劇的な変更を加えた。

(b) **改正法による差押え類似の効力の否定**　改正法は，債権者が代位訴訟を提起した場合には，遅滞なく債務者への訴訟告知をすることを義務づけた（423 条の 6）。しかし，このような義務を認めて差押え同様の効力を認めたと思いきや，債務者には何らの処分制限の効力は生じないことを規定した（423 条の 5）。代位訴訟を提起しても，債務者が弁済を受けたり債権譲渡をしたりすることは妨げられず，代位債権者はそのようなリスクを甘受して代位訴訟をしなければならないことになる。

(c) **本問へのあてはめ**　この結果，A の行った示談また債権の支払を受けた行為はいずれも有効であり，C の代位訴訟は代位債権が消滅するため，請求棄却となる。債務者は，安全に権利行使をしたいならば，債務名義を取得して差押えをして取立訴訟によるべきことになる。一方で改正法は，代位債権者の自己への支払請求を認めて実務の要請に妥協したが，それを台無しにする規定を置いたのである。

(2) **示談の詐害行為取消し**

(a) **受けられる金額が減額されている**

(ア) **A への支払は有効**　上記のように，AB 間でなされた示談また賠償金の支払は有効ということになる。まず，2 年前の 200 万円の賠償金の支払は有効であり（423 条の 5），そして，B は C の代位訴訟において，A に弁済したことを援用することができる（423 条の 4）。

(イ) **示談の詐害行為取消しが問題になる**　問題は今回の新たな示談である。客観的には前回と同じような名誉毀損であり，同様の金額の慰謝料が認められるところを，200 万円ではなく 100 万円で示談がされている。では，C はこの示談を詐害行為として取り消すことができるのであろうか。

(b) **いくらと決めるのかは被害者の自由**

(ア) **慰謝料額決定の自由には干渉できない**　しかし，同じような内容であってもどの程度の慰謝料を請求するかは被害者の自由であり，他の損害賠償請求権と異なり，判例による限り，名誉毀損の慰謝料額は被害者が行使できる一身

専属性があるので，その自己決定に債権者は介入できず，詐害行為取消しはできないとも考えられる――否定の根拠条文は 424 条 2 項によるしかない――。

(イ) **取消しできても代位行使できず無意味**　また，もし取消しを認めたとしても，金額が確定しない限り代位行使できないのであり，債権保全として意味がないことになる。判例はないが，名誉毀損についての示談に関する限りどのように合意するかは，被害者の自由であり，詐害行為取消しは認められないと考えるべきである。

> **【答案作成についてのコメント】** C による債権者代位訴訟による債務者への拘束力が改正により大きく変更されたこと，即ち債務者に対する処分禁止効は否定されたこと，その結果，A の B からの 2 年前の 200 万円の示談金の受領は有効なこと，これを B は C に対抗できることをまず論じるべきである。そして，今回の新たな 100 万円の示談については，一身専属権という趣旨からしても，どのように賠償金について合意するかは A の自由であり，詐害行為として取消しをすることは認められないことを論じるべきである。

3　[設問 2] 小問(1)について　(配点は(1)(2)で 35 点)

> **【出題趣旨】**　[設問 2] 小問(1)は，強迫取消権が代位行使の対象になるか，そして，取消しを認めた場合の原状回復について問う問題である。債務者に対抗できる事由を代位債権者にも対抗できるが，その事由として同時履行の抗弁権を検討してもらうことも意図している。それを前提として，295 条 2 項の趣旨から同時履行の抗弁権の主張を否定すべきかを議論することが求められる。

(1)　強迫取消権の代位行使

(a)　**一身専属権か**　[設問 2] 小問(1)は，強迫取消権が代位行使の対象になるかが問題になる。取り消すかどうかは債務者 A の判断にまかせるべきであり，一身専属権であろうか。しかし，形成権である，取消権，解除権，予約完結権，時効援用権等々の権利について，一身専属性は否定され，債権保全の必要性が認められれば，代位行使が可能と考えられている――もちろん相続性も認められている――。

(b)　**責任財産の保全になるか**　ただその債権保全の必要性については，強迫して不利な内容で契約させられたのであれば取消しをして財産を保全する必要があるが，本問では強迫によるとはいえ時価相当価格で売買契約が締結されており，詐害行為になることさえ疑問である（☞小問(2)）。しかし，甲不動産を店舗として A は営業をしており，A は甲不動産を失うとその店舗での収入を失うことにな

る。そのため，甲不動産を取り戻すこと自体が保全になると考えて，ここでは代位行使可能と考えておく。

(2) 取消し後の原状回復義務について

(a) 債務者への対抗事由の代位債権者への対抗

(ア) 原状回復請求権の代位行使　本件売買契約が取り消されると，Dは甲不動産の所有権移転登記の抹消登記また明渡しを義務づけられ，Fはこれらを代位行使することになる。ただし，不動産なので，自分への明渡しは請求できず，Aへの明渡しを求めることができるにすぎない（423条の3の反対解釈）。

(イ) 代位債権者への同時履行の抗弁権の対抗　代位行使の場合，相手方Dは，債務者Aに対して主張しうる事由を代位債権者Fに対抗できる（423条の4）。Aも代金の返還を義務づけられるので（121条の2第1項），Dは，Aに対する2億円の代金返還請求と抹消登記及び明渡しとの<u>同時履行の抗弁権を主張し</u>（533条類推適用），Fによる代位行使にこれを対抗することになる。ところが，強迫者については，同時履行の抗弁権を認めるべきかどうか争いがある。

(b) 強迫者の同時履行の抗弁権の認否

(ア) 無効・取消し事例では解釈にまかされた　代位債権者Fは，Dの同時履行の抗弁権の成立を争うことになる。解除については原状回復請求権について同時履行の抗弁権が認められることが明記されている（546条）。ところが，改正法により新設された無効・取消しにおける原状回復義務については，同時履行の抗弁権の準用規定が置かれていない。これは，解釈にまかせる趣旨であり，また規定がない時代から解釈により認められていたので，規定がなくても認めることに支障はなく，事例により判断することにしたのである。

(イ) 同時履行の抗弁権を否定することも可能　では，どうして取消しについて同時履行の抗弁権を規定することが躊躇されたのかというと，詐欺や強迫といった不法行為による場合があるからである。不法行為が原因であるという点で，留置権における295条2項とのバランス論が問題になる。詐欺や強迫を働いた者についてはその返還請求について708条の適用の可能性さえ問題視されているのである。そのため，返還請求権を認めるとしても，295条2項の趣旨を類推して同時履行の抗弁権を否定することはありうる解釈である。

もしDの同時履行の抗弁権を否定すると，DはAに対しても同時履行の抗弁権

を主張しえないので，423条の4を援用して，Fの請求に対して同時履行の抗弁権を対抗することもできなくなる。

【答案作成についてのコメント】 Fは取消権また取消し後の所有権移転登記の抹消登記，明渡請求につき代位行使ができること，相手方Dからは代金返還請求権との同時履行の抗弁権が主張されることを確認し，強迫者に同時履行の抗弁権が認められるべきか論じるべきである。

4　［設問2］小問(2)について

【出題趣旨】 ［設問2］小問(2)は，弁済の詐害行為，また，不動産の時価相当額での売却の詐害行為性を考えてもらう問題である。いずれも改正前には議論のあった問題であるが，改正法は明文規定を設けてこの問題に決着をつけた。そのため，改正法の知識を確認するだけの問題である。

(1)　Eへの弁済の詐害行為性

(a)　改正により民法の判例法を制限した

(ア)　**改正前の判例法**　　改正前の判例は，債務者が債権者と通謀して他の債権者を害することを意図したという破産法にない要件（通謀害意）を設定する一方で，破産法のように支払不能時という限定はしていなかった。そのため，<u>破産法に対して民法のほうが支払不能時でなくても認められ適用領域が広い</u>という，いわゆる**逆転現象**が生じていた。

(イ)　**弁済が詐害行為となるための要件**　　改正法は，弁済の詐害行為取消しの要件として【図1】の2つを設定した。

【図1　弁済の詐害行為取消しの要件】
①**支払不能時**になされた弁済であること（424条の3第1項1号）
②「通謀して他の債権者を害する意図」（**通謀害意**）でなされた弁済であること（同2号）

①は破産法に倣った要件であり——その概念は破産法と同じ——，②は破産法にはない従前の判例の要件を維持したものである（同2号）。

(ウ)　**本問へのあてはめ**　　本問では，Aが支払不能（「一般的かつ継続的に弁済することができない状態」（424条の3第1項1号括弧書））にまで至っていたかは不明である。これを充たしたとしても，通謀害意が必要である。この点も問題文からは不明である。

(b)　取消しが許される場合

(ア) **代位債権者の自己への支払請求**　もし仮に上記要件が充たされているとすると，FはAの行為を取り消してEに自己への支払を求めることができ（424条の9第1項）──改正法は，取消し（424条1項）と共に返還請求ができることを明記し（424条の6），改正前の**折衷説**を明文化した──，解釈論として相殺ができるため債権回収が事実上可能になり，その結果，債権回収に必要な限度に取消しの範囲は制限される（429条の8）。すなわち，Fは自己の債権500万円を限度としてのみ取り消すことができ，また自己への引渡しを請求できる。

(イ)　**相殺の否定**　Eは弁済が取り消され受領した2億円につき，取消しの限度で（500万円）返還を義務付けられるが，弁済の取消しにより<u>取り消された分（500万円）について直ちに貸金債権が復活する</u>ならば，取消しの効力は債務者に帰属するため（425条），AE間に<u>相殺適状が認められEが相殺をできることになる</u>（☞【図2】1）。それでは，弁済の取消しを認めた意味がなくなってしまう。この点，民法は，<u>実際に受け取った金銭を債務者に返還して初めて債権が復活する</u>と規定することにより（425条の3），問題を解決した。Eは自己の債権との相殺はできないことになる。

> **【図2　弁済の詐害行為取消し】**
> **1. 取り消された分（424条の8第1項）の500万円債権が当然に復活すると以下のようになる**
>   ①A→Eの500万円の返還請求権の成立
>   ②A←Eの500万円の貸金債権の復活　　Eは①②を相殺できる
>   ③F→Eの500万円の直接請求権　　相殺の対抗を受けると行使できない（相殺を対抗不能にする解決も考えられる）
> **2. 民法の導入した解決（債権は当然には復活しない）**
>   ①A→Eの500万円の返還請求権の成立
>   ②A←EはA又はFに支払った分のみ復活（支払う迄復活なし）
>   ③F→Eの500万円の直接請求権　　②の復活がないためEによる相殺の対抗を受けない

(c)　**本問へのあてはめ**　本問の事案の詳細は不明である。①そのため，弁済が詐害行為として取消しが可能になるためには，424条の3第1項の要件充足が必要になる，②その要件を充たす場合でも，Eの債権は受領した金額の返還が債権復活のためには必要である（425条の3）。その結果，債務者Aにも取消しの効力が及ぶが，未だ債権は復活しておらずEによるAE間での返還義務との相殺の主張は認められず，Eは受領した金額を取消債権者Fに返還しなければならない。

(2) 甲不動産の時価相当額での売却

(a) 改正前は議論があった　　不動産の相当価格での売却については，改正前の判例は，①消費しやすい金銭に変えることだけで，価値を下げる行為であり詐害行為になり，②ただ有用の資に使用したならば取消しが否定される（抗弁事由）ものと理解されていた。この点，改正法は要件を明記し，結論的には，ほぼ取消しがありえない内容とした（破産法に従ったものである）。

(b) 相当価格での売却が詐害行為となるための要件

❶ 隠匿等のしやすい金銭への変更（客観的要件）　　まず，消費しやすい金銭に変えて，隠匿等をしやすい状態を作ったことを要件にした（424条の2第1号）。不動産を隠匿等のしやすい財産へと変更することを詐害行為と認める判例を承認しつつ，これだけでは詐害行為にならないようにしている（次述）。

❷ 隠匿等の処分をする意志（主観的要件）　　これだけでは足りず，債務者が隠匿等の処分をしようとして売却したという主観的要件を設定している（同2号）。この要件設定により，リストラ等正当な目的の場合には──盗難・横領のしやすい金銭に変えたため横領や窃盗にあっても──取消しはできないことになった。

❸ 受益者の悪意　　更に極めつけは，第三者の取引安全保護を424条1項ただし書にまかせるのではなく──抗弁事由になり善意の証明が必要──，買主が債務者の隠匿等の処分の意図を契約当時に──「行為の当時」になっているので，契約締結時は知らなければ，代金支払時には知っていてもよい──知っていたことを要件としている（同3号）。

(c) 本問へのあてはめ　　上記3つの縛りが設けられたため，相当の対価を得てした財産の処分行為については，実際に424条の2が適用され詐害行為取消請求が認められることは考えにくくなった。本問では，借金の返済という正当な理由のためである。ただ弁済につき424条の3第1項の要件を充たす場合には，424条の2を適用する余地はある（この点の言及はあってよい）。そのような例外でない限り，本問ではAの甲不動産のDへの時価相当額での売却行為は，詐害行為取消請求の対象とはならないと考えられる。

【答案作成についてのコメント】本問については，弁済と不動産の相当価格での売却の詐害行為取消しを，改正に従って考えてもらうという，改正法確認問題である。後者については，実際にはほとんど適用が考えられないよう，抑止的な規制がされたことを確認すべきである。

5 [設問3] について（配点は30点）

【出題趣旨】 ［設問3］は，改正法が過大な代物弁済について特別規定を設けて，目的物の返還を否定して差額の償金請求に制限したが（424条の4），同規定の低廉価格での債権者への売却＋相殺の事例への類推適用を検討してもらう問題である。転得者がいる場合について，債務者に取消しの効力を認めつつ，改正法においても相対的効力説を維持したため事後処理を含めて問題となる。

(1) 債権者への不動産の廉価販売＋相殺

［設問3］では，Aは，1億円の債権者Gに対して2億円相当の本件不動産を1億円で売却し，貸金債権と代金債権との相殺を合意している。実質的には債権者への過大な代物弁済に等しい。そのため，代物弁済であったらどうなるかを，議論の前提として確認しておきたい。

(a) 代物弁済であったらどうか　　代物弁済は2つに分けて規定されている。

❶　過大な代物弁済

　　i　過大な部分の償金請求に限られる　　まず，過大な代物弁済が424条1項の詐害行為になることは疑いなく，改正法は取消内容について制限をした。すなわち，例えば100万円の債権につき300万円相当の財産で代物弁済をしたならば，差額200万円の部分の詐害行為取消しができるだけである（424条の4）。

　　ii　制限の理由　　100万円の弁済部分は有効なので取消しができず，それを超えた200万円部分の財産取得部分だけが詐害行為取消しの対象になり，この200万円部分の取戻しは，性質上価額償還によることになる（☞【図3】3）。

【図3　過大な代物弁済の詐害行為取消し】
1.100万円の債権に300万円の絵画で代物弁済をしたとする
　①100万円分は詐害性なし（ただし，424条の3第2項の要件を充たせば詐害性あり☞❷）
　②超過価額部分（200万円）は詐害性あり
2.取消しの可能性
　①は取り消し得ない（424の3第2項に該当すれば取消し可能☞❷）
　②は取消し可能
3.取消しの内容
　①が取り消し得ない場合（424条の4）　　②部分の価額償還請求
　①も取り消しうる場合（424条の3第2項）　　現物の返還を請求できる☞❷

---

❷　弁済部分も詐害行為になる場合　　これに対して，424条の3第2項の

59

要件を充たす場合には，100万円の債権につき100万円相当の財産で代物弁済をしても代物弁済自体を取り消すことができ，現物を取り戻すことができる（☞【図3】3②）。先の過大な代物弁済であっても，100万円の部分は有効で取り消し得ないという制限は適用されず，424条の3第2項により代物弁済全部を取り消して，目的物を取り戻すことができる。

(b) 本件の規律はどうあるべきか

❶ 単なる廉価売買だとすると　　まず，2億円の不動産を1億円で販売したという至極当然の詐害行為だとすると，424条1項により問題なく売買契約の詐害行為取消し，そして現物の返還請求が可能になる。現物の返還請求が可能な場合には，目的物の価額（2億円）償還を請求することはできない。424条の6第1項が，価額償還を請求できるためには，「財産の返還を請求することが困難であるとき」ということを要件として明記したためである。本問では甲不動産がHに転売されているので，現物返還は転得者Hに対して請求することができるにすぎない。

❷ 過大な代物弁済についての規定の類推適用　　他方で，実質的に代物弁済に等しい事例であるから，424条の4を本件に類推適用することも考えられる。代金債権との相殺を実質弁済と考えてこれを有効として，債権額を超える物件の価格部分のみ詐害行為として取消しを認めることになる。この考えによれば，現物返還は請求できず，差額分1億円の償金請求しかできないことになる。もちろん類権適用説でも，424条の3第2項の要件を充たせば，売買契約全部を取り消し，目的物の返還請求が可能になる。

(2) 本問へのあてはめ1 ── Gに対する請求

(a) 424条の4の類推適用を否定すると

(ア) 価額償還請求が可能

❶ 2億円の価額償還請求は可能　　まず，424条の4の類推適用を否定し，424条1項により現物返還を認める立場では，債権者Iは，差額の償還請求ではなく，AG間の甲不動産の売買契約全部を取り消すことができる。ただし，GはHに既に転売しているため，424条の6第1項の要件を充たし，Gへの価額償還（2億円）の請求が可能になる。

❷ 取消債権者の自己へ支払請求　　そして，取消債権者は，自己への償

金の支払を請求できる（424条の9第1項）。この点も代位権同様，立法に際しては議論があったが，相殺により事実上債権回収ができることになる。また，改正前は相対的取消しなので相殺ができるか理論的疑問があったが，改正法では債務者に取消しの効力を及ぼしたので（425条），この点の疑問は解消された。

(イ)　詐害行為取消しの債務者への効力と受益者の抗弁

❶　**取消しの効力は債務者にも及ぶ**　　債務者Aを被告にする必要はないが（424条の7第1項），債権者Iは，詐害行為取消請求にかかる訴えを提起したならば，債務者Aに訴訟告知をしなければならない（424条の7第1項）。詐害行為取消請求を認容する判決の効力は，相対効であるが債務者に効力が及ぶ（425条）。この点は，改正法の最大の変更点である。

❷　**受益者は反対給付の返還を請求できる**　　債務者にも取消しの効力が及ぶために，受益者は債務者に対して「反対給付の返還を請求することができる」（425条の2）。しかし，本問では，売買契約が取り消され，代金債権がなくなるため相殺が無効になり，Aに対するGの1億円の貸金債権が復活するだけである。それ以上に，受領もしていない代金1億円の返還請求権は発生しない（☞【図4】3）。

❸　**相殺ができるのか**　　そうすると，債務者にも取消しの効力が及ぶことにより，2億円の償金請求権は債権者Iではなく債務者Aに帰属し，ただ代位権同様に取消債権者Iが自己の名で行使できるにすぎないので，AG間に債権の対立が認められる。すなわちAのGに対する2億円の償金請求権，GのAに対する復活した貸金債権が対立し，Gは相殺ができる。

　　　ⅰ　**債務者は不利益なし**　　債務者Aは，相殺の結果，1億円しか価額償還請求ができなくなるが，Gに対する1億円の借入金債務が消滅する。差し引きゼロであり，債務者Aは，これにより不利益を受けない。

　　　ⅱ　**結局債権回収ができる**　　相殺ができる結果，Gが1億円を回収できることになる。害されるのは，Aの他の債権者である。①破産手続でない限り債権者平等を考える必要はないとして，相殺を容認するのであれば——424条の3第2項の要件を充たしていなければこれでよい——，424条の4を類推適用した方が簡単である。②これを否定するのであれば，相殺を否定する必要がある。しかし，Gの相殺を否定する民法上の根拠は見い出せない。

【図 4　廉価販売の G に対する詐害行為取消請求】

I. A の詐害行為

　①2 億円の本件不動産の 1 億円での販売　　これを詐害行為として取消し可能

　②代金との相殺は相当額　　取消しの対象とはならない

2. 取消しの効果

　①本件不動産の売買は取消しにより効力を失う

　②代金債権と貸金債権との相殺は，代金債権がなくなるので，無効になる。

3. 原状回復について

　①本件不動産は転売されており，現物返還はできず 2 億円の価額償還請求になる

　②代金 1 億円の返還義務（受益者からは返還請求権）は生じない

　　ⓐ相殺が無効になり，1 億円の貸金債権が復活する（認められる効果はこれだけ）

　　ⓑ貸金債権の復活に加えて代金 1 億円の返還義務が生じると，合計 2 億円になってしまう

　③受益者 G は，復活した 1 億円の貸金債権で，①の価額償還義務について相殺できるか

　　ⓐ否定すると，2 億円が戻り，貸金債務は未払いのまま

　　ⓑ肯定すると，1 億円しか戻らないが，貸金債務は消滅する

　(b)　424 条の 4 の類推適用を肯定すると　　他方で，本事例に 424 条の 4 の類推適用を肯定すると，I は，G に対して<u>過大な 1 億円部分の償金請求ができるだけ</u>であり，返還不能となった甲不動産自体の価額（2 億円）の償金請求はできないことになる。また，相殺は有効なままであり貸金債権が復活することもない。法律関係はいたって簡単に処理される（☞【図 5】）。

【図 5　過大な代物弁済に準じて 424 条の 4 の類推適用をすると】

I. A の詐害行為

　①2 億円の本件不動産を 1 億円で G に販売し貸金と相殺する行為

　②これを 1 つの代物弁済行為と同視する　　過大な部分のみ詐害行為として取消し可能

2. 取消しの効果

　①本件不動産の売買を全面的には取消しできず，現物返還は請求できない

　②1 億円分余計に取得した部分の取消しとなり，1 億円の価額償還請求権が成立する

　③G の貸金債権は復活しない

---

(3)　本問へのあてはめ 2 ―― 転得者 H に対する請求

　(a)　転得者に対する詐害行為取消請求の要件―― 424 条の 4 を適用しない解決を前提として　　改正前は，相対的取消しと構成されていたため，受益者が善意であっても，転得者が悪意であれば詐害行為取消請求が可能であった。ところが，改正法は，転得者に対する詐害行為取消請求について，<u>転得者の悪意だけでなく，</u>

受益者の悪意，もし転々得者であれば，受益者そして転得者全ての悪意を必要とした（424条の5第1号第2号）。この点も判例を大きく変更した点である（破産法に従った改正）。本問では，GもHも悪意なので，この点は要件を充足している。

【図6　転得者Hに対する詐害行為取消請求（Aの廉価販売の取消し）】

1. 取消しの対象たる行為
　①A⇒Gの売買契約　　債務者Aの行為が取消しの対象となる詐害行為
　②G⇒Hの売買契約　　①の取消しの結果として所有権移転の効力が否定される

2. 取消しの効力が及ぶ者
　①AHには，取消しの効力が及ぶ（Aにつき425条）
　②Gには取消しの効力は及ばない（AG間，GH間の売買とも有効なまま）

3. 詐害行為取消請求の内容
　①甲不動産のAへの所有権移転登記請求
　②甲不動産のAへの返還請求（424条の9第1項参照）

4. Hの法的請求
　①Gに代金返還請求はできない
　②Aに，Gから受け取った代金の自己への返還を請求できる（425条の5）

　(b)　**現物の返還請求等**　　償金請求ができるのは，財産の返還が困難なときに限られるため（424条の6第1項），IはHに対して償金は請求できず，現物の返還を請求できる。具体的には，Gには取消しの効力は及ばないため，所有権移転登記の抹消登記ではなく，債務者Aへの所有権移転登記を請求できることになる。明渡しには424条の9第1項は適用にならないため，Iは自己ではなくAへの明渡しを請求できるだけである。

　(c)　**Hの抗弁**

　　㋐　**受益者Gが取得すべき権利を取得**　　HはAG間の売買契約が取り消され，取消債権者Iとの関係ではGH間の所有権移転が否定されるが，GH間では取消しの効力は生じていないので有効に所有権は移転したままとなり，HはGに対して代金2億円の返還請求はできない。そうすると，AG間の売買そして相殺は有効で，Aは，①1億円の債務を免れたまま，②甲不動産を取り戻すことになり，1億円過大に財産を取り戻すことになる。この点，改正法は425条の4を用意し，HはAに対して取消しにより1億円の代金返還請求権——相殺により代金1億円は支払ったものと扱われるため——を取得することを認めた。

　　㋑　**同時履行の抗弁権の問題**　　その結果，AH間に所有権移転登記請求権

と1億円の代金返還請求権とが対立することになり，Hには同時履行の抗弁権が成立し，取消債権者Iにも対抗ができそうである。そうすると，Aは1億円を用意できる状況にはなく，事実上Hは返還を免れることになる。かといって，甲不動産の返還をさせられながら代金の返還を受けられないというのはHに酷である。同時履行の抗弁権については，肯定・否定に，改正法の解釈として学説が分かれているところである。

(d) **424条の4類推適用肯定説ではどうなるか**　　以上は424条の4の類推適用を否定し，Hに現物の返還を請求できることを前提とした考えであり，同規定を類推適用するならば解決は変わってくる。424条の4の過大な代物弁済の目的物が，受益者により転売された場合，転得者に対してどのような請求ができるのであろうか。

　(ア) **Gに対する1億円の価額償還請求が可能か**　　受益者に対して認められる詐害行為取消請求を「転得者に対しても」できると考え（424条の5柱書），過大部分の償金請求をIはHに対してもできるのであろうか。もしこれを肯定すると，425条の4の転得者の債務者に対する権利については，受益者は債務者に対する権利を取得しないので（前述(2)(b)），Hも債務者Aに対して何ら請求はできないことになる。

　(イ) **Gは一切責任を免れるという解決も可能**　　他方で，甲不動産を取り戻すことはできずもはや責任財産にはならず，Gに対する価額償還請求権に固定され，これがHに承継されることはないということも考えられる。この処理では，債権者Iは，Gに対する価額償還請求権しか認められないことになる。悪意でも，もはや取戻しの対象にならないので，Hが甲不動産を取得することは何も問題のない行為であると考えることができ，この解決が適切である。

【**答案作成についてのコメント**】過大な代物弁済についての424条の4を，債権者との廉価での売買契約＋代金と債権との相殺に類推適用すべきか，それとも，廉価売買だけ取り出して考えるべきかが問題を解くカギである。このことも考慮した上で，転得者が現れた場合の詐害行為取消請求について理路整然と——口で言うのは簡単だがかなり難しい——分析しつつ論じてもらいたい。

解説・答案作成の指針

64

1　[設問1]⑴について

⑴　問題提起

　(a)　代位行使をする債権者Cの請求原因　　Cは債権者代位権を行使するため、その要件充足が必要になる。①金銭債権たる被保全債権の存在（423条1項本文）、②債務者Aの無資力、③被代位権利である慰謝料請求権の存在（不法行為の成立）、④債権者Aによる権利の不行使、これらをCは充たしている。

　(b)　Bからの抗弁　　抗弁事由として、①被代位債権の成立を争う、②一身専属権の主張（423条1項ただし書）、③差押禁止債権、弁済期未到来、被保全債権が強制執行で実現できないものであること（423条1項ただし書、2項、3項）があるが、Bからは②が主張されることが考えられる。この点が本問では争点になる。

⑵　一身専属性についての検討

　(a)　原則として一身専属性あり　　判例は、名誉毀損による慰謝料請求権は、原則として代位行使の対象にはならないものとする（423条1項ただし書）。①行使するかどうかは本人の決定によること、②被害者の主観的意識ないし感情等を考慮する必要があることが、その理由である。そのため、原則として一身専属性が認められ、CはAの本件Bに対する慰謝料請求権を代位行使できない。

　(b)　確定されれば別　　ただし、名誉毀損による慰謝料請求権であっても、判決や示談により金額が確定されれば通常の金銭債権と変わらないことになり、一身専属性は失われる。

　(c)　本問へのあてはめ　　①2年前の200万円で示談が成立した債権は代位行使ができる。②他方、今回の未だ確定していない債権は代位行使ができない。①については、Cは、被保全債権が2000万円なので全額の行使が可能であり（423条の2）、その自己への支払を認めることができる（423条の3）。Cは、受領した200万円を相殺により、自己の債権の回収に充てることができる。BのCへの支払は、Aに対する支払の効力が認められる（423条の3後段）。

2　[設問1]⑵について

⑴　Cの代位訴訟告知の債務者Aへの効力

　CによるAへの訴訟告知により、差押えと同じ効力が認められれば、その後のAの示談また受領は無効となる。民法は、代位訴訟を提起したら債務者への訴訟告知を求めているが（423条の6）、債務者への拘束力を否定している（423条の5）。この結果、①確定した200万円の賠償金の受領は有効、②未確定の慰謝料についての示談またその受領も有効である。したがって、Cの代位訴訟は請求棄却となる。

⑵　示談の詐害行為取消し

　Cは、未確定の慰謝料についての示談の詐害行為取消しを求めることも考えられる。200万円相当の金額を取れるのに100万円で示談しており、債務免除に匹敵する行為

である。
　しかし、①名誉毀損による慰謝料については本人の意思を尊重すべきであり一身専属権とした趣旨は、詐害行為取消しにおいても考慮されるべきである。②また、取り消しても金額未確定に戻り代位行使できないため、取消しは責任財産保全として意味がない。これらのことから、ＣはＡのなした本件示談の詐害行為を理由に取り消すことはできないと解すべきである。

3　〔設問2〕(1)について
(1)　強迫取消権の代位行使
　Ｆは、Ａに代位して強迫取消権を行使することができる。強迫取消権は一身専属権ではない。また、確かに時価相当額で売却されており、詐害行為取消しは認められないが、Ａは甲不動産を店舗として使用していたのであり、責任財産保全の必要性は否定できない。よって、Ｆは自己の名でＡの強迫取消権を代位行使できる。
(2)　取消後の原状回復請求権の代位行使
　(a)　**原状回復請求権の成立**　　取消しによりＡＤ両当事者に原状回復請求権が成立する（121条の2第1項）。Ｆは、あわせて、Ａの所有権移転登記の抹消登記請求権また明渡請求権を代位行使することになる。
　(b)　**同時履行の抗弁権の対抗**　　取消しによる原状回復請求権にも、原則として同時履行の抗弁権が認められるべきである（533条類推適用）。第三債務者Ｄは債権者に主張できる事由を代位債権者にも対抗できる（423条の4）。この結果、ＤはＣの所有権移転登記の抹消登記請求に対して同時履行の抗弁権を主張できそうである。
　(c)　**強迫者に同時履行の抗弁権を認めるべきか**　　この点、Ｆからは、同時履行の抗弁権を否定する主張が出されることが考えられる。強迫は不法行為であり295条2項の趣旨類推により否定すべきであり、Ｆの主張は正当であり、Ｄは同時履行の抗弁権をＦに対抗できないと考えるべきである。

4　〔設問2〕(2)について
(1)　Ｅへの弁済の詐害行為取消し
　(a)　**弁済の特殊性**　　Ｆは、ＡのＤに対する2億円の弁済を取り消すことができるであろうか。424条1項は「行為」と規定され、法律行為に限定されない。しかし、弁済は、債権者の権利行使であり、債務者も他に債権者がいるからといって支払を拒絶することはできない。そのため、民法は弁済の詐害行為取消しに厳格な要件を設定している。
　(b)　**弁済の詐害行為取消しの要件**　　424条の3第1項は、弁済につき、2つの特別の要件を設定している。①支払不能時に行われたこと、及び、②受益者との通謀害意の存在である。この要件を充足する場合には弁済も取消し可能である。本問でもしこの要件が充たされていれば、ＦはＡのＤに対する弁済の取消しを請求できることになる。

取消しが可能な場合には、取消債権者Fは自己のへの支払請求が可能である（424条の9第1項）。ただし、Fは自己の債権（500万円）の限度の取消しに限られる（424条の8第1項）。受領後、Fは相殺して債権回収ができる。Eの債権は取消しだけでは回復しないため（425条の3）、EはAE間で相殺をすることはできない。

(2) Dへの甲不動産の売却の詐害行為取消し

また、Fは、甲不動産のDへの売却を詐害行為として取り消すことが考えられる。本件売買は時価相当価格でなされているが、①金銭に換価しており隠匿等が可能な状態にしているだけでは足りず（第1号充当）、②Aは弁済資金獲得のためであり隠匿等の意思はなく、買主Dは強迫を用いているが、本件では詐害行為にならない。

5 ［設問3］について

(1) 問題提起

本問では、甲不動産の廉価での売却が詐害行為であることは明らかである。問題は、実質的には過大な代物弁済に等しいことである。そのため、GまたHから、424条の4の類推適用が主張されることが考えられる。以下、検討する。

(2) 廉価販売として取消しを認めると

先ず、廉価販売として取消しを認めると以下のようになる。

(a) Gに対する請求　Iは、受益者Gに対して、売買契約の取消しを求めることができ、現物返還ができないので、424条の6により2億円の償金請求ができる（425条の4）。相殺も無効になり、GのAに対する1億円の貸金債権が復活するので、GからのAに対する相殺が可能であり、結局1億円のみの償金請求権になる。

(b) Hに対する請求

① 現物返還が可能　Iは、Hに対して詐害行為取消し請求をすることも考えられる。Hが悪意であれば、Gも悪意なのでHを相手とする詐害行為取消請求が可能である（424条の5）。この場合、現物返還が可能なので、Hに対して甲不動産の所有権移転登記請求ができる。明渡しも請求できるが、Aに対する明渡しを請求できるにすぎない（424条の9第1項参照）。

② Hからの主張　Hは、Gが取得しえた1億円の返還請求権を取得する（424条の4第1号）。Hは、IによるAへの所有権移転登記請求に対して、これとの同時履行の抗弁権を主張でき、Iにも対抗できる。

(3) 424条の4を類推適用すべき

実質的に過大な代物弁済であり、424条の4を類推適用することも考えられる。424条の4は、有効な弁済部分の取消しができないため、超過部分の価額償還のみの請求に制限している。廉価販売・代金との相殺を実質過大な代物弁済として有効として、424条の4を類推適用することはできる。

(a) Gに対する請求　IはGに対しては超過額の1億円の償金請求ができるだけである。GのAに対する代金返還請求権は成立せず、Gの債権も復活しない。相殺により清算をする必要はなく、法律関係が簡明である。

(b)　**Hに対する請求**　　甲不動産は、もはやAの責任財産ではなくなり、Hが悪意で取得しても何ら問題はない。Iは、Hに対して何らの請求をすることもできない。

（4）　**結論**

　424条の4を類推適用するのが結論も妥当である。ただし、424条の3第2項の要件を充たす場合には全部取消しができるので、424条の3第2項の取消しができる。

以上

次の文章を読んで、後記の［設問1］、［設問2］及び［設問3］に答えなさい。なお、いずれの問いにおいても利息については考えなくてよい。（配点：100点〔［設問1］、［設問2］及び［設問3］の配点は、30：40：30〕）

【事実Ⅰ】

1.　Aは役者として芸能活動を行いつつ、飲食店経営等多数の事業を営んでいる。Aの経営する飲食店等の事業が、2023年中旬から経営不振に陥り、Aは債務超過の状態に陥った。その頃、Aの不倫が発覚し、妻Bから離婚が求められ、AB間で協議が進められた。AB間に子はいない。

2.　2024年4月20日、AB間で協議離婚が成立し、離婚に際して、不貞行為の慰謝料も含めて、財産分与名目でAからBに、A所有のABが居住していた甲不動産（土地及び建物）を与えることが合意された。その後同月30日、AからBへの甲不動産の所有権移転登記がなされ、Bはそのまま甲不動産に居住し、Aは他に居住している。

3.　甲不動産は時価1億円相当であり、本件での慰謝料、財産の清算や離婚後の生活保障を含めても、2000万円が財産分与の額としては相当な金額であった。

4.　Aは、事業がうまくいかず、2023年10月にはすべての事業を廃業してしまっていた。Aは、Cから2023年1月に事業資金1億円を借り入れ、2024年5月末を返済期日としていた。しかし、Aは返済期日になっても返済ができないでいる。

［設問1］　【事実Ⅰ】を前提として、Cは、Bに対して詐害行為取消請求としてどのような法的主張ができるか、理由を付して解答しなさい。

【事実Ⅱ】

　【事実Ⅰ】の後に、以下の事実があった。

5. AがCから1億円を借り入れる際に（上記4.）、Bの兄Dが保証意思宣明公正証書を作成した上で、Cと連帯保証契約を締結している。Dは、乙マンション（区分所有の一戸であり評価額5000万円）を所有しており、2022年10月、DがEから4000万円を借り入れる際に乙マンションに抵当権を設定し、その旨の登記がなされている。

6. Aは、主要な財産であった甲不動産をBに財産分与したため、2024年5月には、高級車などのその他の財産をすべて合わせても総額2000万円程度しか財産を保有していない。Aの債務総額は3億円超であり大幅な債務超過の状態にある。

7. Dは、同年5月、Eに対して乙マンションを4000万円の債務の代物弁済として提供することを合意し、その所有権移転登記がなされ、また、引渡しもなされた。乙マンションには、Eの抵当権以外に登記をした抵当権、質権、先取特権は存在していなかった。

8. BDの父親Fが2023年末に死亡し、その相続人としてFの妻Gと子のBDが法定相続分に応じてFの財産を相続した。Fの遺産は、Gの居住している4000万円相当の丙不動産（土地建物）及び4000万円の預金だけである。

9. 2024年3月、BDG間で遺産分割の合意が成立した。遺産分割の内容は、Gが丙不動産を取得し、Bが預金4000万円を取得し、Dは何も取得しないというものであった。Dはめぼしい財産を保有していない。

［設問2］ 【事実 I】及び【事実 II】を前提として、以下の各問いに理由を付して解答しなさい。

⑴ Cは、乙マンションについて、Eに対して詐害行為取消請求としてどのような法的主張ができるか。

⑵ Cは、B及びGに対して詐害行為取消請求としてどのような法的主張ができるか。

【事実 III】

【事実 I】の前に、以下の事実があった。

10. 2023年4月1日、Aは事業資金獲得のために、甲不動産をHに1億円で

販売する売買契約を締結した。Hは、Aと芸能界での同業者であり、不動産仲介業者を介しておらず、代金1億円は直ちに支払われたが、所有権移転登記については、Aが知り合いの司法書士に依頼をして行うことが約束されていた。

[設問3]　【事実Ⅰ】及び【事実Ⅲ】を前提として、Hは、甲不動産がBに財産分与されたことについて、Bに対して詐害行為取消請求としてどのような法的主張ができるか、理由を付して解答しなさい。Bは財産分与の当時、甲不動産がHに売却されていたことを知らなかったものとする。

[追加問題]

　【事実Ⅰ】及び【事実Ⅲ】を前提とし、Aが2024年5月に、その所有の1000万円相当の高級外車（丙車）を、愛人のIに贈与したとして、2024年6月に、①DがCに対してAの借入金1億円を保証人として支払った場合、及び、②未だ支払をしていない場合とにつき、DのIに対する詐害行為取消請求が認められるかどうか検討しなさい。

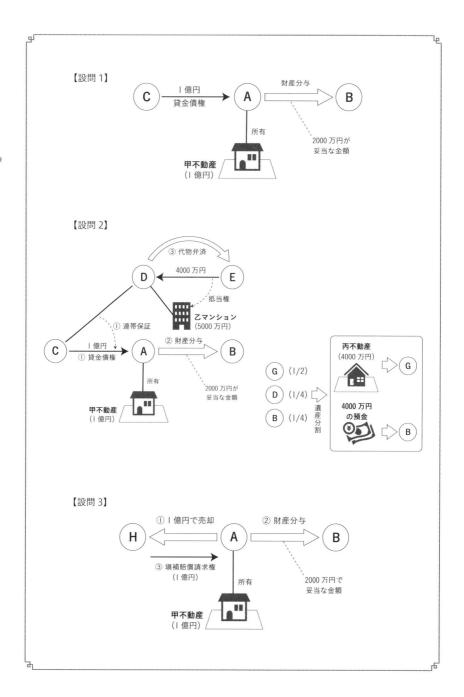

解説及び答案作成の指針

1 [設問 1] について（配点は 30 点）

【出題趣旨】 [設問 1] は，無資力状態にある債務者 A が，離婚に際して過大な財産分与を妻 B に対して行っており，これを詐害行為取消しの対象とできるか，これを肯定するとしたなら ば，詐害行為取消請求の内容について更に検討してもらう問題である。

(1) 財産分与と詐害行為

(a) 財産分与の内容——原則詐害性否定　　離婚に際して行われる財産分与が 詐害行為取消の対象となるかについては，判例は<u>原則としてこれを否定</u>する。そ れは，財産権を目的としない行為（424 条 2 項）であることが理由ではなく，財 産分与の以下の内容から導かれる。

> **【図Ⅰ　財産分与の内容】**
> ①夫婦の実質的共有財産の清算
> ②離婚後の生活保障
> ③慰謝料の支払

　先ず，①については，そもそも債務者の財産（責任財産）ではなかったのである。次に，②については，債務の履行であり弁済の詐害行為取消しについての法理によれば足りる，③も同様である。

　(b)　**例外——不相当に過大であれば詐害行為になる**　　しかし，①～③の内容が不相当に過大な場合には，その超える部分の取消請求が認められるべきである。

　(ｱ)　**詐害行為の可能性を認めた判例**　　最判昭58・12・19民集37巻10号1532頁は，「768条3項の規定の趣旨に反して<u>不相当に過大であり，財産分与に仮託して</u>された財産処分であると認めるに足りるような特段の事情のないかぎり，詐害行為として取消の対象となるものではない」とし，土地を財産分与及び慰謝料の支払のため与えたのを相当と認め詐害行為取消請求を退けた。リップサービス的に例外を認める余地を残している。

　(ｲ)　**実際に詐害行為取消しを認めた判決**

　　❶　**一般論**　　最判平12・3・9民集54巻3号1013頁は，上記判例を確認した上で，「離婚に伴う財産分与として金銭の給付をする旨の合意がされた場合において，右特段の事情があるときは，<u>不相当に過大な部分について，その限度において詐害行為</u>として取り消される」ことを認める——「仮託」という要件はなくなった——。

　　❷　**慰謝料について**　　本判決は，「離婚に伴う慰謝料を支払う旨の合意は，……新たに創設的に債務を負担するものとはいえないから，詐害行為とはならない」が，「当該配偶者が負担すべき損害賠償債務の額を超えた金額の慰謝料を支払う旨の合意がされたときは，その合意のうち<u>右損害賠償債務の額を超えた部分</u>については，<u>慰謝料支払の名を借りた金銭の贈与契約ないし対価を欠いた新たな債務負担行為</u>というべきであるから，詐害行為取消権行使の対象となり得る」という。

　(ｳ)　**仮託か，有効だが詐害行為なのか**　　(ｱ)判決は債務がないのになされた財産分与を「仮託」と理解し，(ｲ)判決は，「対価を欠いた新たな債務負担行為」として問題にしている。仮託の場合は財産分与自体が詐害行為になる。また，和

解により現実の金額より多い金額の支払を約束することは，和解により新たに債務が創設されるために（696条），財産分与は有効であるが，相当額を超えた部分は，「対価を欠いた新たな債務負担行為」なので詐害行為になる（財産分与についての和解が詐害行為になる）。実際にはいずれか明らかではないことが多いであろうが，いずれも詐害行為取消しが可能である。

(2) 本問へのあてはめと詐害行為取消しの内容

(a) 本問では詐害行為になる

(ア) 債務額を超えた和解も有効　　不貞の不法行為による損害賠償を当事者で合意することは，和解契約であり和解の権利創設効（696条）により，実際の損害額が合意よりも低くても高くてもその金額の債権が有効に成立する――「仮託」かどうかは問わない――。従って，1億円の損害賠償のAB間の合意は有効であり，財産分与という形で，いわば代物弁済として甲不動産が譲渡されたのも有効である。

(イ) 取消しの内容に問題がある　　財産分与が詐害行為と認められる場合，取消しができるのは相当とみられる2000万円を<u>超えた部分に限られる</u>。財産分与が金銭の支払であれば，超過部分の金額の取消し，そしてその返還が問題になるが，本問では甲不動産という不可分の目的物である。この点を次に検討したい（☞【図2】2②）。

【図2　全部取消しができるか問題がある場合】
1. 1000万円の詐害行為を，500万円の債権者が取り消す場合（424条の8第1項）
　①可分な場合（Ex.1000万円の贈与）　500万円部分のみの取消し（自己への支払請求可能）
　②不可分な場合（Ex.1000万円の絵画の贈与）　全部取消しが可能
2. 1000万円の財産につき800万分が詐害行為の場合（424条の4以外に一般規定なし）
　①可分な場合　800万円部分のみの取消し（自己への支払請求可能）
　②不可分な場合　ⓐ全部取消しが可能なのか，ⓑ800万円の価額償還になるのか

(b) 不可分な目的物を対象とする場合

(ア) 全部取消しは可能か

❶ 被保全債権の金額への限定　　「債務者がした行為の目的が可分」な場合には，取消債権者の被保全債権の限度での取消しに限られる（424条の8第1項）。これは被保全債権との関係での制限であり，1000万円の贈与全部が詐害

行為であっても，100万円の債権者は100万円分しか取消しができないという規定である。1000万円の土地の贈与であれば，全部が詐害行為なので全部取消しができる（☞【図2】1②）。

❷ **部分的な詐害行為**　しかし，詐害行為が部分的にしか成立しなければ，例えば200万円が慰謝料として相当なのに1000万円の財産分与を約束した場合，債権者の債権が1000万円でも，取消しができるのは800万円だけである（☞【図2】2）。代物弁済でも同様であり，民法は代物弁済については特に規定を置いた。この点，次に説明する。

(イ)　過大な代物弁済としての処理

❶ **過大な部分の取消し・償金請求しかできない**　1000万円の債権に対して2000万円相当の財産で代物弁済を行うのも自由であり，有効である。しかし，それは詐害行為になる。ただし，部分的に詐害行為になるにすぎず，債権に匹敵する部分は有効で，それを超える部分のみが取消し可能であるにすぎない（424条の4）。本問では，Cは，Bに対して8000万円の償金請求ができるだけである。被保全債権は1億円なので，被保全債権額による制限はされない（424条の8）。CはBに対して，8000万円を自分に支払うよう請求でき（424条の9），受領後，CはAC間での相殺が可能である。

❷ **全部取消しができる場合**　424条の4は，<u>債権額についての弁済が有効なこと</u>を前提としている。もし424条の3第2項の要件を充たし，債権部分の弁済も取消しが可能ならば，全部取消しができる。その場合には，甲不動産の返還を請求することができる。

【答案作成についてのコメント】過大な財産分与の詐害行為取消しについて過大な部分の取消しが可能なことを確認して，その方法について議論すべきである。過大な代物弁済になることを指摘して検討すべきである。

2　[設問2]　小問(1)について　(配点は(1)(2)で40点)

【出題趣旨】[設問2]小問(1)は，保証人の詐害行為の問題について，保証債務を債務超過の計算において債務に算入するかどうか，更に，抵当不動産を抵当権者に対し過大な代物弁済に供した場合の取消しの内容について考えてもらう問題である。

(1) 保証債務を無資力計算において債務に算入すべきか

①保証人は保証債務を負担しているが，仮に支払ったとしても，主債務者に資力があれば求償して支払金額を取り戻せるので，プラスマイナスゼロと考えることができる。そのため，私的自治への干渉になる詐害行為取消権においては，債務として算入すべきではない。②他方，主債務者が無資力であれば債務として算入することが許される。その証明責任は問題となるが，保証人が主債務者の資力を証明した限りで，債務から除くことが許されるという考えが有力である。

(2) 抵当権付き不動産の代物弁済

(a) 残担保価値分が責任財産 ［設問2］では，保証人Dは，5000万円の評価額の乙マンションを，4000万円の債権を持つ抵当権者Eに対し代物弁済に供している。乙マンションは，価格5000万円であるが抵当権によってEの4000万円が担保されているため，残担保価値1000万円が責任財産となり，詐害行為取消権による責任財産保全の対象になっている。そのため，Eへの本件代物弁済は詐害行為になることは疑いないが，その取消請求の内容が問題になる。

(b) 責任財産回復の方法

(ア) 原状回復ができるかのよう 改正前は，債務者には取消しの効力は及ばないため，抵当権は消滅したままであり，無担保の不動産を取り戻すことができるのでは過ぎた財産が戻ってきてしまうため，現物返還は請求できず，責任財産となっている部分（1000万円）の価額償還を請求できるにすぎなかった。改正法では債務者にも取消しの効力は及ぶため（425条），抵当権を復活させて乙マンションを取り戻すことが可能になった。

(イ) 過大な代物弁済としての規律を受ける ところが，改正法は，過大な代物弁済について特別規定を置き（424条の4），過大な部分の取消しに限定している。そして，抵当権者に対する代物弁済を除外しておらず，また，除外する必要もないので，本問にも424条の4が適用になる。この結果CはEに対して，超過額の1000万円の償金請求ができるにすぎない。Cは1000万円について自己への引渡しを請求できる（424条の9第1項）。

(ウ) 424条の3第2項の適用 代物弁済については，過大であろうとなかろうと，424条の3第2項の要件を充たせば，代物弁済全部を取り消すことができる。しかし，本問では，Eは4000万円については抵当権があり優先弁済権を有

するため，有効な弁済となり，424条の3第2項の適用は考えられない。

【答案作成についてのコメント】保証債務の債務超過の計算における位置づけについて，可能ならば証明責任まで言及して検討した上で，過大な代物弁済の取消内容について検討すべきである。後者については，明文規定が設けられたので，その適用を確認するだけでよい。

3　[設問2]　小問(2)について

【出題趣旨】　[設問2]　小問(2)では，遺産分割が詐害行為取消しの対象となることを説明することが求められる。その上で，遺産分割の詐害行為取消しの内容について検討してもらう問題である。

(1)　遺産分割と詐害行為

(a)　遺産分割は詐害行為になる

(ア)　詐害行為取消しが可能　　遺産分割が詐害行為取消しの対象となることについては学説に異論はなく，判例もこれを肯定する。424条2項の適用の有無が問題とされ，「遺産分割協議は，相続の開始によって共同相続人の共有となった相続財産について，その全部又は一部を，各相続人の単独所有とし，又は新たな共有関係に移行させることによって，相続財産の帰属を確定させるものであり，その性質上，財産権を目的とする法律行為である」と説明されている（最判平11・6・11民集53巻5号898頁）。

(イ)　相続放棄と何が違うか　　相続放棄との差であるが，遺産分割は相続による相続分の取得は否定されず，遺産分割によりそれを処分したことになるが，相続放棄はそもそも初めから相続していなかったことになるのであり（939条），持分を処分したという扱いはされないのである。

遺産分割は相続持分の交換であり，持分に対応しない財産しか取得しない場合には，分割前に債務者が有していた相続持分が責任財産であったのであり，それを減少させたことになり，詐害行為になる。

◆関連問題──相続放棄と詐害行為

(1)　**判例は詐害行為取消しを否定**　判例は相続放棄については詐害行為取消しを否定する。その理由は，①「取消権行使の対象となる行為は，積極的に債務者の財産を減少させる行為であることを要し，消極的にその増加を妨げるにすぎないものを包含しない」のであり，「相続の放棄は，相続人の意思からいっても，また法律上の効果からいっても，これを既得財産を積極的に減少させる行為というよりはむしろ消極的にその増加を妨げる行為にすぎない」こと，また，②「相続の放棄

のような身分行為については，他人の意思によってこれを強制すべきでない」ことである（最判昭49・9・20民集28巻6号1202頁）。

(2) **条文上の根拠づけ**　同判決は，条文との関係については，「民法424条の詐害行為取消権行使の対象とならない」と説明するのみである。424条2項の財産権を目的としない行為であることが理由ではなく，424条1項の解釈によるものといえる。学説には肯定説もあり，しかも諸説に分かれるが，否定説からは，相続人の権利は，相続後も含めて未だ期待権的なものにすぎず，相続人の自由の方が優先されるべきであると批判される。判例では，上記(1)①の理由が決定的であり，そもそも詐害行為ではなく，②はダメ押し的に付け加えられているにすぎない。

(b) **詐害行為取消請求の内容**　こうして，債務者が遺産分割により相続分よりも少ない財産しか取得しなかった場合，遺産分割は詐害行為になり，債権者は取消しを求めることができる。本問では，BDGの相続分はそれぞれ1／4，1／4，1／2であるのに対して，Dは何ら財産を取得しないという遺産分割であり，Dにつき詐害行為に該当する。問題は，この場合の詐害行為取消しの仕方である。2つの考えが可能である（☞【図3】2）。

【図3　3者間の遺産分割が詐害行為の場合】
1. 問題となる詐害行為
　①Dの丙不動産の1／4の持分のGへの譲渡（対価なし）
　②Dの4000万円の預金の1／4の持分のBへの譲渡（対価なし）
2. 返還請求の相手方たる受益者は誰か
　(1)直接の受益者を問題とすると
　　①丙不動産につき1／4の持分のGに対する返還請求
　　②4000万円の預金の1／4のBに対する返還請求
　(2)最終的な受益者を問題とすると
　　①丙不動産につきGに対して返還請求できない（Bに1000万円の償金請求）
　　②4000万円の預金につき1／2のBに対する返還請求ができる（1／8の返還請求）

(ア) **債務者の持分放棄をそれぞれ取り消す方法**　まず，Dは丙不動産（土地建物）に1／4の持分を持ち（1000万円相当）また4000万円の預金も1／4の持分を有していた（1000万円）。これをそれぞれGとBに譲渡したので，Dの持分を取得した相続人をそれぞれ詐害行為取消しの受益者として被告にすることが考えられる（☞【図3】2(1)）。

　この考えでは，丙不動産はGがDの1／4の持分を取得しており，また，預金についてはBがDの1／4の持分を取得したので，<u>それぞれの取得を詐害行為取消しで否定することになる</u>。BG間では合意は有効なままで，丙不動産はG：3／4，D：1／4の共有，預金はB：3／4，D：1／4の共有（準共有）になる。

㈠　相続分以上を取得した者に対して取り消す方法

❶　**Bのみを受益者と考える**　しかし，Gは1／2の法定相続分を有しているのであるから（合計4000万円），丙不動産（4000万円）を取得しても，取得財産の総額は4000万円であるのだから，相続分以上の利得をしていない（受益がない）。Dの事実上の放棄により法定相続分以上の利得（受益）をしたのは，Bであり，1／4の相続分（2000万円）なのに預金4000万円を取得しており，2000万円を余計に取得していることになる。そのため，受益者として詐害行為取消訴訟の被告になるのは（424条の7第1項1号），Bだけと考えることもできる（☞【図3】2⑵）。

❷　**Bに対する取消請求の内容**　この考えでは，取消しによりBの取得した預金が，BDの1／2ずつの準共有ないし分割債権になると考えるべきであろうか。しかし，元からDは預金については1000万円しか取得していなかったのであり，原状回復として2000万円を復帰させることはできない（424条の6は現物の「返還」請求を原則とする）。【図3】2⑵の括弧のように，B3000万円，D1000万円の預金債権とし，丙不動産分は，Bに対して1000万円の償金請求権を認めるしかない（424条の6の価額償還）。

> **【答案作成についてのコメント】**本問については，遺産分割は詐害行為取消しの対象になることを確認し，その取消請求の内容についてまで分析すべきである。後者は，判例でも問題になっておらず見落としがちであるが，ここまで丁寧に論じるべきである。

4　［設問3］について（配点は30点）

> **【出題趣旨】**　［設問3］では，Hは甲不動産について売買契約をして特定物債権を取得していたが，その後に，AがBに甲不動産を財産分与として与えてしまったために，177条により履行不能となり塡補賠償請求権を取得した（415条2項1号）。この場合に，HがAのBに対する財産分与を詐害行為として取消しができるのかを論じてもらう問題である。財産分与は4月20日，塡補賠償請求権を生じさせる履行不能はBへの所有権移転登記時である同30日であり，詐害行為後の債権であることを指摘して論ずるべきである。

⑴　**177条の対抗関係・塡補賠償請求権の取得**　HとBは，甲不動産について二重譲渡の対抗関係に立ち，Bに特に背信的悪意といった事情がない本件では（問題文によるとBは善意），先に所有権移転登記を受けたBが，甲不動産を取得できる（177条）。この結果，Hの甲不動産についての引渡し・所有権移転登

記を受ける債権（特定物債権）は履行不能になり，HはAに対して塡補賠償請求権を取得する（415条2項1号）。

(2) 詐害行為後の債権による取消し

(a) **詐害行為後の債権の問題**　塡補賠償請求権は，詐害行為たる財産分与の合意後にBに所有権移転登記がなされて初めて成立することになり，詐害行為後の債権である。424条1項の詐害行為取消権が認められるのは，債務者の全ての債権者ではなく，その詐害行為により害された債権者だけである。詐害行為後に債権を取得した債権者は，問題の財産を責任財産とはしておらず，その財産を減らされてもそれにより害されたとはいえないからである。そのため，判例は，詐害行為前の債権者にのみ詐害行為取消権を認めていた（大判大6・1・22民録23輯8頁など）。

(b) **債権の原因が詐害行為前であればよい**

(ア) **保護の拡大**　改正民法は，詐害行為取消権を，債権の「原因」が詐害行為前にある債権に拡大した（424条3項）。例えば，保証を委託されて保証人になった場合，その当時の主債務者の財産を責任財産として期待しているのである。そのため，保証人として弁済をして実際に求償権が成立したのはその後であっても，保証契約後の詐害行為を取り消すことができることになる。

(イ) **本問へのあてはめ**　本問では，詐害行為前にHの特定物債権が成立していたのである。履行不能により塡補賠償請求権が成立したのは詐害行為であっても，債務者の責任財産から塡補賠償を回収する期待が成立していたのであり，「原因」が既に成立していたといえる。

(3) Hの法的請求

そのため，Hは塡補賠償請求権の金額につき，AがBに行った財産分与の取消しができることになる。先に見たように，甲不動産を取り戻すことはできず，8000万円の償金請求しかできないことになる。なお，Hは，不能解除（542条2項1号）をして支払った代金1億円の返還請求権を被保全債権として詐害行為取消しをすることもできる。詐害行為後の契約解除により代金返還請求権は成立するが，やはりその原因は，詐害行為前である。8000万円の償金請求になることは同じである。

◆**関連問題 1 ―― H は自己への所有権移転登記請求はできない**　　もし A から B への譲渡が財産分与ではなく，贈与であり，H が詐害行為として B への贈与を全部取消しすることができる場合，H は A から B への所有権移転登記を抹消させた上で，改めて A から H への所有権移転登記を請求できるのであろうか。この点，H は A に所有権移転登記を戻した上で自己への所有権移転登記を求めることはできないというのが判例である（最判昭 53・10・5 民集 32 巻 7 号 1332 頁）。責任財産を金銭債権者として保全したにすぎず，特定債権の保全への転用事例ではないためである。

◆**関連問題 2 ―― C の詐害行為取消権について**

(1)　**H による甲不動産の取得の対抗を受ける**　　C は A に対して 1 億円の貸金債権を有しているので，詐害行為取消請求ができて当然のようにみえる。ところが，【事実】10 が加わると微妙に事情が変わってくる。既に登記はないが H が甲不動産を購入していたので，H が所有者になったことを（176 条），登記なくして一般債権者 C には対抗できるので，もはや甲不動産は A 所有ではなく，債権者 C の責任財産にはなっていなかったのである。

(2)　**詐害行為取消しができる理由**　　そうするともはや責任財産になっていない甲不動産が財産分与されても，一般債権者は害されていないとも考えられる。しかし，C に詐害行為取消権を認める説明ができないわけではない。①まず，176 条の意思主義を修正して，代金支払もされず，引渡しも登記もされていないので所有権の移転が未だなく A 所有だと考えることが可能である。②また，対抗問題として，先に B が所有権移転登記を受けたため，B 以外の者との関係においても A 所有であり B に所有権が移転したと扱われる――B だけでなく B の債権者など主張する利益がある者すべてが B についての 177 条の適用を援用できる――ということも考えられる。

【**答案作成についてのコメント**】H については，詐害行為たる財産分与時は特定物債権であったが，B への所有権移転登記により履行不能になっている。原因たる財産分与を取り消すのであり，所有権移転登記を取り消すのではない。H の債権は詐害行為前に特定物債権が成立しており，塡補賠償請求権の債権の同一性を保って変形しただけであることを論じればよい。責任財産保全のための取消しであり，A に所有権移転登記を戻した上で自己への所有権移転登記を請求できないことも言及してよい。C については甲不動産を責任財産として主張できなくなっていたので，詐害行為取消しを認められないのではないかという疑問に対して答えてもらいたい。

5　［追加問題］について

(1)　取消権の認められる「債権者」

　424 条 1 項は「債権者」としか規定されていない。しかし，私的自治の原則の例外として債務者の行為に対して干渉を認める制度であるため，取消権を取得するのはその行為によって害された債権者に限られると解すべきである。詐害行為前に債権が成立しており，詐害行為により害された債権者であることが必要になる。そのため，改正前は，詐害行為前の債権者にのみ取消権が認められるものと考えられていた。ところが，本問では，①D の A に対する事前求償権 1 億円（2024 年 5 月），②事後求償権 1 億円（2024 年 6 月）のいずれも詐害行為である

財産分与（2023 年 4 月）の後に成立した債権である。

　そうすると D には取消権が認められないかのようであるが，［設問 3］にみたように，改正法はこの点を緩和している。すなわち，詐害行為前の「原因」に基づいて生じた債権に取消権を認めたのである（424 条 3 項）。

(2)　保証人の求償権

　(a)　**事後求償権──②ケース**　　保証人が保証債務を負担した後に，主債務者が詐害行為をした場合，保証人は主債務者から求償を受けることを保証契約時に期待していたのであり，求償権の「原因」は主債務者による保証委託の時に既に存在しており，424 条 3 項が適用になる。

　(b)　**事前求償権──①ケース**　　事前求償権は，本来はいわゆる免責請求権として規定されるべきものであり，保証人が主債務者に対して弁済等をして保証人の責任を免責させるよう求める請求権である。自己の金銭債権の回収を求める権利ではなく，それは事後求償権についてのみ考えられるものである。実際に事後求償権が成立したならば，424 条の 3 によりそれ以前の詐害行為も取消しできる。議論のないところであり──代位権にもあてはまる議論──，あくまでも事前求償権という金銭債権として構成した形式を重視して，取消権を認めることは疑問である。

1 ［設問1］について

(1) 問題点の確認

　AがBと行ったのは、離婚に際する財産分与である。財産分与は詐害行為の対象になるのであろうか。424条2項の適用のある「財産権を目的としない行為」であろうか。また、同規定の適用が否定されるとして、どのような場合に詐害行為になるのであろうか。

　(a) **財産分与の内容**　財産分与は、①夫婦の財産関係の実質的共有関係の清算、②離婚後の生活保障金の支払、及び、③慰謝料の支払からなる。①が適切であれば、責任財産でない財産の清算にすぎない。②③は、適切な金額であれば、債務の弁済にすぎず、弁済の詐害行為の要件（424条の3第1項）を充たさなければ、詐害行為取消しは認められない。

　(b) **詐害行為が成立する場合**　①については、実質共有関係の割合とは異なる割合での清算をすること、②③特に③については、相当な金額を超えた支払を約束することは、和解としては和解の権利創設効により有効であるが、詐害行為になる。これらを「財産権を目的としない行為」と考える必要はない。従って、不相当に過大な場合には過大な部分が詐害行為として、取消しを求めることができる。

(2) 詐害行為取消し請求の内容

　(a) **本問へのあてはめ**　本問では財産分与としては2000万円程度が相当額であり、1億円の甲不動産を財産分与として譲渡することは、①の清算、②③の代物弁済としては過大であり、詐害行為になる。取消しできるのは、過大な8000万円の部分だけである。

　(b) **8000万円の償金請求ができるのみ**　1億円の甲不動産につき8000万円を取り消しうる場合に、目的物が不可分なので、甲不動産を取り戻すことができ、BにAに対する2000万円の清算金請求権を成立させるべきであろうか。424条の8第1項は、被保全債権との関係についての規定であり、本件には適用されない。424条の4の趣旨からして、8000万円の償金請求ができるだけであると解される。もちろん、その履行がされなければ、甲不動産を差し押さえて競売をすることができる。

2 ［設問2］(1)について——Eに対する詐害行為取消請求

(1) 保証人Dの無資力

　詐害行為になるには、解釈上債務者の無資力が必要である。基本的には、債務超過の状態がこれに該当するが、その計算の際に、保証債務を消極財産に算入すべきであろうか。この点、主債務者が無資力の場合には限り求償できないので算入すべきである。保証人側に主債務者の有資力の証明責任があると考えるべきである。本問では、Dは無資力といえる。

(2) 抵当権付き不動産の抵当権者への代物弁済

（a）　**詐害行為になるか**　　Dは5000万円相当の乙マンションを4000万円の抵当権者Eに代物弁済している。差額の1000万円は一般担保となっており、この限度で詐害行為取消しの対象になる。そして、過大な代物弁済であり、Dの代物弁済は詐害行為になる。

（b）　**詐害行為取消請求の内容**　　取消判決の効力は債務者にも及ぶので（425条）、抵当権を復活させて現物返還を請求できるのであろうか。この点、1000万円部分だけが責任財産であるというだけでなく、過大な代物弁済は、債務額に対応する部分は詐害行為ではないので、民法は超過額の価額償還請求のみを認めるに止めている（424条の4）。従って、CはEに対して、1000万円の償金請求しかできない。

　ただし、424条の3第2項に該当すれば、全面的に詐害行為になり代物弁済全部を取り消すことができる。しかし。本問ではEは抵当権者であり、4000万円につき優先弁済債権を持つため、424条の3第2項の適用は認められない。

3　［設問2］(2)について——B及びGに対する詐害行為取消請求
(1)　遺産分割の詐害性について
（a）　**詐害行為になる**　　Dは1／4の相続分を取得したのに、遺産分割の結果、取得した財産は0になっている。従って、責任財産が遺産分割により減少しており、詐害行為になる。遺産分割は424条2項の財産権を目的としない行為ではない。

（b）　**遺産分割の詐害行為取消請求の内容**

　①　**Dのみが受益者**　　Dは丙不動産と預金の1／4の持分を、BまたGにそれぞれ無償で譲渡したことになる。では、それぞれBまたGを受益者として、詐害行為取消請求ができるのであろうか。この点、受益者は誰かということを考える必要がある。

　BGの受益をみると、Gは1／2の相続分なので相続分を超える利益は受けておらず、利益を得ているのは1／4の相続分のBになる。そこで、受益者はBのみと考えるべきであり、1／4の分につき預金の取得の詐害行為取消しを認めるべきである。

　②　**詐害行為取消請求の内容**　　Bに預金を全額取得させたまま、Bに対して2000万円の償金請求権を認めるのではなく、現物返還の原則（424条の6）に従い、B2000万円、D2000万円の預金債権にすべきであろうか。この点、Dは預金については1000万円の持分しかなかったのであり、B3000万円、D1000万円の預金債権とし、丙不動産の持分につき1000万円の償金請求権を認めるという解決によるしかない。

4　［設問3］について
(1)　Hの詐害行為取消権
（a）　**問題点**　　Hは、売買契約により甲不動産についての所有権移転登記、引渡しを求める債権（特定物債権）を取得し、甲不動産がBに財産分与され所有権移転登記されたことにより、履行不能による塡補賠償請求権を取得している。責任財産に依存する金銭債権になったのは、この時点である。

　財産分与自体は4月20日、履行不能になり塡補賠償請求権が成立したのは、その後の30日である。すなわち、詐害行為後に取得した債権ということになる。Bからは、この点を指摘して、Hの詐害行為取消請求を争うことが考えられる。

　(b)　原因が前であればよい　　この点、民法は、424条3項により、詐害行為後の債権であっても、その「原因」が詐害行為前であれば取消権が認められるものと規定している。将来の債権であってもその発生が予測され債務者の責任財産からの回収を期待する関係が成立していれば、この期待を保護しようとしたのである。

　Hは、既に売買契約と同時に上記特定物債権を取得しており、履行不能になっても、Aの責任財産から塡補賠償請求権の回収を期待できたのである。そのため、424条3項が適用になり、AのなしたBへの財産分与の詐害行為取消しが可能となる。

　(c)　甲不動産は塡補賠償請求権の責任財産か　　Aが甲不動産以外の財産について詐害行為を行ったのであれば、424条3項の適用に問題はない。ところが、甲不動産はHの所有であり、責任財産として期待できたのか疑問になる。しかし、177条が適用される場合には、Hの財産であることが否定されるため、せめて責任財産としての扱いは認められるべきである。

(2)　Hの詐害行為取消権の内容

　Hは、責任財産保全のために取消しをするので、Bに対して自分への所有権移転登記を請求することはできない。また、［設問1］で論じたように、甲不動産の所有権移転登記の抹消登記を請求することはできず、8000万円の償金請求ができるにすぎない。これを、Hは自分に支払うよう請求ができる（424条の9第1項）。

以上

次の文章を読んで、後記の［**設問 1**］、［**設問 2**］、及び［**設問 3**］に答えなさい。（配点：100 点〔［設問 1］、［設問 2］及び［設問 3］の配点は、30：35：35〕）

【**事実Ⅰ**】

1.　A は甲ヨットを所有しており、2024 年 4 月 15 日、B がこれを 1000 万円で購入する契約を締結した。ところが、ヨットの引渡し、また、代金の支払もなされないうちに、B が同月 20 日に不慮の事故により死亡した。B の相続人は成年の子 CD 兄弟の 2 人である。

2.　CD 兄弟はいずれもヨットを趣味としており、家族ぐるみでヨットでの航海をしている。CD は協議した結果、甲ヨットについて、代金を 500 万円ずつ支払って共有とすることに決めた。そこで、CD が A と話し合い、同年 5 月 10 日に A に対して CD は連帯して 1000 万円を支払うことが合意された。

［**設問 1**］【事実Ⅰ】を前提として、下記問いに解答しなさい。

　2024 年 5 月 12 日、A はヨットで航行中に遭難し、たまたま別のヨットで通りかかった C に助けられた。そのため、このことに感謝し、同月 14 日に A は C に対して代金の支払を免除した。この場合に、D は 1000 万円の支払義務を免れないのか、また、もし免れないとしたら 1000 万円を支払った D の C への求償はどうなるか。

【**事実Ⅱ**】

　【事実Ⅰ】の後に、以下の事実があった。

3.　CD が代金 1000 万円を支払って、A から甲ヨットの引渡しを受けた。引渡しを受けた後、CD は、甲ヨットの使用については他の共有者の承諾を必要とする旨の合意をした。2024 年 6 月 1 日、C は、D の承諾を得て、家族

と共に甲ヨットを操縦してクルーズに出た。

4. その航行中、乙ヨットを2人で操縦していたEFの共同の過失により、乙ヨットが甲ヨットに衝突し甲ヨットが損傷した。衝突について、Cには過失はない。CDは、修理業者Gに依頼して甲ヨットの修理をしてもらい、修理代は100万円になった。CDは修理代を未だ支払っていない。

[設問2]【事実Ⅰ】及び【事実Ⅱ】を前提として、以下の各問いに解答しなさい。

(1) Gは修理代100万円をCDに対して支払請求することを考えているが、これが可能かどうか検討しなさい。

(2) CがGに修理代100万円を支払った後、EFに対して誰がいくらの損害賠償請求をすることができるか、また、その後にEがCに50万円を賠償したとして、EはFに対して求償することができるか検討しなさい。

【事実Ⅲ】

【事実Ⅰ】の後に、以下の事実があった。

5. CDが代金1000万円を支払って、Aから甲ヨットの引渡しを受けた。CDは、使用について合意をし、甲ヨットを賃貸して賃料を獲得することにした。

6. CDは、H（株式会社）から1か月間借りたいという申込みがあったため、Hに甲ヨットを2024年6月1日から1か月間賃料20万円で賃貸することを、Hとの間で合意した。賃料またヨットの返還遅滞による遅延損害金の支払については、Hの求めによりCDの連帯債権とされることが約束されている。この合意に基づいて、CDは甲ヨットをHに引き渡した。

7. 1か月後、Hは甲ヨットをCDに返還したが、Hは賃料20万円の支払をしていない。同年7月15日に、Dが死亡しDの成年の子IとJが相続分平等で共同相続をした。

8. 同月27日、CIJは甲ヨットの塗装が古くなってきたため、塗装の塗り替えをすることを合意し、塗装業者Kに塗装を依頼した。塗装代金は20万円とされ、CIJが連帯して支払うことが約束された。

9. Kは、同年8月4日、甲ヨットの塗装を終えこれをCに引き渡した。Cは、

引渡しを受けた際にKの受領権限ある従業員αに20万円を支払ったが、これをIJに通知しなかった。αは受け取った20万円を横領しKに渡していなかったため、Kは塗装代金が支払われていないものと思い、同月8日にJに連絡をして塗装代金の支払を求めた。

10. 同日Jは、CとIに塗装代金の支払の有無の確認するメールを送った。Iからはすぐに支払っていない旨の返信があったが、Cからは翌日まで返信がなかった。そのため、Jは、支払が遅滞してはいけないと思い、翌同月9日に20万円をKの指定した銀行口座に振り込んだ。

[設問3]【事実Ⅰ】及び【事実Ⅲ】を前提として、以下の各問いに解答しなさい。

(1) Hに対する、20万円の賃料債権をめぐるCIJの権利関係について考察しなさい。

(2) CIJにおける支払った塗装代金の求償、また、Kに対する不当利得返還請求をめぐる法律関係について検討しなさい。

【設問1】

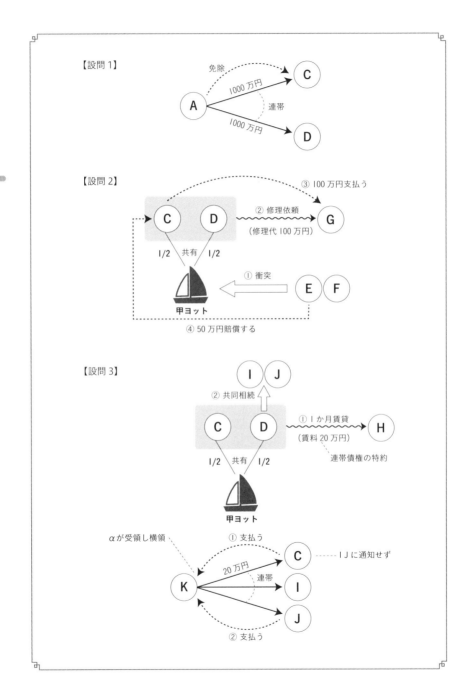

【設問2】

【設問3】

1 ［設問 1］について
(1) 連帯債務における免除の絶対効
①連帯特約の認定（重要度 C）
②免除は相対効（重要度 A）
③免除の絶対効が認められてよい・その根拠付け（重要度 B）
(2) 連帯債務者間の求償
①連帯債務者間の求償の要件（重要度 A）
②連帯債務ではなくなり D の単独債務になり，求償の要件（共同の免責）要件を充たさない（重要度 B）
③442 条の求償権は成立しないが，445 条で求償ができる（重要度 A）
④免除の絶対効・441 条ただし書の相対効の原則に対する例外の意思表示の認定（重要度 A）

2 ［設問 2］小問(1)について
(1) 分割主義の原則（重要度 B）
(2) 連帯特約はされていない（重要度 B）
(3) 不可分的利益の対価は不可分
①共同賃借人については判例あり（重要度 B）
②本件にも適用になるのか（重要度 A）

3 ［設問 2］小問(2)について
(1) 共同不法行為者の損害賠償義務
①719 条 1 項前段の共同不法行為（重要度 B）
②不真正連帯債務概念は改正後も認められるか（重要度 A）
③CD の損害（重要度 D）
(2) 共同不法行為者間の求償
(a) 求償の可否・要件
①不真正連帯債務でも求償可能（重要度 A）
②負担部分は過失割合による（重要度 B）
③自己の負担割合を超えた賠償をした場合に，その超えた金額のみ求償できる（重要度 A）
(b) 本問について
①EF は 100 万円について連帯して賠償義務を負う（重要度 A）
②E が 50 万円賠償しても F に求償できないのが原則（重要度 B）
③CD は分割債権であり，それにつき EF が連帯しているにすぎない（重要度 B）

4 ［設問 3］小問(1)について
(1) 賃料債務について
①CD の連帯特約があり連帯債権になる（重要度 B）
②CD とも全額の請求ができる（重要度 B）
③支払を受けたら他は分配請求権を持つ（重要度 A）
(2) 共同相続によりどうなるか（重要度 A）

5 ［設問 3］小問(2)について
(1) 連帯特約あり（重要度 D）
(2) C の K の従業員 α への弁済
①受領代理権はある（重要度 D）
②代理権濫用（重要度 C）
(3) J の弁済
①443 条 2 項により有効になる（重要度 A）
②I に求償権を持つのはだれか（重要度 A）
③J の C への求償権（重要度 A）
④K への不当利得返還請求
ⓐC と J のいずれが取得するのか（重要度 A）
ⓑK は横領により二重の利得を受けていない点について（重要度 A）

解説及び答案作成の指針

1 ［設問 1］について（配点は 30 点）

【出題趣旨】 ［設問 1］は，連帯債務において，債権者が債務者の 1 人に対してなした免除の効力が，改正法により相対効に変更されたことを確認してもらうと共に（441 条），全額弁済をした債務者が免除を受けた債務者へ求償することができることを確認し（445 条），本問ではその結論がよいのかどうかを検討してもらう問題である。

(1) 連帯債務者の 1 人 C の免除の D への効力――D の免責の是非

　(a) **改正前は負担部分型絶対効**　　改正前は，連帯債務者の 1 人 C の免除は，C の負担部分の限度で D の債務を消滅させる絶対効が認められていた（旧 437 条）。本問にあてはめると，C の債務免除により D は 500 万円の単独債務になり，その後に 500 万円を支払っても，これにより C も免責させるという共同の免責を生じさせていないので（442 条 1 項参照），C への求償権は生じない（☞【図 1】2 ①）。

【図 1　連帯債務者の 1 人の免除】
1. A に対して CD が 1000 万円の連帯債務を負担
2. 改正前――3 つの分類
　①免除（A が C のみを免除する意思）
　　C　債務 0
　　D　債務（単独債務）500 万円　連帯債務ではなくなり，C への求償はありえない
　②不訴求の合意（相対的免除）
　　C　連帯債務 1000 万円（自然債務になり，請求されない）
　　D　連帯債務 1000 万円のまま　　C への 500 万円の求償が可能
　③絶対的免除（C と免除の合意をするが，D も免除する意思）
　　C　債務 0
　　D　債務 0
3. 改正法の免除（2 の②にし，③は否定しない。また，特約すれば①も可能）
　　C　債務 0
　　D　債務（単独債務）1000 万円　　C への求償ができないはずだが，500 万円の求償権を認める

　(ア) **絶対効の根拠 1――相互保証以外**

　　❶　**求償の循環の阻止か**　　絶対効を認めないと，① D が C に求償できないのは D に酷であり，②他方で，C に 500 万円の求償を認めると，結局 C から A に再求償ができてしまい，求償の連鎖が起きてしまい無駄なので，D は自分の負

担する代金だけ支払えばよいことにしたという説明もされていた――被害者側の過失における清算に似ている――。

❷　504条に匹敵する免責制度

ⅰ　**求償の循環の回避ではない**　　しかし，❶②は前提を欠いている。免除によりCDは連帯債務者ではなくなり，Dだけの単独の債務となる。連帯債務関係にはないため，Dが1000万円を支払っても，Cがこれにより債務を免れる<u>共同の免責というCに対する求償権の要件を充たしていない</u>。

ⅱ　**求償できなくした債権者へのサンクションか**　　Dが1000万円の債務を負担したままだとすると，Dは，AがCを免除したためCへの求償権を奪われるという不利益を受ける。そのため，民法は504条のように法定の免責を認めたと説明することもできる。しかし，Dが1000万円の債務を負担したままというのが当然視されているが，この点が問題である。次に説明したい。

⑷　**絶対効の根拠2――相互保証の関係**

❶　**相互保証も可能**　　AはCDに全額の支払義務を負担させる方法として，500万円ずつの代金債務の他に（427条），相互に他方の代金債務の保証をしてもらうことが考えられる（☞【図2】）。Cについていうと，自己の500万円の代金債務とDの500万円の代金債務の保証債務の合計1000万円を負担することになる（Dも同様）。代金債務はC 500万円，D 500万円合計1000万円になる。この法律関係は，保証の部分は保証の法理により規律されることになる。

【図2　相互保証の契約にした場合】
①Cの債務（合計1000万円）
　ⓐ自己の500万円の代金債務
　ⓑDの代金債務500万円の保証債務　　＊付従性あり，求償可能
②Dの債務（合計1000万円）
　ⓐ自己の500万円の代金債務
　ⓑCの代金債務500万円の保証債務　　＊付従性あり，求償可能

------

❷　**連帯債務も実質は相互保証**

ⅰ　**相互保証と同様の法律関係**　　連帯債務にすると，CDいずれも1000万円の「代金債務」を負担し，代金債務が合計2000万円になるが，実質は相互保証の関係である。実質他方の代金債務の保証債務の部分については，求償が認められることになる。免除も同様であり，Cが免除されれば，Dは自分の

500万円の代金だけ支払えばよいことになる。

【図3　連帯債務によった場合】
①Cの債務　　1000万円の連帯債務たる代金債務
②Dの債務　　1000万円の連帯債務たる代金債務
＊　改正法は500万円分の実質的付従性を否定（免除などは絶対的効力事由でない）。弁済
　　など満足事由は，共通の債務消滅原因である。

　　　　ⅱ　免除でなく不訴求の意思表示も可能　　債権者がCの内部的負担を
否定しない場合には，免除ではなく，Cには請求しないという**不訴求の意思表示**
になる（☞◆関連問題）。改正前の免除の絶対効は合理的であり，❶によったか
連帯債務によったかで，不合理な差が生じるのを避けられる。Cが免除されれば，
Dは自分の負担する金額だけ支払えばよく，Cの負担分は支払わなくてよくなる
というのがあるべき姿である。

◆関連問題──免除の絶対効，絶対的免除また不訴求の意思表示

(1)　**Cだけを「免除」した場合のDへの効力の問題**　　ここで議論しているのは，連帯債務者の1
人Cが免除された場合の，Dへ効力の問題である。何ら効力を及ぼさないのが相対効であり，効
力を及ぼすのが絶対効であるが，相互保証の実質を有するため，絶対効といってもDにCの代金
の負担部分を解放するだけであり，債務が消滅するのは500万円にすぎない（負担部分型の絶対効）。
混乱を避け頭を整理してもらうために，これと区別すべき概念を次に2つ説明しておく。

(2)　**区別されるべき概念**

　(a)　**絶対的免除**──**CDを免除するがCとのみ契約をする場合**　　まず，**絶対的免除**という概
念がある。債権者が，Cだけでなく**D**も免除する場合であり，Cだけが免除されたのに，免除され
ていないDにどういう効力が及ぶのかという(1)の問題とは異なる。Aが，CD全員を免除するつも
りでCと免除の合意をする事例であり，Dの債務も全て消滅する。AC間で契約するが，Dも免除
するという第三者のために（も）する契約である。Dに対する免除の意思表示がされているので
──免除は単独行為なので受益の意思表示は不要──，Dも債務を免除されることになる。(1)とは
問題構造が根本的に異なっている（☞【図1】2③）。

　(b)　**不訴求の意思表示**　　改正前から「相対的」免除ということがいわれていた。ACD3者で行
えば契約自由の原則によりそのような合意も有効である。しかし，AC間で，Cを免除しながら，
Dの実質Cの代金債務の保証債務の部分を存続させることが可能なのかは疑問である──そもそ
も相対的免除という概念には疑問がある──。フランスでは，Cを免除するのではなく，**不訴求の
意思表示**により強制力を消滅させることが認められている（☞【図1】2②）。日本でも自然債務論
でこのような意思表示を認めているが，ここでの議論ではどういうわけか，不訴求の意思表示とい
う選択肢が落とされている。

(b)　**改正法は免除を相対効にした**

　(ア)　**相対的免除と推定**　　改正法は，従前の連帯債務と不真正連帯債務とを

区別する考えを抹殺しようという一部の学説の意図により，不真正連帯債務を包摂できる連帯債務規定に変更し，免除の絶対効を否定した（旧437条の削除）。強行規定ではないので合意でそれと異なる連帯債務をすることを認めればよいと考えたのである（441条ただし書）。絶対的免除（☞◆関連問題）も可能であり，免除に絶対効を認めることも可能であるが，反証がない限り相対的免除と推定しているにすぎない。

　(イ)　**証明責任が転換された**　　改正前でも免除の絶対効を認める規定（旧437条）はやはり強行規定ではなく，不訴求の意思表示（☞◆関連問題）も可能であり，また，学説により相対的免除も可能と解されていた。これを主張する者が証明責任を負っていた。改正により，原則を規定する推定規定が変更され，証明責任が変更されたにすぎない。

　(c)　**本問へのあてはめ**　　本問では，AはCが命の恩人ということで免除をしており，Cの免除に絶対効を認め，Dは自己の負担する500万円だけ支払えばいいものとする意図である可能性が高い。しかし，Cには請求しないだけの意思表示かもしれない。いずれか決め手がなければ，相対的免除と推定されることになる。Dが反証を挙げられない限り（次の(2)で反証ができるか検討する），AのDに対する1000万円全額の請求がされた場合，Dはこれを拒絶することができないことになる。

(2)　DからCに対する求償について
　(a)　民法は求償を認めた（法定の権利）
　　(ア)　**求償権の成立要件は充たしていない**　　本問ではCが債務免除を受けたことにより，CDの連帯債務関係は解消され，Dだけの単独債務になった。そのため，Dが1000万円を支払っても442条1項の求償権の要件である「共同の免責」をCに与えていない。Dが1000万円を支払ってもCには求償できない。しかし，本来Cに求償しえたのに，債権者AによるCの免除によりDが不利益を受けるのは不合理である。

　　(イ)　**特別の求償権を認めた**　　そのため，求償権の要件を充たしていないにもかかわらず，445条を新設し，DのCに対する特別の求償権を認めたのである。この結果，DはCに500万円求償できることになる。しかし，それはAの意思に反する。Aは，Cは命の恩人なので，CD間においても負担を否定することを考

えているからである。そのため，命の恩人だから免除をしたという事実だけで絶
対効を有する免除と事実上推定すべきであり，Aがそれにもかかわらず相対的免
除と認めるべき特段の事情を証明しない限り，Cの負担部分について絶対的効力
を付与する免除の事実上の推定が認められると考えられる。

(b) **まとめ——債権者の意思を尊重した解決**　本問のように，AがCを本当
に究極的に免責するつもりの場合には，Dの債務はDの支払う500万円の代金債
務だけにするつもりのはずである。民法も自由に異なる合意ができることにし，
この特約により妥当な解決を図るつもりである。すなわち，441条ただし書は「別
段の意思」を表示した場合にはそれに従うことを認めている。本問では，441条
ただし書を適用し，AのCへの免除については別段の意思表示があったものと認
めることができ，Cの負担部分について絶対効を認めDの債務は500万円になる。
また，DからCへの求償権は成立しないことになる。

> 【答案作成についてのコメント】本問では，免除の相対効について改正法で大きく変わったこと，し
> かし，別段の意思表示が可能なこと，本問では改正法規定を適用するのは不合理であり，別段の意
> 思表示を認めて絶対効によるのが適切なことを論じるべきである。

◆**関連問題——連帯債務者の1人との相殺適状**

(1) **改正前は議論があった**　　AC間には相殺適状があり，もし相殺がなされれば，他の連帯債務
者の債務も消滅する（439条1項）。ところが，相殺適状があるが相殺がなされていない場合にも，
Dの保護が必要である。この点，旧規定は他の連帯債務者が「相殺を援用することができる」と規
定していた（旧436条2項）。この規定の解釈として，相殺まで認めるのか（**処分権説**），それとも
抗弁権に止めるのか（**抗弁権説**）の対立があった。前者では，DはCの相殺を援用した上で，500
万円を提供するならば，Aの目的物引渡しについての同時履行の抗弁権を阻止できることになる。

(2) **改正法は抗弁権説を採用**　　この点，判例はなく学説の議論だけであったが，改正法は抗弁権
説を採用した（439条2項）。改正法は，消滅時効については，保証人にも相対的な援用権を認め
る判例を維持し，時効については何も規定せず，議論のあった取消権について抗弁権として構成し，
これを解除権に拡大するだけでなく，相殺権についても抗弁としたのである。

　この結果，DはAによる1000万円の支払請求に対して，Cが500万円相殺できるため500万円
について支払を拒絶できるだけになった。拒絶権しか認められないので，DはAの同時履行の抗弁
権を阻止するためには，自ら1000万円を調達してこれを提供しなければならないことになる。時
効と同様に，相対的な相殺権を認める考えもあったが——それだと同時履行の抗弁権を阻止できる
——，無視された。

2 [設問2] 小問(1)について （配点は(1)(2)で35点）

> 【出題趣旨】[設問2] 小問(1)は，共有物の修理代金債務について，共有者につき連帯特約がさ
> れていない場合に，分割債務になるのか（427条），それとも，賃料についての判例の趣旨を
> 及ぼして不可分債務と認めるのかを議論してもらう問題である。

(1) 多数当事者の債権関係における分割主義の原則

(a) **分割主義が原則**　民法は，私的自治の原則の多数当事者の債権関係への投影として，自己の負担部分だけ債務を負う，自己の取分についてだけ債権を取得するものとして，分割されることを債権また債務についての原則とした（427条［**分割主義の原則**］）。その例外は，①債権ないし債務の「目的」が不可分な場合（428条，430条），及び，②連帯特約ないし法規定により連帯と扱われる連帯債務である（432条）。

(b) **本問での問題提起**　本問では，CD の修理業者 G に対する修理代金債務には連帯特約はない。また，100万円の支払という給付は性質上不可分ではない。そのため，分割主義が適用になり，CD の修理代債務は分割債務になりそうである。分割主義が原則なので，連帯させるのが適切な事例であっても，黙示の意思表示は安易に認めることは許されない。ドイツ民法のように，債権者保護のために連帯債務を広く認める規定のない日本民法の規定——商法には連帯債務を広く認める規定がある（商法511条1項）——では，問題として残されている。

(2) 賃料についての判例を応用できるか——可分な給付なのに不可分債務

(a) **賃貸借契約上の債務についての判例**

(ア) **共同賃借人の賃料債務**　共同賃借人の賃料債務は金銭という可分な給付を「目的」としているが，判例はこれを「性質上之を不可分債務」と認定している（大判大11・11・24民集1巻670頁）。その理由としては，「賃貸人との関係に於ては，各賃借人は目的物の全部に対する使用収益を為し得るの地位に在ればなり」と説明するだけである。共同賃借人の権利は不可分債権であり，不可分的な利益の対価は不可分という思想に基づいており，給付の性質上不可分という説明によるのは仮託にすぎない。

(イ) **共同賃借人の善管注意義務違反による損害賠償義務**　その後，不動産の共同賃借人の，賃借物返還義務不履行による損害賠償義務についても不可分債務とされている（大判昭8・7・29新聞3593号7頁）。この事例では共同不法行為的な考慮を持ち込むことで説明がつく。他方，賃料については，不可分的利得の償還や不可分的利益の対価たる給付は，原則として「性質上」不可分債務となるという基準が提唱されており，その思想は賃料債務に限られない。

(b) **本問について**

　　(ｱ)　共同購入の代金債務は不可分債務ではない　　共同購入の場合の代金債務については，分割主義が適用になり分割債務になる。共同賃借人の債務とは何が異なるのであろうか。そして，本問ではいずれの理論があてはまるのであろうか。代金は各買主が取得する持分の対価であり，代金については未だ共有理論の適用はない。持分を取得後に初めて各共有者が共有物全部を利用できるようになり不可分的利益の理論が適用になる（249 条参照）。

　　(ｲ)　共有物の保存費用は不可分債務──本問へのあてはめ　　共有物の保存も，共有者全員に不可分的な利益を与えることになる。判例も，共有の山林について看守を依頼した看守料支払義務についても不可分債務と認めている（大判昭 7・6・8 裁判例 6 民 179 頁）。そうすると，共有物の修理は全員に不可分的に利益を与えることになるため，判例をあてはめれば不可分債務になり，G は CD のいずれに対しても 100 万円の修理代の支払を請求することができる。

　　(ｳ)　改正法について　　改正法は不可分債務について，意思表示による不可分を否定し，「債権の目的」の「性質上不可分」の場合に限定したが，従前の賃料債務についての判例を否定する趣旨はなく，解釈にまかせたものである。判例は改正後も先例価値が認められるものと思われる。なお，436 条の連帯債務の要件に給付の性質上可分という解釈については，共同賃借人の賃料債務も含めてよく連帯特約は有効である。

【答案作成についてのコメント】共有物の修理代金支払義務について，連帯特約がされていない場合に，分割主義の原則を適用するのか，それとも，賃料についての判例の趣旨を応用して不可分債務とできるのか，後者だとして改正法はこの点判例を否定するものではないということを議論すればよい。

3　[設問 2]　小問(2)について

【出題趣旨】　[設問 2]　小問(2)においては，EF は共同不法行為者として，判例によれば損害賠償義務についていわゆる不真正連帯債務を負担することになる。他方，被害者は共有者 CD でありその損害賠償請求権の関係も確認をした上で，不真正連帯債務における求償要件について，改正法の規定（442 条 1 項）はこれを変更したのか，そして，本問への適用について考えてもらう問題である。

(1)　CD の EF に対する損害賠償請求権

　(a)　EF の責任　　EF は共同で乙ヨットを操縦し，両者の過失により甲ヨットに衝突しており，EF は 719 条 1 項前段の共同不法行為者として連帯して賠償義務

を負う。この結果，EFは100万円全額を連帯して賠償する義務を負うが，甲ヨットはCDの共有であり誰にいくら賠償義務を負うのであろうか。次にみてみたい。

(b) CDの損害賠償請求権

(ア) それぞれの持分権の侵害にすぎない　被害者は，甲ヨットの共有者CDであり，それぞれの持分権の侵害による損害が問題になり，修理費用100万円はCDの折半による負担なので（253条1項），50万円ずつの損害賠償請求権になるかのようである。そうすると，CDのそれぞれの50万円の損害賠償請求権につき，EFがCDに対してそれぞれ50万円の連帯債務を負担することになる。

(イ) しかし，損害は両者とも100万円？　ただ［設問2］小問(1)でみたように，CDの最終的な負担は折半で50万円であるとしても，Gに対して100万円の不可分債務を負担している。そのため，CDがEFに対して100万円の損害賠償請求権を取得するとも考えられる（分配義務を認める）。

(ウ) Cが修理代を支払ったらどうなるか　Cが修理代全額を支払っているが，損害を受けた者がこれによりCに確定し，Cの100万円の損害賠償請求権だけになるのであろうか。しかし，甲ヨットはCDの共有であるため，共有物管理費用としてCはDに対して50万円を請求できる（253条1項）。そのため，Cの損害賠償請求権は100万円のままで，Dの損害賠償請求権は50万円になるとも考えられる。(ア)の立場では，CD共に50万円の損害賠償請求権のままである（これが一番簡単でよい）。

(2) 50万円を支払ったEのFに対する求償について

(a) 不真正連帯債務と求償

(ア) 求償は可能　判例は，不真正連帯債務においては，他人の債務を弁済する相互保証債務ではなく，全部自分の賠償義務が競合しているだけであるため——全部義務といって連帯債務と表現でも区別する主張もある——，本来は求償は認められないが，公平の観点から特別に解釈上求償を認めている（最判昭41・11・18民集20巻9号1886頁，最判平10・9・10民集52巻6号1493頁）。

(イ) 負担部分を超えた賠償をすることが要件　しかし，判例は，特に理由の説明をしていない。公平の観点から認められる例外であるため，自己の負担部分を超えた賠償をしたことが要件になり，また，その超えた金額のみが求償できるにすぎない（最判平3・10・25民集45巻7号1173頁）。

(b)　改正法との関係

　(ｱ)　負担部分を超えた出捐は求償の要件ではない

　❶　**負担部分を超えることは不要とされた**　　改正法は，不真正連帯債務概念を否定して連帯債務規定に取り込むため，従来，不真正連帯債務について認められていた内容を連帯債務の基本規定とし，特約の認定により異なる扱いをすればよいという考えで立法をしようとした。しかし，求償については負担部分を超えた支払という従前の不真正連帯債務に適用される要件は導入せず（実務界からの反対が強かったため），逆に負担部分を超えた出捐をしたことは必要がないことが明記された（442条1項）。

　❷　**特約による修正により得ない**　　相対的効力事由については特約で対応できたが，不法行為では事前の特約による修正はできない。そのため，不真正連帯債務が問題となる事例では特約でこの適用を排除することはできないので，442条1項の適用を排除するには，不真正連帯債務概念を認めるしかなくなった。

　(ｲ)　**不真正連帯債務はどうなるか**　　この点，規定上は不真正連帯債務概念を認めるか認めないかについて，改正法は改正前同様に何も言及しておらず，解釈にまかされている。これまでの議論を見ると，①不真正連帯債務概念を否定したものと解して，本問のような事例にも442条1項を適用する考えと，②不真正連帯債務概念を肯定し，従前通り判例は妥当し，本問の事例には442条1項は適用されず，求償には負担部分を超えた賠償を必要とする考えとが対立している。

(c)　**本問ではどう考えるべきか**

　(ｱ)　**CDの50万円ずつの分割債権だとすると**　　CDそれぞれの50万円の分割債権だとすると，EがCに50万円賠償したのは全額の賠償になり，①Fに25万円求償できることになる。残りのDに対する50万円の賠償義務については，EFが連帯して負ったままである。②ただし，合計100万円を母数と考えて，不真正連帯債務論に依拠して未だ求償はできないという解決も考えられる。

　(ｲ)　**Cの債権は100万円の債権だとすると**　　先に見たように，Cは100万円，Dは50万円の損害賠償請求権だと考える余地がある。Cに対する100万円の損害賠償義務については，EFが連帯して損害賠償義務を負うので，Eが50万円を支払っただけでは，未だ負担部分を超えた支払はしていないことになる。そのため，442条1項を適用すれば，EはFに25万円求償できるが，442条1項の適用を否定する不真正連帯債務論者によれば，未だ求償できないことになる。

【答案作成についてのコメント】 本問については，改正法の下で不真正連帯債務概念を認めるか，それとの関連で本問に442条1項の適用を認めて自己の負担部分を超えた賠償を必要とするかを論じて，その上で，CDの損害賠償債権の分析をしてあてはめを考えるべきである。

4 ［設問3］小問(1)について （配点は(1)(2)で35点）

【出題趣旨】 ［設問3］小問(1)は，賃料債権について連帯債権の特約があるが，それが共同相続されたらどうなるかを考えてもらう問題である。

(1) 連帯債権の特約について

　債権者が複数いる場合，連帯債権の特約も可能である（432条）。債権者がバラバラに債権回収しなくて済むという利点もあるが，分配されない不利益・リスクがある。連帯債権においては債務者がバラバラに支払うのは面倒であり，<u>誰か1人に支払えばよいという形にして債務者の便宜を図る</u>という意味が大きい。

(2) 共同相続があるとどうなるか

　本問では賃料債権成立後に，Dが死亡しIとJがDを共同相続をしている。IJの取得する連帯債権は共同相続によりどうなるのであろうか。

　(a) 連帯債務についての判例——分割連帯債務化　　連帯債務については，例えばABが100万円の連帯債務を負担していて，Bが亡くなりCDが共同相続したならば，判例によればCDは50万円ずつのAとの連帯債務の関係になると考えられている（最判昭34・6・19民集13巻6号757頁）。1人分の<u>連帯債務が共同相続により分割帰属する</u>ことになる（**分割連帯債務**）。債権者に，連帯債務者が2人から3人に増えるという利益を与える必要なく，CDが2人でBの連帯債務を負担すれば足りるのである。

【図4　連帯債務の共同相続】
1. 相続前
　①Aの債務　　　100万円の連帯債務
　②Bの債務　　　100万円の連帯債務
2. BのCDによる共同相続
　①Aの債務　　　100万円の連帯債務
　②Bの共同相続人の債務

@Cの債務　50万円の分割連帯債務　Aと連帯するが，Dとは連帯しない（分割債務）
ⓑDの債務　50万円の分割連帯債務　Aと連帯するが，Cとは連帯しない（分割債務）

3. 求償関係
①Aが100万円を支払ったら
　ⓐCに対して25万円の求償権
　ⓑDに対して25万円の求償権
②Cが50万円を支払ったら
　ⓐAに対して25万円の求償権
　ⓑDに対して求償権取得せず（CD間には連帯関係なし）　残り50万円はADの連帯債務

（b）　連帯債権はどう考えるべきか

❶　**分割連帯債権とすべきか**　　本問の連帯債権はどうであろうか。連帯債務とパラレルに，IJは10万円ずつの連帯債権を取得すると考えるべきであろうか。分割主義の理念を貫くとそうなるかもしれない。分配されないリスクが2人から3人へ，しかも，共に契約をした者ではなくその相続人になることを考えると，Cの立場を考慮する必要もあり，分割連帯債権という処理も説得力を持つ。

❷　**全員連帯債権という構成も可能**　　ただ分配されないリスクを冒してまで，債務者の債権者の1人に支払えば足りるという利益を保障したことを考えると，債務者のこの利益を，相続という偶然事により奪ってよいのかは疑問になる。連帯債務の場合とは趣旨が異なるのであり，CIJ全員が20万円の連帯債権のままという解決も考えられる。

◆関連問題──甲ヨット損傷の損害賠償請求権

　もし賃借人Hが，甲ヨットを損傷した場合，その損害賠償請求権に連帯特約の合意の効力が及ぶのであろうか。債権者に不利であり，明示の合意が必要であり，賃料債権についてしか合意していなければ，合意の効力が及ばないと考えることが可能である。他方で，賃貸借契約上の賃貸人に対する賃借人の義務についての例示にすぎないと考えることもできる。その考えでは，損傷による損害賠償義務は，合理的に予想できる範囲内であり，連帯債権となる。

【答案作成についてのコメント】連帯債権についての特約の意味を探り，その趣旨からして，連帯債権者に共同相続があった場合にはどうなるのかを検討すべきである。

5　［設問3］小問(2)について

【出題趣旨】　［設問3］小問(2)は，まずαの受領が代理権の濫用になるのでCのαへの弁済が有効かどうかを議論し，その後のJの弁済が443条2項によりJにより有効とみなすことができることを確認し，その場合の効果を，CJ間の求償，Iへの求償そしてKに対する不当利得

返還請求について検討してもらう問題である。最後のKに対する不当利得返還請求については，αが横領しているので利得がないのではないかという点にも言及が求められる。

(1) Cの弁済について——代理権の濫用

甲ヨットの共有者CIJは，共同でKに甲ヨットの塗装を依頼し，塗装代20万円について連帯して支払うことを約束しており，CIJは20万円の連帯債務を負担している。Cが，Kの従業員で受領権限のある a に20万円を支払ったので，これは有効になるはずである。しかし，a は代金横領の意図を有していたため，受領代理権の濫用が問題になる。この点，改正法は107条に規定を設け，Cが a の横領の意図について悪意又は有過失でない限り，弁済の効力は否定されないことになる（本問ではCが知りえた特段の事情はない）。

(2) Jの弁済についての問題提起

(a) **本来は無効**　連帯債務において弁済は絶対的効力事由（共通の免責事由）であり，Cの弁済によりCIJの連帯債務は全て消滅する。そのため，Jがその後になした弁済は債務がないのになされたことになり，無効のはずである。そうすると，CからIJにそれぞれ5万円の求償ができ，JはCIに求償はできず，弁済が無効なのでKに対して20万円の不当利得返還請求——Kは善意なので703条による——をするしかない。

(b) **民法の特別規定**

(ア) **善意の後弁済者を保護**　この点，民法は，Jを保護する特別規定を設けている。即ち，①連帯債務者の1人が弁済したのにそのことを他の連帯債務者に通知せず，②他の債務者が，既に弁済がされていることを知らずに（善意），③他の連帯債務者が事前の通知をした上で弁済をした場合には，本来無効である自己の弁済を「有効であったものとみなすことができる」ものとした（443条2項）。②については無過失は要件にはなっていないが，不要とする趣旨（③で十分），解釈にまかせる趣旨とが考えられる——重過失は悪意と同視される——。

(イ) **本問へのあてはめ**　本問のJはこの要件を充たしているといえる。しかし，②の要件について解釈にまかせる趣旨と考え，無過失を要件にするならば，再度確認をすべきではなかったか問題になる。ただし，無過失不要説が通説だと思われるので，重過失があるとまでは言えず，443条2項の適用があるという前

提で検討したい。JはCの弁済を無効とし，自分の弁済を有効とみなすこがができる。しかし，その効果については争いがある。この点を議論することが本問では求められている。

⑶ 443条2項の効果について

⒜ 絶対的効果説

⑦ **Jの弁済が絶対的に有効になる**　この点，すべての者との関係で，Jの弁済が有効——Cの弁済が無効——になると考えるのが，**絶対的効果説**である。CはIJに求償できず，JがCIに求償できることになる。そして，Cの弁済が無効になるので，CがKに対して不当利得返還請求権を取得することになる。

⑦ **善意利得者の利得喪失の抗弁**　KはCの請求に対して，*a*による横領を理由に利得喪失の抗弁を主張することになる（703条）。この点，利得喪失につきKに過失があったり，又はその従業員の横領のように，自己の引き受けるべきリスクの範囲内における利得喪失の場合にまで，利得喪失の抗弁を否定すべきである。また，横領した従業員を基準とし，悪意の利得者（704条）と考えることもできる。

```
【図5　絶対的効果説】
1. 弁済の効力
　①Cの弁済　　全ての者との関係で無効
　②Jの弁済　　全ての者との関係で有効
2. 求償関係
　①C→Jの求償はできない
　②J→Cの求償はできる
　③Iに求償できるのはJ
3. Kに対する不当利得返還請求
　①Cの弁済は無効になるので，Cが取得する
　②Jの弁済は有効なので，Jには認められない
```

⒝ 相対的効果説

⑦ **Cの弁済のJへの対抗不能**　判例（大判昭7・9・30民集11巻2008頁）は，「当事者間の相対的関係に於てのみ第二の免責行為を有効なりしものとして求償関係を整理せしむるものなり」と「解するを以て妥当なり」と，443条2項の効果をCJ間に制限する。学説の多くもこの立場である。Cの弁済のJへの

対抗不能にも似た制度として，最低限の例外に止めることになる（**相対的効果説**）。

　（イ）　**問題となる権利関係**　　この考えでは，CJ間では，CからJへの求償はできず，JからCへの求償が可能になる。問題になるのは，以下の2点である。

　❶　**Iへの求償**　　Iへの求償はCができることになる。しかし，CJ間ではIに本来求償できるのはJであるため，CがIに求償できることを不当利得として，相対的にJはIの分もCに対して求償できることになる。

　❷　**Kへの不当利得返還請求**　　Kへの返還請求であるが，Kとの関係では，Cの弁済は有効で，Jの弁済が無効になる。ところが，①Jは自分の分5万円を負担しCから15万円を取り戻せるので損失はない。②損失があるのは弁済がJ以外の者との関係では有効とされるCである。不当利得の因果関係は社会通念上の因果関係で足りるので，CにKに対する不当利得返還請求権を認めることは可能である。利得喪失の問題があることはここでも同じである。

【図6　相対的効果説】
1. 弁済の効力
　①Cの弁済　　Jには対抗できないが，それ以外の者との関係では有効
　②Jの弁済　　Cには有効を主張できるが，それ以外の者との関係で無効
2. 求償関係
　①C→Jの求償はできない
　②J→Cの求償はできる
　③Iに求償できるのはC（Iに対する求償分を，JがCに求償できる）
3. Kに対する不当利得返還請求
　①Cの弁済は有効だが，損失がありCが取得する
　②Jの弁済は無効だが，損失がなくJには認められない

【**答案作成についてのコメント**】ここでは，Cの弁済についてαの代理権濫用を論じた上で，443条2項の適用について，その効果をめぐって議論をすることが必要である。Kについては，従業員αによりその受け取った代金が横領されているため，利得の喪失が問題となり，この点まで言及しておくことが望ましい。

1 ［設問1］について

(1) 連帯債務者の1人の免除の効力

CDは連帯債務を負担しており、債権者Aは、Cを免除した。その効力はCの負担部分の限度でDに及び、Dの債務は500万円になるのであろうか。

(a) 免除は相対効　民法は、債務免除を絶対的効力事由として規定せず、相対効の原則に服せしめている（441条本文）。このため、Cは免除により債務を免れるが、Dは1000万円の債務を負担したままとなる。以後、連帯債務ではなくDの単独の債務になる。

(b) DのCへの求償　以上のように考えると、Dは1000万円を支払っても、Dは単独債務者であり、その1000万円の弁済はCの共同の免責という442条1項の求償権の要件を充たさない。

しかし、自分の関わり知らない債権者による免除により、Dが求償できない不利益を負担するのは酷である。そのため、民法は445条により、DにCへの求償を認めた。442条1項からは導かれない法定の求償権である。

(2) 免除の効果についての特約

しかし、(1)のように解するのは、Aの意思に反する。AはCに命を助けてもらったのであり、Cの500万円の負担を免せしめる意図であると考えられるからである。

そこで、再度、免除の効力について検討してみるべきである。Aは、その意思表示がされた状況からして、Dにはその負担する500万円しか支払請求をするつもりはないはずである。そこで、441条ただし書の別段の意思表示を認め、AのCの免除はその負担部分についてDへの絶対効を認める趣旨と解すべきである。

この結果、Dは500万円のみの債務となり、DからCへの求償も避けられる。

2 ［設問2］(1)について

(1) 分割主義が原則

CDは共同で甲ヨットの修理をGに依頼している。修理代100万円は、連帯特約はされていないため、分割主義の原則（427条）により、CDに50万円ずつの分割債務として帰属するのであろうか。100万円の支払は、給付として可分である。以上より、CとDは50万円ずつの修理代債務を分割債務として負担することになりそうである。しかし、Gからは、不可分債務であるとの主張がされることが考えられる。そこで、この点を次に検討したい。

(2) 不可分的利益の対価の支払である

共同賃借人の事例において、判例は賃料債務を不可分債務とする。確かに賃料は金銭であり可分であり、その趣旨は不可分的な利益の対価であることに求められるべきである。本問の共有物の保存費用についても、共有者全員に不可分的に利益を与えるものである。従って、Gの甲ヨットの修理代もCDの不可分債務になる。

この結果、G は CD いずれに対しても 100 万円の支払を求めることができる。

3 [設問 2]（2）について

(1) CD の取得する損害賠償請求権

(a) **EF の責任**　EF は共同で乙ヨットを運航していて、EF 両者の過失により甲ヨットに衝突させている。従って、EF は 719 条 1 項前段の共同不法行為者になる。そのため、被害者に対して EF は連帯して全額の損害賠償義務を負う。

(b) **CD の損害賠償請求権**　では CD は、それぞれいくらの損害賠償請求権を取得するのであろうか。

CD はそれぞれ持分を有する甲ヨットを侵害されている。では、持分に応じて 50 万円ずつの損害賠償請求権を取得すると考えるべきであろうか。しかし、CD のヨットの修理代債務は、上記のように 100 万円の不可分債務である。ところが、共有物についての費用として修理費用は、最終的には CD は負担を折半することになり、損害は 50 万円と考えられる。C が 100 万円を支払っているが、D に 50 万円を請求でき（253 条 1 項）、結論は変わらないと考えるべきである。

(c) **結論**　よって、CD は、それぞれ 50 万円の損害賠償請求権を取得し、いずれに対しても、EF が連帯して賠償する義務を負う。442 条 1 項の適用を制限解釈すべきである。

(2) EF 間の求償

(a) **不真正連帯債務と求償**　EF の損害賠償義務は共同不法行為に基づくものであり、いわゆる不真正連帯債務である。改正法の下でも不真正連帯債務概念は否定されないと考えるべきである。不真正連帯債務では、負担部分を超えた賠償をした場合にその超えた金額のみ求償できるにすぎない。442 条 1 項の適用を制限解釈すべきである。

(b) **CD の損害賠償請求権を別々に考えるべきか**　本問では、E は C に 50 万円を賠償している。では、50 万円を母数として、全額の支払があったものとして、E の F に対する 25 万円の求償を認めるべきであろうか。しかし、本不法行為により 100 万円の損害賠償義務を連帯して負担しているのであり、合計 100 万円を母数と考えるべきである。

この結果、未だ、E の F に対する求償権は認められない。

4 [設問 3]（1）について

(1) 相続前の CD の賃料債権

H との賃貸借契約による CD の 20 万円の賃料債権は、特約により連帯債権とされている。分配されないリスクがあり、債権者側の連帯債権とすることの利益は大きくない。連帯債権の特約は、むしろ、債務者が債権者の 1 人に全額支払えるようにすることに意義がある。

(2) 相続後の CIJ の賃料債権

Dの20万円の連帯債権をIJが1／2の相続分で共同相続している。では、IJは1／2の10万円ずつ連帯債権を取得するのであろうか。しかし、債務者の1人への弁済で済むという便宜を重視すべきである。

　従って、CIJは20万円の連帯債権のままで、HはCIJの誰にでも全額を支払うことができる。

5　［設問3］(2)について

(1)　Cの弁済について

　(a)　**Cの弁済の絶対効**　CIJは20万円の塗装代について連帯債務を負担している。Cは、Kの受領権限ある従業員αに20万円を支払っており、連帯債務において弁済は絶対効なので、全員の債務が消滅する。

　(b)　**代理権濫用**　Kの従業員αは横領の意図があり、実際にKには20万円は渡されていない。そのため、Kからは、代理権濫用を理由としてJの支払は無効であるとの主張がされることが考えられる（107条）。しかし、本問では、Cはαの横領の意図を知らずまた知り得なかったと思われ、弁済は有効である。

(2)　Jの弁済について

　そうすると、Cの弁済は有効であり、CIJの債務は既に消滅していたので、その後のJの弁済は無効になるはずである。

　しかし、Jからは443条2項が援用されることが考えられる。①Cは弁済したことをIJに通知していない。②また、Jは事前にCIに確認をしてから弁済をしている。よって、Jは自分の弁済を有効とみなすことができる。この効果の理解により、この法律関係の理解が変わってくる。

(3)　Jの弁済が有効とみなされる効果

　(a)　**相対的効果**　判例に従いJの弁済が有効とみなされる効果は、CJ間の相対的効果と考えるべきである。Cがその弁済をJに対抗できないことを規定したものと考えるべきだからである。その結果、以下のようになる。

　(b)　**本問へのあてはめ**

　　①CJ間では、Jの弁済が有効と扱われる。従って、CJ間ではJがCに10万円求償できることになる。

　　②Iに対しては、Cが5万円求償できる。しかし、本来はCJ間ではIに求償できるのはJなので、JはIに求償できる5万円をCに請求できる（合計15万円）。

　　③Kへの20万円の不当利得返還請求はCが取得する。Jには損失はなく、CのKへの弁済は有効であるが、Kが20万円の利得を受け、Cが20万円の損失を受けており、利得との因果関係は社会通念上の因果関係があればよいからである。

以上

次の文章を読んで、後記の［設問1］、［設問2］、及び［設問3］に答えなさい。（配点：100点〔［設問1］、［設問2］及び［設問3］の配点は、30：35：35〕）

【事実Ⅰ】

1. 食品の製造販売を業とする株式会社であるAは、Bにより2023年3月に設立され、Bがその株式を100％保有し、代表取締役に就任しAの経営を行っている。B以外の役員は、Bの家族が名目上就任しているだけで、経営には関わっていない。

2. 2023年4月、Aは、食材の問屋業を営む会社であるCから食材を継続的に仕入れることを合意した（以下、「本件取引」という）。本件取引は契約期間を1年とし、更新可能とされている。

3. 本件取引と同時に、本件取引によりAがCに対して負担する代金債務につき、Bが期限を定めることなく極度額400万円でCと連帯根保証契約を締結した。また、Bの兄Dが、Bに絶対に迷惑は掛けないからと頼まれ、極度額100万円で期限を定めず連帯根保証契約を締結した。いずれも書面が作成されている。

4. Bは、Aの事業もうまくいっているため、Dに迷惑をかけることはないと思っていた。AC間で本件取引は2024年4月にもう1年更新されたが、同年5月に、Aはその生産している食品の原料の表示が間違っていたことから、製品の回収を命じられかなりの損失を生じた。

5. 本件取引の代金の支払は、週ごとに代金を決済していたが、同年6月の2週目に初めてAの代金が決済されなかったため、CはAに支払を催促した。これに対して、Bは必ず代金は支払うので取引を継続してくれるよう頼みこみ、Cは保証人が2人いることもあるので、取引を継続した。

6. ところが、6月の第3週もAから代金の支払がなかった。2024年6月24日に、CはAに対するこの2週間分の代金債権合計100万円を、債権回収

業を営む会社であるEに譲渡し、Cは本件譲渡を内容証明郵便によりAに通知をし、これは翌日Aに配達された。B及びD宛てには譲渡通知はされていない。

7. その後も、AC間では本件取引に基づく食材の供給取引は続けられ、Aは6月の第4週また7月の第1週の代金合計200万円を負担しているが、これも支払われていない。

[設問1] 【事実Ⅰ】を前提として、EによるDに対する、EがCから譲渡を受けた100万円の代金債権についての保証人としての支払請求が認められるかどうか、Dからの反論も踏まえて検討しなさい。また、支払請求が認められるとして、DがEに100万円を支払った場合の、Bに対する求償についても検討しなさい。なお、本件取引の更新（上記4.）に際して、CがDから根保証を継続することについて、書面により同意を得ていたものとする。

【事実Ⅱ】
　【事実Ⅰ】1の後に、以下の事実があった。

8. 2024年1月、Aは食品生産のため、Fに甲機械を特注で製作してもらった。製作代金200万円の支払は同年7月末とされた。Fは、Aに対して代金200万円について保証人を2人立てることを求め、Bは、兄Dに頼んで連帯保証人になってもらうと共に、妻の父親Gに頼んで連帯保証人になってもらった。いずれも書面で連帯保証の約束がなされている。

9. Aが甲機械の引渡しを受けて使用してみたところ、操作中にときどき不具合が起き、機械が突然停止する事態が起きることに気が付いた。そのため、AはFに連絡をして確認をしてもらったが、部品の不具合が原因であることが判明した。

10. Fが部品の交換をするなど修理を試みたが、結局不具合は改善されなかった。その後も、Fは修理を試みたがこれ以上は無理であるとして、それ以上の修理を拒否した。突然停止することはなくなったが、生産能力が契約通りではないままであり、Aはやむを得ず甲機械をそのまま使用している。

11. この話を聞きつけ、DはFに対してクレームを述べ、保証債務を免責す

るように迫った。Fは、保証人がもう1人いることからこれに応じ、Dに対して保証債務を免除した。

12. Aは、修理期間中甲機械が商品の製造に使用できなかったことから、営業上の収入減による損害を50万円程度受けている。また、機械は性能に問題があるため20万円程度は代金の減額を求めることができる。

[設問2] 【事実Ⅰ】1及び【事実Ⅱ】を前提として、7月末の甲機械の代金支払期日が到来した場合に、Fの保証人Gに対する200万円の代金の支払請求に対して、Gはどのような法的主張ができるか検討しなさい。なお、D及びGに連帯保証を依頼するに際して、BはAについての民法465条の10第1項の情報提供を適切に行っており、説明に不足や虚偽はなかった。

【事実Ⅲ】
【事実Ⅰ】1の後に、以下の事実があった。

13. 2023年1月、Aは、100%出資の子会社としてタピオカミルクティー専門の飲食店舗を経営するHを設立し、Bがその代表取締役を兼任することになった。Hは、その営業資金として、同年4月、I信用金庫から200万円の融資を受け、本件借入金債務についてA及びBが連帯保証をした。

14. しかし、すでにタピオカブームは下火になっており、Hの経営する店舗は、開店当初から経営不振が続いた。同年5月の返済期日に、IはHが借入金の支払をしないため、Hを被告として訴訟手続を取り、Hが何ら争わなかったためHに支払を命じる判決が出され、これが2024年6月に確定した。

15. その後も、Hは借入金の返済ができず、結局は閉店してしまい、法人も借金を残したまま同年10月に解散し財産は清算された。法人の解散また清算に際しては、AはIに対して、親会社として必ず責任をとるという約束をした。ところが、Aも支払をすることなく、2029年11月になっている。

[設問3]【事実Ⅰ】1及び【事実Ⅲ】を前提として、IによるA及びBに対する法的請求について、A及びBからの反論も踏まえて検討しなさい。

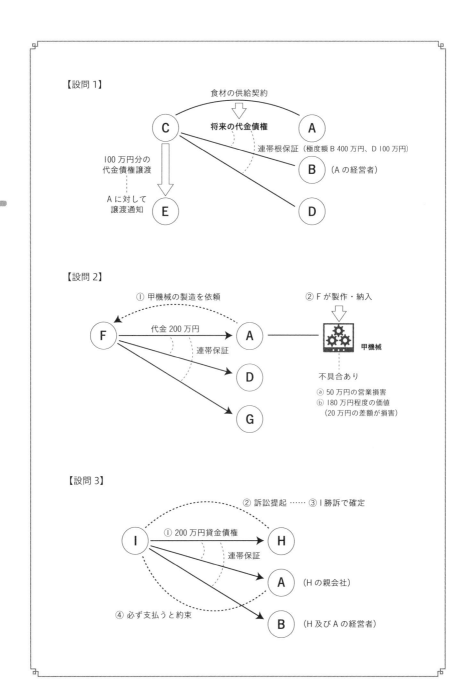

【設問1】

食材の供給契約

将来の代金債権

C

A

100万円分の
代金債権譲渡

連帯根保証（極度額 B 400万円、D 100万円）

B （Aの経営者）

Aに対して
譲渡通知

E

D

【設問2】

① 甲機械の製造を依頼

② Fが製作・納入

代金 200万円

F

A

甲機械

連帯保証

不具合あり

D

ⓐ 50万円の営業損害
ⓑ 180万円程度の価値
　（20万円の差額が損害）

G

【設問3】

② 訴訟提起 …… ③ I勝訴で確定

① 200万円貸金債権

I

H

連帯保証

A （Hの親会社）

④ 必ず支払うと約束

B （H及びAの経営者）

○ 言及すべき点及び論点 ○

1 [設問 I] 前段について
 (1) 個人根保証の要件
  ①極度額の設定（重要度 B）
  ②確定期日の設定（重要度 C）
  ③書面による合意（重要度 A）
 (2) 債権譲渡について
  ①主債務者には通知がされている（重要度 A）
  ②保証人への通知の要否
   ⓐ随伴性による移転（重要度 B）
   ⓑ随伴性による移転への 467 条の適用（重要度 B）
 (3) D の抗弁——根保証の法的性質（重要度 A）

2 [設問 I] 後段について
 (1) 共同保証人間の求償（重要度 A）
 (2) 確定前の求償についての要件（重要度 B）
 (3) 個人経営者への求償
  ①法人と一体として全面的負担か（重要度 B）
  ②黙示の特約（重要度 B）

3 [設問 2] について
 (1) 他の連帯保証人の免除

①免除の絶対効（重要度 A）
②504 条の適用（重要度 A）
 (2) A の抗弁の援用
  ①保証人は主債務者の主張しうる事由を援用できる（重要度 A）
  ②50 万円について相殺を抗弁としうる（重要度 A）
  ③20 万円について
   代金減額——相殺規定の類推適用（重要度 A）
   損害賠償請求権を認めて相殺の抗弁（重要度 B）

4 [設問 3] について
 (1) 債務免除
  ①付従性による保証債務の消滅（重要度 A）
  ② AB につき独立債務の負担（重要度 B）
 (2) 法人解散
  ①主債務の消滅（重要度 B）
  ②保証債務の存続（重要度 B）
 (3) 消滅時効
  ①確定判決による確定債権化（重要度 B）
  ②保証債務・独立債務への効力（重要度 A）

解説及び答案作成の指針

1 [設問 1] 前段について（配点は 30 点）

【出題趣旨】 [設問 I] 前段は，まず個人根保証契約の有効要件を確認した上で，根保証とはどういうものなのか，即ち確定前に，保証債務が成立していて，被担保債権（主債務者に対する債権）が譲渡されたならば保証債務も随伴して移転するのか，債権譲渡につき保証人へも譲渡通知が必要なのかを検討してもらう問題である。

⑴　個人根保証契約の有効要件

　(a)　**個人根保証契約の有効な成立が必要**　　E は，C から A に対する 100 万円の代金債権の譲渡を受けており，D の保証債務もその随伴性により E に移転したことを主張し，D に対して保証債務の履行を請求することになる。そのためには，E は，保証債権（保証債務）の成立を主張・立証する必要があり，個人根保証契約の有効要件が充たされていることが必要である。

　(b)　**個人根保証契約の要件**　　①まずは保証契約一般の要件として**書面の作成が必要**であり（446 条 2 項），②次に個人根保証契約の有効要件として**極度額が設定**されていることが必要になる（465 条の 2 第 2 項）。この点，本問ではいずれも充たされている。③ D の根保証の**確定期日**（保証期間）については，定められていないが，貸金等根保証でなければ 465 条の 3 は適用にならないので問題にならない。以上より，D の根保証契約が有効に成立したことが認定できる。

⑵　根保証契約の内容——確定前の法律関係

　(a)　**2 つの根保証契約**　　次に，D は，根保証契約の内容を争う法律上の主張をして，E の請求を拒絶することが考えられる。根保証契約にも次の 2 つが考えられ，契約自由の原則からいずれも有効であるが，E は本問の AD 間の根保証契約は❷に分類されると主張するのである。

　　❶　**継続的保証（個別保証集積型）**　　まず，主債務が発生するごとにそれに対応する保証債務が成立し，確定によりそれ以降は保証債務が成立しなくなる根保証契約がある（**個別保証集積型**）——**複数説**に対し，1 つの根保証債務が成立し，主債務に対応してその債務額が増減するという**単一説**もある——。この根保証では，確定前でも保証債務が成立しているため，債権者はその履行を請求でき，また，主債務について債権譲渡がされると，保証債務も随伴して移転することになる。

　　❷　**狭義の根保証（根抵当権類似型）**　　他方で，根抵当権（398 条の 2 以下）と同様に，確定時の将来債務の担保であり，確定までは保証債務は成立しておらず，確定の時にその時点で存在している主債務に対応する保証債務が成立するという内容の根保証契約も考えられる（**根抵当権類似型**）。この場合，確定までは保証債務は成立していないので，確定前には保証人に履行請求はできず，主債務について債権譲渡があると根保証の対象からはずされることになる。

	❶継続的保証 （個別保証集積型）	❷狭義の根保証 （根抵当権類似型）
① 確定前の保証債務	主債務に対応して成立	確定まで成立していない
② 確定前の保証債務の履行請求	できる	できない
③ 確定前の保証債務の随伴性	ある	ない
④ 確定後の保証債務の成立	ない	ない

（b）　判例は個別保証集積型と推定

　（ア）　契約解釈としての事実上の推定　　最判平24・12・14民集66巻12号3559頁は❶と推定した。事案は個人根保証ではなく事業者根保証であるが，一般論として，「根保証契約を締結した当事者は，通常」，以下の「ことを前提としているものと解するのが合理的である」という。

　「主たる債務の範囲に含まれる個別の債務が発生すれば保証人がこれをその都度保証し」（☞【図1】①），「当該債務の弁済期が到来すれば，当該根保証契約に定める元本確定期日……前であっても，保証人に対してその保証債務の履行を求めることができるものとして契約を締結し」（☞【図1】②），「被保証債権が譲渡された場合には保証債権もこれに随伴して移転する」（☞【図1】③）。

　（イ）　本問へのあてはめ　　上記判例は，事業者根保証の事例であるが，事業者だからということは理由にはなっておらず，一般論として述べているため，本問の個人根保証にもあてはまることになる。ちなみに，契約解釈として【図1】①を推定し，【図1】②③は保証債務がすでに成立していることからの帰結にすぎない。そうすると，Dが反証をあげない限り，本問でも❶と認定され，Eは保証債権を取得し，これを確定前に行使することができることになる。問題文には，特約や別異に解すべき特段の事情は認められない。

◆関連問題──根保証契約の期間について

　貸金債務の根保証と異なり，本件根保証には465条の3が適用にならないため，3年で確定することはない。ところが，本件では，主債務を発生させるAC間の本件取引には1年という期間が定められていた。根保証にこれと異なる期間が定められていない場合には，これが同時に根保証の期間と同意されているものと考えるべきであろうか。

　大判昭9・6・9裁判例8民142頁は，継続的供給契約上の債務の保証につき，その定められた1年分の債務を保証したにすぎないとした。その後，最判平9・11・13判時1633号81頁は，賃貸保証が更新後の賃料についても及ぶことを認めている。正当事由がないと賃貸人が更新拒絶できないという事情もあるが，上記判決が依拠している根拠は，賃料という形で債務額が確定している

こと，及び，実務上賃貸借は更新するのが普通であり更新後の債務も保証するというのが「当事者の通常の合理的意思に合致する」ということである。

では，本問ではどう考えるべきであろうか。保証人の立場も考慮すべきであり，①Bは経営者として更新後も責任を負う趣旨であるといえるが，②Dは1年ならばと思っていたかもしれない。また，主債務も賃料のような定額ではない。しかし特別の事情がないと更新されるであろうと予測していたともいえる。肯定・否定いずれの評価も可能である。本問では以上を議論しなくてよいように，[設問1]でDから更新についての同意を得ていることにした。

(3) 債権譲渡の対抗要件

(a) 債権譲渡には対抗要件具備が必要　　債務者Aに譲渡通知がされていなければ，債務者Aは467条1項の対抗要件不具備を主張でき，保証人もこれを援用できる（457条2項）。しかし，債務者Aには譲渡通知がされている。

では，本問のように保証人がいる場合には，<u>保証人にも譲渡通知が必要</u>であろうか。

(b) 保証人への譲渡通知は不要　　①保証債務に対応する債権は譲渡により移転しているのではなく，<u>随伴性により移転しており467条の直接適用はない</u>。②また，類推適用の必要性もない。なぜならば，保証人は弁済前に主債務者に対する確認を義務づけられるため（463条1項参照），主債務者にのみ通知を要求しておけば十分だからである。

従って，保証人Dによる債権譲渡の対抗要件不具備の主張は認められない。

> **【答案作成についてのコメント】**本問では，個人根保証の有効要件充足を確認した上で，確定前に保証債務が成立していて，債権譲渡に随伴して移転するのかを検討する。付随的な論点として，主債務者への譲渡通知以外に保証人への譲渡通知が必要なのかも検討すべきである。

2　[設問1] 後段について

> **【出題趣旨】**[設問1] 後段は，共同保証人間の求償について，これが認められていること，またその要件について確認し，根保証の確定前であり，また，個人会社の経営者が共同保証人になっている場合の特殊性も含めて検討することを求める問題である。

(1) 共同保証人間の求償権

(a) 共同保証人間の求償を認めた――その根拠　　共同保証人の1人が保証債務を履行すれば，その保証人は主債務者に対して求償権を取得する（461条）。しかし，保証人が履行するような状況である以上，主債務者への求償は期待できな

い。そうすると，共同保証人の中で弁済をした者が，主債務者からの求償不能の
リスクを負担することになり，公平ではない。そのため，民法は，共同保証人間
に固有の求償権を認めて，<u>共同保証人が公平にこのリスク負担を分かつ</u>ようにし
た（465条1項）。

（b）　共同保証人間の求償の要件

❶　全額の支払義務の負担　　共同保証人間の求償権が認められるためには，
まず主債務が不可分であるか又は各共同保証人が全額の弁済をすべき旨の特約が
あることが要件になる。後者には，保証連帯の場合だけでなく，連帯保証の場合
も含むものと考えられている。

❷　負担部分を超えた弁済をしたこと　　そして，全額又は自己の負担部分
を超えた額の弁済をしたことが必要である（465条1項）。「自己の負担部分」が
どう決められるのかについては，何も規定されていない。保証人間で自由に決め
られるが，受けた利益によるのが公平である。それが不明な場合は平等というこ
とになる。

（2）　**本問について**

（a）　共同根保証である

❶　負担割合について——極度額を考慮すべき　　本問の特殊性は，まず共
同根保証である点にある。また，確定前でも保証債務が成立する個別保証集積型
の事例と認められるため，確定前でも共同根保証人の1人が弁済し，他の共同根
保証人への求償が問題になる。負担割合については合意がないが，極度額がB
400万円対D100万円とされており，公平の観点から，負担を覚悟した金額が異
なる点を考慮して，4対1の負担割合と考えるべきである。

❷　確定前の求償　　また，確定前であるため主債務額が確定していないの
で，負担割合を超えた弁済をしたかどうかが未だ決められない。解決方法として
は，①支払われた額を基準にする――100万円を4対1なので，DのBに対する
80万円の求償権が成立――，②確定前は一切求償を認めず，確定した時点で求償
権を成立させる――確定時に主債務がなければ，DのBに対する80万円の求償
権がその時点で成立――という2つが考えられる。①が公平と言えようか。

（b）　**個人会社の債務についての経営者保証という特殊性の考慮**

❶　個人会社であれば経営者が全て負担すべき　　次に，受ける利益という

点を考えると，BとDとでは全く異なっている。BはAの経営者として，Aが融資を受けることにより利益を受けるが，Dにはそのような事情はない。更にいえば，法人格否認が認められるほどの個人企業であるならば，A＝Bとでもいうべき法律関係である。実質的には保証人はD1人とさえいってもよい。

❷　**負担についての黙示の特約**　　このことから，解釈によりBに100％の負担部分を認める，又は，Bが100％負担する黙示の特約——BがDに保証人になることを依頼する際には，絶対に迷惑をかけないと説明をしている——を認めることが考えられる。そうすると，DはBに対して100％＝100万円全額の求償が可能となる——確定を要しない——。

【答案作成についてのコメント】BD間の求償については，まず民法の共同保証人間の求償規定を確認した上で，根保証の特殊性，更には経営者保証ということを考慮した解決をはかるべきである。

3　［設問2］について（配点は35点）

【出題趣旨】　［設問2］は，共同保証人の1人が債権者により免除を受けた場合における，他の共同保証人の保護について考えてもらう問題である。また，あわせて保証人が主債務者の主張できる事由を援用できることを，担保責任について検討してもらう問題である。

(1)　共同保証人の1人に対する免除

(a)　**問題点**

㋐　**債権者の行為により不利益を受ける**　　先に見たように，共同保証においては，主債務者からの求償不能のリスクにつき，共同保証人間に求償権を認めることにより公平な負担が保障されている。ところが，債権者が，共同保証人の1人を免除すると，残された保証人の単独保証になり，この者の弁済で他の保証人（元保証人）が共同の免責を受けたわけではなく，共同保証人間の求償権が認められなくなる。自己の関わり知らない債務者の行為により，残された保証人が不利益を受けることになる。

㋑　**弁済者代位には504条がある**　　類似の事例としては，担保負担者間の弁済者代位につき，債権者が抵当権や保証人を免除することにより代位の期待を害する事例が考えられ，残された保証人や物上保証人らは代位できた分につき免責を受けることになる（504条）。ところが，465条に関しては，504条のような免責制度による共同保証人の保護は用意されていない。

⒝　共同保証人の保護

　⑺　**改正前**　改正前は，連帯債務について免除の絶対効が認められていたため（旧437条），この規定を共同保証人間に適用（流用ないし転用）して，残された共同保証人の保護を図ることができないかが検討された。しかし，判例は，この点，共同保証人間に連帯関係――いわゆる保証連帯――がなければ，旧437条は共同保証人間には適用されないとして，共同保証人の免責を否定した（最判昭43・11・15民集22巻12号2649頁）。

　⑼　**改正法**　改正法は，旧437条を削除し，連帯債務における免除の絶対効を否定した。類推適用ないし転用を考えていた頼みの綱がなくなったのである。しかし，改正法では，504条が適用できるようになった。すなわち，501条2項括弧書は共同保証人間においても弁済者代位――債権者が他の共同保証人に対して有する保証債権の代位取得――を認め，<u>被保全債権を主債務者に対する求償権ではなく，共同保証人間の465条1項の求償権にした</u>のである。

　いずれにせよ，弁済者代位ができるのであるから，504条が適用できることになる。この結果，Gの保証債務は，DG間の負担部分が平等であるとすると，200万円の保証債務のうち100万円が免責され，100万円の保証債務になる。

⑵　主債務者の抗弁の援用

⒜　主債務者の権利

　⑺　**担保責任についての権利を取得**　FA間の製作物供給契約――請負と分類しておく――において引き渡された甲機械に不適合があったため，注文者Aは請負人Fに対して担保責任を追及することができる（559条，562条以下）。

　⑼　**主張できる権利**

　　❶　**修補請求権**　担保責任に基づいて，AはFに対して修理を求めることができる（559条，562条）。規定はないが追完義務が仕事完成義務の縮減したものであり，633条が適用され先履行になるため――異質説では，533条の類推適用――，信義則上軽微な不適合ではない限り，注文者は代金の全額支払を拒絶できる。請負人が拒絶をしていても，❷❸を選択しない限り，この抗弁権は存続している。

　　❷　**代金減額請求権**　Fは，これ以上は修理できないと拒否をしている。そのため，直ちに代金減額請求が可能である（559条，563条2項2号）。代金減

額請求権は形成権であり，この行使により追完請求権と代金減額の選択関係であったのが，代金減額の効力が発生し追完請求権は消滅することになる。

❸　修補に代わる損害賠償請求権　また，買主は修補に代わる損害賠償請求権も取得する（559条，564条）。修補に代わる損害賠償請求権は不適合のある目的物の引渡しと同時に成立するのか，売主の追完権保障のため，催告して相当期間経過などの時点で初めて成立するのかは問題になる。いずれにせよ，563条を類推適用するなど，請負人の修補権が保障されるべきである。

（b）**保証人による援用**　保証人は，主債務者が主張できる抗弁をもって債権者に対抗できる（457条2項）。ただし，相殺権，取消権また解除権については，それにより主債務者が債務を免れるべき限度において，<u>履行を拒絶できるだけ</u>である（同3項）。

❶　損害賠償請求権　収入減による損害50万円は修補に代わる損害賠償請求権ではないので，次の代金減額の対象にならず，相殺を援用して支払を拒絶することができるだけである（457条3項）。

❷　代金減額請求権　他方で，20万円の代金減額請求権については，相殺の抗弁のように，主債務者が代金減額請求できることを抗弁として援用することができる（457条3項類推適用）。

（3）　本問の結論

（1）に述べたように，①504条により200万円の保証債務につき100万円が免責され，保証債務は100万円になる。②残された100万円の保証債務について，（2）にみたように，合計70万円（営業損害の賠償請求権50万円＋代金減額20万円）は支払を拒絶できることになる。結局，Gは残りの30万円を支払えばよいことになる。③更には，修補との同時履行の抗弁権を援用して，全額の支払を拒絶することもできる。この抗弁権は，主債務者Aが，代金減額又は代金減額的損害賠償を選択したならば消滅する（以上につき☞【図2】）。

【図2　根保証人Gの主張しうる事由】
I．Dの免除について
　①Gの保証債務→200万円
　②504条による免責→100万円へ
2．Aの担保責任に基づく権利の援用（残り100万円について）

---

①修補との同時履行の抗弁権（457条2項）　残り100万円全額の支払を拒絶できる（主債務者Aが②⑥を選択したら消滅する）

②それ以外の権利（457条3項［類推適用を含む］）

　ⓐ50万円の営業損害の賠償請求権　50万円につき代金との相殺できることの抗弁権（457条3項）。代金減額的損害賠償請求権も含めて70万円とすることも可能（⑥と選択関係）

　ⓑ20万円の代金減額請求権　20万円につき代金減額できることの抗弁権（457条3項類推適用）

【答案作成についてのコメント】共同保証人の1人が免除された場合の問題点をまず確認して，Gの保護について検討をすべきである。改正法では弁済者代位が確認的に規定されたので，504条による免責を論じるべきである。その上で，残った100万円の保証債務について，主債務者が持つ損害賠償請求権や代金減額請求権について，主債務者の主張できる事由を援用できることを論じるべきである。

4　[設問3] について（配点は35点）

【出題趣旨】　[設問3] は，主債務についての確定債権化の保証債務への効力，また，主債務者の免除，主債務者の解散による法人格の消滅，これらの保証債務への効力を検討してもらう問題である。

(1)　Hの解散・法人格の消滅

(a)　問題点

(ア)　**保証債務の付従性による消滅の主張**　Hが解散して法人が消滅すれば，Hに帰属していた権利・義務は清算された上で消滅する。そうすると，付従性により保証債務も消滅しそうである。こうして，まず，ABは，付従性による保証債務の消滅を援用することが考えられる。

(イ)　**このような事態のための担保**　しかし，まさにそのようなときのための保証であり，主債務者が倒産して，物上保証人の設定した抵当権や保証債務が付従性で消滅するということは，債権者の想定していないことである。しかし，結論はそうだとしても，法人は消滅しているので，どう保証債務の存続を説明するのかが問題になる。

(b)　**支払約束をしたAについて**　まず，支払約束をしたAについては，主債務者を免除する際に保証人が必ず支払うことを約束した事例についての判例が参考になる。最判昭46・10・26民集25巻7号1019頁は，「主たる債務につき免除

があった部分につき付従性を有しない独立の債務を負担するに至ったものというべく，同人が負担していた連帯保証債務は右の限度においてその性質を変じた」という。Aについては，この理論が当てはまる。

(c) Bについて——学説の状況

(ア) 判例は主債務の消滅を認める　最判平15・3・14民集57巻3号286頁は，「会社が破産宣告を受けた後破産終結決定がされて会社の法人格が消滅した場合には，これにより会社の負担していた債務も消滅するものと解すべきであり，この場合，もはや存在しない債務について時効による消滅を観念する余地はない」と判示している。主債務が消滅するが保証債務が存続することを認めるようであるが，理論的な説明が明確ではない嫌いがある。

(イ) 学説による説明　学説では，①法人は残債務の主体たる範囲で法人格が存続し，保証債務は存続すると考える立場が有力である。②しかし，判例のように主債務の消滅を認めつつ，保証債務の存続を認める立場もある。保証債務はいざというときには独立債務に形を変えて存続するものと考えることになる（保証契約自体にそのような特約が含まれている）。いずれにせよ，ABの付従性による保証債務の消滅の主張は認められない。

(2) 保証債務の消滅時効の援用

(a) 完成猶予・更新についてのみ規定あり（457条1項）

(ア) 事案の確認　主債務者Hについては確定判決があり，5年の時効期間（166条1項1号）が，確定債権として10年の時効期間に変更された（169条1項）。しかし，保証人ABは被告にはなっておらず，保証債務に対応する保証債権については確定債権化されていない。そうすると，時効の完成猶予また更新は，相対効が原則であり（153条1項～3項），規定はないが確定債権化も同様である。

(イ) 完成猶予・更新には特別規定あり　主債務についての時効の完成猶予及び更新については，相対効の原則に対する例外として保証債務にもその効力が及ぶことが規定されている（457条1項）。ところが，確定債権化はそこに列挙されていないため（2017年改正法も同様），その時点から再進行したABの保証債務の時効期間は5年のままであり，5年の経過により時効が完成していることになりそうである。そのため，ABは，保証債務の時効を援用することが考えられる。

(b) 457条1項の趣旨より解釈により保証債務も確定債権化

(ア)　**判例は保証人への効力を認める**　　しかし，最判昭43・10・17判時540号34頁は，「457条1項は，<u>主たる債務が時効によって消滅する前に保証債務が時効によって消滅することを防ぐための規定であり</u>，もっぱら主たる債務の履行を担保することを目的とする保証債務の付従性に基づくものであると解されるところ，民法174条の2〔旧法。改正169条〕の規定によって主たる債務者の債務の短期消滅時効期間が10年に延長せられるときは，これに応じて保証人の債務の消滅時効期間も同じく10年に変ずるものと解するのが相当である」と判示する。

　(イ)　**どう根拠付けるか**　　被担保債権が残っているのに，そのための担保だけ独立して先に消滅することを認めないという趣旨が457条1項にはあり，これは抵当権についての396条の趣旨でもある。判例の解決はいわば457条1項の──ないしその趣旨の──類推適用であり，学説にも異論はない。そうすると，ABは10年過ぎなければ保証債務の時効を援用することはできず，Iの請求は認められることになる。

> **【答案作成についてのコメント】**本問については，主債務者が法人であり法人が解散して消滅したら保証債務はどうなるか，また，主債務が確定債権化した場合に，その効力は保証債務にも及ぶのかということを論じるべきである。

1 ［設問1］前段について

(1) Dの根保証契約は有効か

Eが債権譲渡により、それに随伴して保証人に対する債権を取得できるためには、Dの根保証契約が有効なことが必要である。

Dの根保証契約には書面がある（446条2項）。個人による根保証であるが、極度額の設定があるので有効である（466条の2第2項参照）。以上、Dは争うことはできない。なお、保証期間の定めは必要ではない。465条の3も適用にならない。

(2) 確定前に保証債務は成立しているか

根保証では、確定前に保証債務が成立しているのかは、根保証契約の合意の内容による。Dからは下記の①であると主張される。

①根抵当権のように確定時の債務を保証する根保証の合意ができる。この事例では、確定前に保証債務は成立しておらず、主債務について債権譲渡があっても、保証債権が随伴することはない。②他方で、主債務が発生するごとに保証債務が個別に発生する根保証も合意できる。この事例では、確定前に主債務に対応する保証債務が成立しており、債権者はこれを行使でき、また主債務についての債権譲渡に随伴する。

民法はいずれと推定する規定を置いておらず、個別事例ごとに契約解釈によっていずれかが決められるべきである。判例は②と推定しており、当事者の合理的な意思としては、②の合意と考えるべきである。従って、EはDの保証債務つきで債権を取得し、これを行使することができる。

2 ［設問1］後段について

(1) 共同保証人間の求償権が認められる

BDは共同根保証人である。確定前に、Dが100万円を支払った場合に、DはBに求償をすることができるであろうか。

民法は、主債務者からの求償不能のリスクを共同保証人間に公平に負担させるべきであり、弁済した保証人に他の保証人への求償権を認めている（465条1項）。これは、公平の観点から認められた特別の権利であり、要件は2つである。①各保証人が全額弁済すべき特約が必要であり、連帯保証も含まれる。②そして、自分の負担部分を超えた弁済をしたことが要件であり、超えた部分のみ求償できる。

(2) 本問ではどう考えるか

負担部分については、公平の観点から、極度額に応じてB4対D1の割合と解すべきである。

(a) **確定前の根保証である**　　総額は確定しなければ分からないので、負担割合を超えた金額を支払ったかどうかは、まだ分からない。しかし、公平の観点から、確定前でも、支払った金額を基準として求償を認めるべきである。そうすると、DはBに対して、80万円の求償が可能になる。

（b）　Bは個人会社の経営者保証人であること　　ただし、Bが個人会社の経営者であることを考慮すると、異なる解決も考えられる。

Bは A の個人経営者であり、A が融資を受けることにより利益を受けている。D は B の兄にすぎず、A の経営には無関係である。また、A が支払えなくなっても経営につき責任があるわけではない。このことを考えれば、公平の観点から、B が 100 ％負担すべきである。さらにいえば、B は D に依頼する際に絶対に迷惑をかけないと説明しており、負担部分の合意がされていると認めることができる。

以上のように解すると、D は B に対して全額の求償が可能である。

3　［設問2］について

（1）　FによるDの債務免除による免責の主張

（a）　共同保証人間の求償ができなくなる　　G は 200 万円を支払ったならば D に 100 万円の求償ができた（465条1項）。ところが、D が免除され G が単独保証人になっている。この後に G が弁済しても、D は共同保証人ではなく、この弁済により共同の免責を受けていないので、D に求償できない。

（b）　Gの保護の必要性　　そうすると、G は主債務者 A からの回収不能のリスクは 100 万円のみと考えていたのに、自分の関わり知らない債権者 F の行為により、全面的な負担（200 万円）にさせられてしまい不合理である。債権者に不利益を負担させ、G を保護する必要がある。では、どのように G の保護を図るべきであろうか。

（c）　G保護の方法　　共同保証人間の DG 間でも、501条2項括弧書により弁済者代位が可能である。保証債権も代位の対象になりうる。これを放棄したのは、担保保存義務違反になる。そうすると、F の D に対する免除により G は保証債務につき 100 万円を免責される（504条）。

（2）　主債務者の抗弁の援用

（a）　主債務者の抗弁の援用　　保証人は主債務者の主張できる抗弁を援用でき（457条2項）、取消権などについても、その存在を抗弁権として援用できる（同3項）。

（b）　主債務者AのFに対する権利の援用　　①修補請求権が成立しており（559条、562条）、A は追完まで代金全額の支払を拒絶でき、保証人 D もこの拒絶権を行使できる（457条2項）。信義則上軽微かどうかは微妙である。②また、F が拒絶はしているので、主債務者 A は即時に代金の減額を請求できる（559条、563条2項1号）。③さらに主債務者 A は休業損害 50 万円、また修補に代わる 20 万円の損害賠償請求（416条1項）ができ、D は相殺を理由に履行を拒むことができる（457条3項）。④契約解除までは認められず（541条ただし書）。D は 457 条 3 項を援用できない。

（c）　保証人Gのなし得る主張のまとめ　　①修補がされるまで免責を受けた残額 100 万円の支払を拒絶できる。

②残りの 100 万円についても、ⓐ代金減額できることについて、457 条 3 項の類推適用により拒絶権が認められる。ⓑ代金減額的損害賠償請求権 20 万円を選択し、営業損害 50 万円の損害賠償請求権と合わせて 70 万円について主債務者が相殺しうるこ

とを援用して、支払を拒絶できる（457条3項）。

4　［設問3］について
(1)　Hの法人格消滅による主債務の消滅
　Iからは、ABに対して保証債務の履行として、主債務200万円（利息は考えない）の支払を求めることが考えられる。これに対して、ABからは、主債務者たる会社が解散し法人格を失い、主債務が消滅したこと、そして、保証債務も付従性で消滅したことが援用される。これに対する、債権者Iからの反論を考えてみたい。

　(a)　Aについて　　先ず、Aについては、Aは必ず自社が責任をもって支払うことを約束している。このことによりAは付従性のない独立した債務を負担したと考えるべきである（判例）。従って独立債務なので、主債務者Hが解散しても影響はない。

　(b)　Bについて　　次にBであるが、BはAのような約束をしていない。しかし、そもそも保証債務は初めからこのような事態のための債務として約束されていると解すべきである。当初から、このような場合に独立債務として存続することが合意されていると考えることができる。BはHの代表取締役であり、第三者保証人ではなく、このような合意をしていたものと認めるべきである。これはAも同様である。

　(c)　結論　　ABいずれの保証債務も、Hが解散し主債務が消滅しても、独立債務として存続し、債権者Iは、ABに対して独立債務の履行を求めることができる。

(2)　消滅時効の援用について
　Hの主債務は事実14の判決の確定により、確定債権となり時効期間は10年になっており（169条）、その後5年経過しているが、時効は完成していない。これに対して、ABの保証債務ないし独立債務は時効期間が5年のままで（166条1項1号）、既に時効が完成しているとして、ABが時効を援用することが考えられる。

　(a)　時効の完成猶予及び更新　　債権者Iからは、主債務について訴訟提起・判決の確定により、完成猶予・更新の効力が生じていること（147条1項2号）、また、その効力は保証債務にも及ぶことが（457条1項）援用される。これはその通りであり、ABの保証債務にも更新の効力が及んでいる。

　(b)　確定債権化について　　そうだとしても、それから、Aについて事実15の合意があってから5年が経過している。主債務は確定債権化しているが、主債務者の解散により消滅している。その後、ABの債務は独立債務として存続しているが、その時効期間は原則通り5年であろうか。

　主債務の確定債権化の効力は保証債務にも及ぶと考えられている（判例）。被担保債務より先に担保が消滅することを否定する457条1項の趣旨からして妥当な解決である。また、その趣旨が更に独立債務にも及ぶと解すべきである。ABの独立債務は未だ時効が完成していないことになる。

　以上より、AB共に独立債務の時効の援用は認められない。

以上

次の文章を読んで、後記の［**設問1**］、［**設問2**］、及び［**設問3**］に答えなさい。（配点：100点〔［設問1］、［設問2］及び［設問3］の配点は、30：35：35〕）

【事実Ⅰ】

1.　A（株式会社）は土地と共にその地上の甲建物（5階建て鉄筋コンクリート）を所有しており、2024年4月1日、甲建物を、B（株式会社）に同年4月から期間を定めることなく賃貸した（以下、「本件賃貸借」という）。賃料は月200万円とされ、前月末の支払と約束されている。

2.　Aは、同年5月15日に、4000万円の借入金のあるC（株式会社）に、本件賃貸借の5月末支払日の6月分の賃料から1年8か月分（20か月分）の賃料債権を譲渡し（以下、「本件債権譲渡」という）、AからBに対して本件債権譲渡につき、内容証明郵便により同日の日付で譲渡通知が発送され、翌日にこれはBに配達された。譲渡通知には、翌6月分の賃料からは、Cの口座に賃料を振り込むよう指示がされている。

3.　本件賃貸借においては、Bから求められて、賃料債権の譲渡また質入れを禁止する条項（以下、「譲渡禁止特約」という）が置かれている。Cは、本件債権譲渡に際して、Aから賃貸借契約書のコピーを受け取って読んでおり、譲渡禁止特約が付けられていることを知っていた。しかし、Cは民法改正で譲渡禁止はできなくなったと聞いていたため、譲渡を受けたものであった。

4.　Bは、譲渡禁止特約があるので、譲渡通知を受けたにもかかわらず、5月末に6月分の賃料をAの従前の口座に振り込んだ。これに対して、CはBに対しては異議を述べ、7月分からはCの指定口座に振り込むよう求めた。

5.　同年6月下旬、Aに対し2000万円の金銭債権を有するDは、AのBに対する甲建物の賃料債権を、6月末の7月分の賃料から2000万円に満つるまで支払を受けるために差し押さえてきた（民事執行法151条）。裁判所による差押通知は、AまたBに送達された。DがAの債権者として、6月末に

Bに対して7月分の賃料の支払を求めたため、Bは7月分の賃料をDに支払った。

[**設問1**] 【事実Ⅰ】を前提として、本件賃貸借における、①6月分の賃料、②7月分の賃料について、Cは、ABまたDに対してどのような法的請求をすることができるか検討しなさい。

【事実Ⅱ】

【事実Ⅰ】1〜3の後に、以下の事実があった。

6. Aは、Cへの本件債権譲渡と同日の5月15日に、2000万円の借入金のあるE（株式会社）に、5月末を支払期日とする6月分の賃料から10か月分の賃料債権を譲渡し、同日の日付の内容証明郵便により譲渡通知を発送し、これは翌日にBにCへの譲渡通知と同時に配達された。

7. Eも、本件賃貸借には賃料債権につき譲渡禁止特約があることを知っていた。Bは、Cから6月分の賃料の請求を受けたため、Eへの譲渡通知も受けていたが、Cが先に自分が譲り受けたと主張するので、5月末にCに6月分の賃料200万円を支払った。

8. Eは、Cへの二重譲渡の事実また6月分の賃料が既にCに支払われた事実を知り、賃借人Bに対して7月分からは必ず自分に支払うよう求めた。

9. これに対して、Bが、Eは譲渡禁止を知っていたことを理由にEへの支払を拒絶した。Eは顧問弁護士に相談して、Bに対して7月分以降はAに賃料を支払うよう求め、また、支払期日から3日過ぎてもAに支払わない場合にはEに支払うよう求めた。しかし、Bは、その5日後にこれに従わず7月分の賃料をAに支払った。

[**設問2**] 【事実Ⅰ】1〜3及び【事実Ⅱ】を前提として、本件賃貸借における、①6月分及び7月分の賃料について、EのBまたCに対してなし得る法的請求、また、②8月以降の賃料について、EのBに対してなし得る法的請求について検討しなさい。

【事実Ⅲ】

【事実Ⅰ】1〜3の後に、以下の事実があった。

10. Bは、6月分の賃料からCに賃料を支払っている。Bは事業を縮小するため、甲建物での営業を取りやめることにしたが、将来また事業状況がよくなればまた甲建物での事業を再開することを考えて、同年7月に、甲建物をF（株式会社）に2年の期間でもって月額賃料220万円で同年8月から賃貸（転貸）する契約を締結した（賃料は前月末の支払約束）。

11. BF間の賃貸借契約には賃料（転貸料）債権の譲渡禁止特約は付けられていない。Bは事業資金を獲得するために、同年8月20日に、G（信用金庫）から1000万円の融資を受け、その担保としてBのFに対する9月以降の賃料債権2年分を譲渡した。

12. BのGに対する上記の賃料債権譲渡については、同日にBからFに内容証明郵便により譲渡通知が発送され、これは翌日に到達した。この譲渡通知には、GによるFへの譲渡担保権の実行通知がなされるまでは、Bに賃料の支払をなすべきことが付記されている。

13. 9月の賃料分から、Fは、債権者Gに対する債務となったが受領権限が認められたBに賃料の支払をしている。他方、同年12月の賃料からBがCに賃料の支払を滞納するようになった。

14. 2025年1月にBはGに対して借入金の返済ができず、GはFに対して譲渡担保権の実行通知をして、1月末の2月分の賃料からは自分に支払うよう求めた。

[設問3] 【事実Ⅰ】1〜3及び【事実Ⅲ】を前提として、2025年1月末に、CはFに対してどのような法的請求をなしうるか、その法的根拠として314条と613条を考え、Gとの法律関係またFからの法的主張も考慮しつつ検討しなさい。

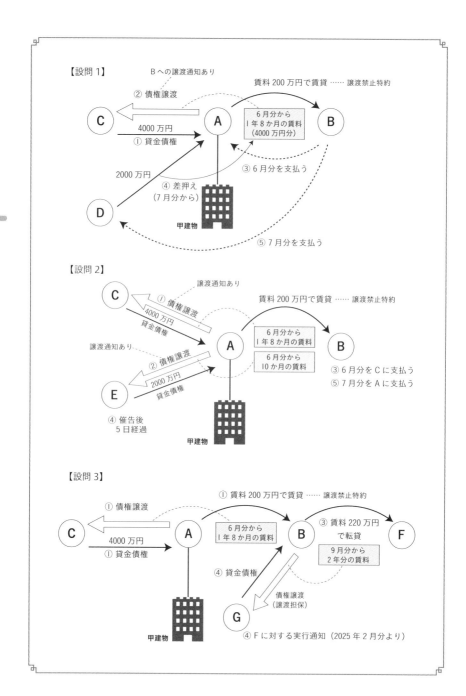

解説・答案作成の指針

130

○ 言及すべき点及び論点 ○

1 ［設問 1］について
(1) 将来債権の譲渡
①将来債権譲渡の有効性（重要度 A）
②将来債権譲渡の法的構成（重要度 C）
③将来債権譲渡の対抗要件（重要度 A）
(2) 譲渡禁止特約について
①譲渡禁止特約の効力
ⓐ債権的効力はある，債権者固定の利益（重要度 A）
ⓑ物権的効力はなく，悪意の譲受人も債権取得（重要度 A）
②悪意の譲受人について
ⓐ債務者の履行拒絶権（重要度 A）
ⓑ譲渡人を債権者とみなす権利（重要度 A）
ⓒ譲受人の権利──譲渡人への支払請求権とその効果（重要度 A）
(3) 劣後する差押債権者との関係
(a) 対抗関係
①債権譲渡が優先する（重要度 B）
②債務者は悪意の譲受人への拒絶権あり（重要度 B）
(b) 差押債権者に対する権利
①差押債権者には譲渡禁止の効力は及ばない（重要度 B）
②差押債権者への弁済は譲渡人への支払と同視されるか（重要度 B）

2 ［設問 2］について
(1) 債権の二重譲渡の優劣
①対抗要件は何か（重要度 A）
②証書の日付と到達のいずれが基準か（重要度 A）
(2) 優劣決定ができない場合
①譲受人間では優劣は決められない（重要度 A）
②いずれもそれ以外の第三者また債務者には対抗できる（重要度 A）
③債務者はいずれに支払っても免責される（重要度 B）
④支払後の分配請求権（重要度 B）
(3) 供託金について
①供託の有効性
②差押えが競合した場合の法律関係

3 ［設問 3］について
(1) 転貸料債権への効力
① 613 条の直接訴権（重要度 B）
② 314 条の先取特権（重要度 B）
(2) 転借人の主張しうる権利
①悪意の譲受人への拒絶権（重要度 B）
②譲渡人 A に支払えるのか（重要度 B）
(3) 転貸料債権の譲受人との関係
① 613 条の直接訴権との対抗関係（重要度 B）
② 314 条の先取特権との対抗関係（重要度 A）

解説及び答案作成の指針

1 ［設問 1］について（配点は 30 点）

【**出題趣旨**】 ［設問 1］は，譲渡禁止特約付きの債権が譲渡された場合の法律関係について考えてもらう問題である。あわせて将来債権の譲渡について，有効性また対抗要件具備について確認をすることが求められている。民法の規定の確認をしてもらうだけの問題である。

⑴　将来債権譲渡の有効性・対抗要件具備

　⒜　有効性

　　㋐　将来債権譲渡も有効　　AがCに譲渡したのは，AのBに対する将来の賃料債権である。将来の債権を発生前に予め譲渡することができることは，既に改正前から解釈により認められており，改正法はこれを明記した（466条の6第1項）。しかし，将来債権が有効なことを明記しただけで，有効になるための要件については明記せず，解釈に委ねられている。

　　㋑　将来債権譲渡の有効要件　　かつて判例により，特定の基準が定められていること，発生の確実性，かつ，それほど遠い将来の債権ではないことといった3つの要件が設定されていた（最判昭53・12・15判時916号25頁）。この点はその後に変更され，特定に必要な基準が設定されていればよいことになった（最判平11・1・29民集53巻1号151頁）。必要ならば公序良俗違反（90条）で規制すればよいことになっている。この判決は，改正後も先例価値が認められる。

　⒝　対抗要件具備——譲渡の法的構成　　また，未だ発生していない債権を発生前に譲渡する意味は，先に包括的に対抗要件を具備しておくことにある（467条1項括弧書）。対抗要件具備も，将来債権譲渡の法的構成の理解により異なる。

　　㋐　2つの理解の可能性

　　　❶　個別債権の包括的な譲渡　　先ず，あくまで個々の債権を予め包括的に譲渡するものと理解し，467条1項また2項の債務者また第三者に対する対抗要件は，当初の包括的な債権譲渡——集合物は1つの物とされるが，集合債権は1つの債権とはされない——により，包括的な対抗要件具備が認められる。467条1項括弧書は，債権成立前に対抗要件だけ具備をすることを認めている。個々の債権は，将来発生すると同時に移転し移転時に対抗力が生じるが，仮登記のように順位保全が認められるのである。

　　　❷　個別債権の発生の元となる権利の譲渡　　他方，債権を発生させる源となる権利を想定してその移転を認める考えもあり，その元になる権利が譲受人に移転しているため，譲受人の下で個々の債権が発生していくことになる。従って，将来の個別債権の移転ではなく，その発生の元となる権利の譲渡について対抗要件具備を認めることになる（正確には467条の類推適用）。

【図 I 　将来債権譲渡の法的構成】

	個別債権の包括的な譲渡	債権の発生の元となる権利の譲渡
1. 何を譲渡しているのか	将来の個々の債権（譲渡予約）	債権を取得する法的地位
2. 個々の債権の移転	発生と同時に移転	譲受人の元で個々の債権発生
3. 対抗要件	個々の債権譲渡の包括的譲渡	債権を取得する法的地位の移転

　(イ)　**判例及び改正法の立場**　　判例は明確ではなく，最判平 13・11・22 民集 55 巻 6 号 1056 頁は，「将来生ずべき債権を一括して……する……譲渡について第三者対抗要件を具備するためには，指名債権譲渡の対抗要件（民法 467 条 2 項）の方法によることができる」というだけである（❷ではないといえる）。改正法も「発生した債権を当然に取得する」と規定するだけで（466 条の 6 第 2 項），この点は解釈にまかされている。

　(c)　**本問へのあてはめ**　　本問では，甲建物の賃料で 6 月分の賃料から 1 年 8 か月分と特定されているので，(b)(イ)で述べた特定性の要件を充たしている。そして，特に公序良俗に違反している事情は認められない。従って，本件債権譲渡は有効である。また，内容証明郵便により債権譲渡通知がされており，債務者また第三者に対する対抗要件は具備されている（467 条 1 項，2 項）。

(2)　譲渡禁止特約の効力

　(a)　**物権的効力はない**　　ところが，本件債権譲渡の対象である賃料債権については，AB 間の賃貸借契約において，債権譲渡を禁止する条項が規定されており，A はこれに違反して債権譲渡をしている。C は債権を取得できないのであろうか。この点，改正法により劇的な変更が加えられた。

　(ア)　**改正前は物権的効力説**　　改正前は，物権法定主義が適用になる所有権とは異なり，債権については，譲渡により移転させることができない――相続性は否定されない――債権も合意で創造することができると考えられていた（**物権的効力説**）。そのため，譲渡がされて無効であり，ただ取引安全保護のために特約の対抗不能という形で譲受人を保護していたにすぎない（旧 466 条 2 項）。

　(イ)　**債権的効力説に変更**　　ところが，改正法は，債権の給付内容については契約自由の原則（521 条 2 項）があてはまるが，物権に限らず第三者にかかわる財産権の「帰属」についての合意は自由にはできないのが原則であり，債権的拘束力が認められるにすぎないという考え（**債権的効力説**）に転換した。即ち譲

渡禁止特約があっても，譲渡の効力には影響はないと規定された（466条2項）。この結果，Cは悪意であろうと有効に賃料債権を取得することになる。

【図2　債権譲渡禁止特約の効力】
I. 債権の移転（物権的効力の否定）　　制限されない（譲受人が悪意でも債権を取得できる）
2. 債務不履行になる（債権的効力の肯定）　　譲渡した債権者は債務不履行責任を負う
3. 悪意（重過失）の譲受人に対する債務者の保護　　＊466条4項により①②は排除される
　①履行拒絶権（466条3項）
　②譲渡人に対する弁済権（同上）
4. 譲受人の保護　　供託権（466条の2第1項）　　＊譲受人の悪意不要

（b）　**譲受人が悪意の場合——債務者の権利**　　ところが，債務者の債権者を固定する利益（債権者変更をめぐる煩雑な事務の回避，誤った弁済のリスクの回避）を保護するために，改正法は，譲受人が譲渡禁止条項を知っていたか又は重大な過失により知らなかった場合（悪意又は善意重過失）には，債務者に以下の2つの主張を認める（☞【図2】3①②）。

　❶　**債務者の履行拒絶権**　　まず，債務者は，「譲受人その他の第三者に対して」その債務の履行を拒むことができる（466条3項）。譲受人の悪意又は重過失は，債務者に証明責任がある。

　❷　**譲渡人に対する弁済等の対抗**　　また，譲渡人に対する弁済その他の債務を消滅させる事由を，債務者その他の第三者に「対抗することができる」ことにした（466条3項）。譲渡人に弁済するだけでなく，譲渡人から免除を受ける，譲渡人と和解をする，混同，更には譲渡人の権利不行使により時効が完成する——譲受人は拒絶権の対抗を受けるが466条4項の請求ができる——などの主張ができる。

　（c）　**本問についてのまとめ**　　事案は【図3】のようである。

【図3　時系列による本件事案の整理】
I. 5月にCへの債権譲渡がなされる
2. 6月分の賃料　譲渡人Aに支払う
3. 7月分も賃料　差押債権者Dに支払う

　㋐　**6月分の賃料**　　本問では，Cが譲渡禁止特約を知っていたため，BはCの賃料の支払請求を拒絶して，Aに支払うことができる。従って，Aに支払っ

た6月分の賃料については，弁済により消滅しており（473条），Cは，Bに対して466条4項によるAへの支払も請求できない。Cは，Aに対してBから受領した賃料につき，不当利得返還請求権を取得するにすぎない。

　(イ)　**7月分の賃料**　　次に7月分の賃料であるが，Bは，譲渡人AではなくAの差押債権者Dに支払っている。これは有効であろうか。

　　❶　**譲渡禁止特約は差押えには対抗できない**　　譲渡禁止特約は債権者の差押えに対しては対抗できないので（466条の4第1項），Dの差押えまた支払請求は有効かのようである。しかし，そもそもCは，債権譲渡について第三者対抗要件を具備しており（467条2項），その後の差押債権者Dに賃料債権は自分が譲り受けており，Aはこれを有していないことを対抗できるのである。賃料債権をAが有しているとして，Dがこれを差し押さえることはできないはずである。

　　❷　**466条3項を債権者の債権者に対抗できるか**　　そうすると，Dの差押えは無効であり，BのDへ対する賃料の支払も無効となる。この点，466条3項を拡大して，Aの債権者Dに支払うこともできるということも考えられる——差押債権者は債務者の権利を行使——。しかし，これでは，債権譲渡の対抗を受ける債権者が差押えをすれば，対抗を受けることを回避できてしまう。やはり，譲渡人に「受領権」を与えるのではなく，債務者に「弁済権」を与える制度であり，債務者がそれへの支払を有効とできる者は，譲渡人に限られるべきである。

> **【答案作成についてのコメント】**本問では，将来債権の譲渡が可能なこと，対抗要件を包括的に具備しうることを確認した上で，譲渡禁止特約について議論すべきである。この点，改正法によりかなり法的扱いが変わったので，改正法の知識の確認が中心となる。差押債権者との関係は応用になり，また，466条4項の催告について，包括的に行うことが許されるのかも言及することが好ましい。

2　［設問2］について（配点は35点）

> **【出題趣旨】**　［設問2］は，債権の二重譲渡における優劣決定の基準，優劣決定ができない場合の法律関係，更に譲渡禁止特約がありいずれの譲受人も悪意である場合についての扱いを考えてもらう応用問題である。前者は典型論点であるが，後者を加味して応用問題を考える能力を試すことが意図されている。

(1)　債権譲渡の優劣決定

(a)　確定日付ある証書を要求

　(ア)　**フランス民法の当初の制度**　　同一の債権について債権譲渡が重複して行われた場合，その優劣は確定日付ある証書により決められることになっている

（467 条 2 項）。民法の債権譲渡の対抗規定は，フランス民法の当初規定——2016年改正で変更されている——を参考にしたものであるが，当時のフランス民法の規定では，債権譲渡通知は裁判所によることが「第三者」（債務者も含む）対抗要件とされていた。申立てができるのは譲受人であり，通知到達は執達吏が日時を記録するので，複数の譲渡通知があっても執達吏の配達記録記載の日時の先後により優劣が決められる。

　　(イ)　**日本民法は大きく緩和した**　　日本民法は，裁判所による譲渡通知制度とはせず，譲渡の事実に裁判所によるチェックが入らないため譲受人による通知は認めていない。譲渡人により確定日付ある証書によりなすことを必要としつつ（467 条 2 項），債務者に対する対抗については要件を緩和していかなる方式でもよいことにしている（467 条 1 項）。本来は通知の債務者への到達の日付を要求し，証書の日付の先後により形式的に優劣を決定できるようにするつもりであったのである。

　(b)　**優劣決定の基準**

　　(ア)　**到達日付が当然の前提**　　上記のごまかせないように到達日付を確定するという確定日付ある証書を要求した趣旨からは，配達された日時が証書に記載され，証書に記載された日付だけで形式的に優劣が決定されるはずであった。そのためには，証書により到達日付が確定されることが前提条件である。

　　(イ)　**判例は証書日付説を採用**　　ところが，公正証書で公証人に譲渡通知書を作成してもらう場合，作成の日付は記載してもらえるが，その後の配達される日付を書き入れることはできない。そのため判例はこの点を妥協し，到達日付によっていた当初の判例を変更し，証書の日付は作成日付でよいものとした（大連判大 3・12・22 民録 20 輯 1146 頁）。その結果，作成日付の付された証書でも第三者対抗要件を充たすことになったが，到達の先後を譲渡通知の書面の日付により決めることはできなくなった。

　　(ウ)　**証書の日付は無視し到達の先後で優劣を決定**　　そのため，改めて優劣は別に証書の日付を離れて，その実際の到達の先後で決めるものとされた（最判昭 49・3・7 民集 28 巻 2 号 174 頁）。この点は，改正法による変更はない。

(2)　**優劣決定ができない場合の権利関係**

　(a)　**同時到達なので優劣を決定できない**　　証書の日付ではなく到達の先後に

より優劣が決められるため，C と E への譲渡通知は同時に到達している本問では，優劣が決められない。そのため，CE は相互に対抗できないが，債務者及びそれ以外の第三者にはいずれも対抗できるという，複雑な法律関係になる。連帯債権のように 2 つの債権が絶対的に併存するのではなく，債務者との関係では CE いずれも債権が認められるという相対的次元で 2 つの債権が考えられるにすぎない。ただし，債務者は債権者の 1 人に弁済すればよいという点で，連帯債権に類似した関係になる（☞【図 4】）。

(b) 債権者の権利行使と債務者の立場

(ア) **いずれも権利行使を妨げられない** 最判昭 55・1・11 民集 34 巻 1 号 42 頁は，「各譲受人は，第三債務者に対しそれぞれの譲受債権についてその全額の弁済を請求することができ，譲受人の一人から弁済の請求を受けた第三債務者は，他の譲受人に対する弁済その他の債務消滅事由がない限り，単に同順位の譲受人が他に存在することを理由として弁済の責めを免れることはできない」「右債権の譲受人は第三債務者に対してその給付を求める訴を提起・追行し無条件の勝訴判決を得ることができる」という。

(イ) **債務者は二重弁済を強いられない**

❶ **二重の執行手続は避けられる** 同判決は，「右判決に基づいて強制執行がされた場合に，第三債務者は，二重払の負担を免れるため，当該債権に差押えがされていることを執行上の障害として執行機関に呈示することにより，執行手続が満足的段階に進むことを阻止しうる」という。いずれかに弁済する等の満足事由があれば，他の債権も消滅すると考えるべきであるが，手続法レベルにおいても二重執行は避けられることになる。

❷ **強制執行手続が競合すると分割債権になる** では，強制執行手続が競合するとどうなるのであろうか。滞納処分としての債権差押えの通知と確定日付のある債権譲渡の通知の債務者への到達の先後が不明で，債務者が債権者不確知を理由に供託をした事例であるが，最判平 5・3・30 民集 47 巻 4 号 3334 頁は，「差押債権者と債権譲受人は，公平の原則に照らし，被差押権額と譲受債権額に応じて供託金額を案分した額の供託金還付請求権をそれぞれ分割取得する」ものとした。二重譲渡の事例にあてはめると，連帯債権類似の関係であったのが，差押手続が競合すると分割債権へと変容することになる。供託がされていない事例でも分割債権になるのかは不明である。

【図4　債権の二重譲渡で優劣決定不能の場合】
1. 譲受人の権利行使　　いずれの譲受人も全額の権利行使ができる
2. 債務者の履行義務　　他に譲受人がいることを理由に支払を拒絶できない
3. 債務者の弁済の効力
　①全ての債権が消滅する
　②分配請求の可否（肯定・否定の両説あり）
4. 強制執行が競合した場合　　按分での配当になる（判例は分割債権とする）

　(c)　本問の6月分の賃料のCへの支払

　　㋐　Bへの賃料支払請求　　以上を本問にあてはめると、CとEとに賃料債権が二重に譲渡され、第三者対抗要件を同時に備えており、CEの債権譲渡の優劣は決められない。従って、賃借人BのCへの支払は有効であり、Eの債権も消滅する。この結果、EのBに対する6月分の賃料の支払請求は認められないことになる。

　　㋑　EのCに対する分配請求

　　❶　民法は敢て規定せず　　では、EはCが受け取った賃料200万円につき、1／2の100万円の分配を請求できるであろうか。連帯債務では求償ができることの裏返しとして、連帯債権でも債権者間での分配請求ができるのであろうか。民法は、この権利関係が連帯債権とされることも考え、この場合の分配請求については議論があるため——判例はない——、解釈にまかせる趣旨で、敢て連帯債権に分配請求権についての規定を置かなかった。

　　❷　学説は分かれる　　そのため解釈にまかされ、相互に債権取得を対抗できないので不当利得を問題にできない。そのため、①債権回収の自由競争にまかせ、分配義務を否定する、②公平の観点から頭割りでの（又は出捐の割合により）分配請求を認めるか学説は分かれる。ただ、②のように考えるのであれば、分割主義（427条）が原則なので、初めから分割債権にしないのは何故か、説明が必要になる。別々に支払う手間を避け、いずれかに全額を支払えばよいとする債務者の便宜を保護することに求められようか（後述の連帯債権の趣旨）。

⑶　7月分及び8月分以降の賃料について

　(a)　譲渡禁止特約について——請求を拒絶された譲受人の権利

　　㋐　デッドロック（膠着）状態　　本件賃料債権には譲渡禁止特約がついて

いる点は，どう考えるべきであろうか。譲受人が悪意でも債権譲渡の効力は生じているので，もはや譲渡人が自己への履行請求をすることはできない。他方で，譲受人も自己への履行請求ができない。そうすると，債務者は誰にも支払わなくてよいいわば<u>デッドロック（膠着）の状態</u>に陥ることになる。

　なお，BがAに支払えば，CEがいずれもAに対して不当利得返還請求権を取得し，連帯債権類似の関係になる。

　　(イ)　譲渡人への履行請求を認めた　　そこで，民法は，このデッドロックの状態を解消するために，譲受人に債務者に対して<u>譲渡人への履行請求</u>を認めた。即ち，譲受人は，債務者に対して，相当期間を定めて譲渡人への履行を請求することができ，その期間内に履行がなかったならば，債務者の466条3項の履行拒絶権・譲渡人への弁済等を有効とする効果が認められなくなるのである（466条4項）。

　(b)　**7月分の賃料**

　　(ア)　Eは自分への支払請求が可能になる　　7月分の賃料はBによりAに支払われている。BはCEのいずれにも支払うことができるだけでなく，466条3項によりAに支払うこともできるが，問題になるのは，Eが譲渡人Aへの支払を請求し相当期間が経過していることである。

　①Eは466条4項により，自分への支払請求ができ，Bの<u>Aへの弁済の対抗を受けない</u>。

　②ところが，BはCとの関係では466条4項の適用はない。<u>Cとの関係ではAに支払うことができる</u>。

　③では，BのAへの支払は，ⓐCとの関係では有効でありCの債権は消滅するが，ⓑEには対抗できず，Eの債権は存続し，以後はEのみが権利行使をすることができるのであろうか（【図5】参照）。

【図5　7月分の賃料】
1. Cへの譲渡とEへの譲渡は優劣を決められない
2. Eへの譲渡は，466条4項により446条3項の適用が排除される（Aへの弁済無効）
3. Cへの譲渡には，466条3項が適用される（Eの催告はCには効力が及ばない）
　①Cへの弁済は有効（Eにも対抗できる）
　②Aへの弁済は，ⓐCとの関係では有効，ⓑEとの関係では無効とされることになるか

　　(イ)　Cとの関係では依然としてBはAに支払える

❶ 2つの解釈の可能性　466条4項がEB間で適用になっても（【図5】2），CE間の権利関係には影響はなく，BはCに有効に弁済ができるままである（【図5】3①）。また，BはCとの関係では，466条3項が適用されたままであり，Aへの弁済は有効になる（【図5】3②）。では，BのAへの弁済につき，その効力は次のようになるのであろうか。

> **【図6　BによるAへの弁済の効力】**
> ①Cには対抗でき，Cの債権は消滅する（CはAに対する不当利得返還請求権取得）
> ②Eには対抗できず，Eの債権は存続し，EはBに7月分の賃料の支払を請求できる

❷ 債務者保護を優先すべきか　私的自治の原則からは，相対効が原則であり，上記の点につき特則規定はなく，また絶対効を認めるべき特段の事情もない。従って，466条4項の効果はEについてのみ生じ，【図6】②の結論で構わないようにみえる。しかし，CはAから受け取れ，EはBに対して支払請求できることになり，債務者Bは二重弁済を強いられる——ただし，Aに対する不当利得返還請求権を取得する——。債権譲渡では，極力債務者保護が図られるべきであり，②を否定しEの債権も消滅するという解決も考えられる。

(c)　**8月以降分の賃料**　8月以降の賃料について，Eのなした466条4項の包括的な催告が有効なのかが問題になる。

①各月の賃料について，各月に466条4項の催告をする必要があるのか，それとも，②包括的に466条4項の催告ができ，一度催告すればそれ以降の各月の賃料についても効力が及ぶのかという問題である。将来債権譲渡の場合には，予め包括的な手続をとる必要性が譲受人にはある。他方，債務者に各弁済期に手続がとられなければならないものとして，債務者を特に保護する必要性もない。そのため，これを有効と考えることができる。

この結果，8月以降は，期日より3日経過後は，Bは賃料をCに支払うことはできるものの，Aに支払った場合，(b)と同じ解釈になる。【図6】通りだと，Cとの関係では有効であるが，Eには対抗できないことになる。

【**答案作成についてのコメント**】本問では，債権の二重譲渡の事例につき，その優劣決定について考え，優劣決定不能の事例なので更にその場合の法律関係を議論しなければならず，この点が本問の中心論点である。そして，譲渡禁止特約がある場合に，いわゆるデッドロック状態が生じ，その解消のために466条4項が導入されていること，そしてそれを二重譲受人の1人が採った場合の法律関係を検討すべきである。

3 ［設問 3］について（配点は 35 点）

> **【出題趣旨】** ［設問 3］は，転貸借があった場合の，賃料債権について認められている直接訴権や転貸料債権についての先取特権に対する効力を，賃料債権の譲渡また転貸料債権の譲渡があった事例について考えてもらう応用問題である。更にあわせて譲渡禁止特約が付いていることから，転借人が譲受人の悪意を理由に 466 条 3 項を援用できるかという点も考えてもらう問題である（作業量の多い面倒な問題）。

(1) 転貸借がされた場合の賃貸人の権利

　CはAからBに対する賃料債権を取得しているが，転貸がされた場合，賃貸人には転借人に対する下記(a)(b)の 2 つの権利が認められているため，それらをCも取得することを確認する必要がある（☞(4)で検討する）。

　(a) **直接訴権**　　まず，民法が，賃貸人に，転借人に対する直接の権利（直接訴権）を認めている（613 条 1 項前段）。直接訴権の法的構成は議論されているが，賃貸人に転借人に対する直接の権利として構成する考え（直接権利説）が，条文の文言に素直であり一般的な理解である。転借人に対して，<u>賃貸人の直接訴権と賃借人（転貸人）の転貸料債権とが連帯債権の関係に立つ</u>。その趣旨については，①直接支払うことで 2 度の支払を節約する便宜にすぎないという理解もありえようが，②制度本来の趣旨は，賃料債権の保護のための制度（担保）である。

> **【図 7　直接訴権】**
> **I. 直接訴権の法的構成（独立債権説）**
> 　①賃料債権　　A→B（賃料債権）　B→F（転貸料債権）
> 　②直接訴権　　A──────────→F（直接の債権）
> **2. Fの弁済**
> 　①FのBへの弁済　　A→Fの直接訴権も消滅する（A→B（賃料債権）だけが残る）
> 　②FのAへの弁済　　B→F（転貸料債権）だけでなく，A→B（賃料債権）も消滅する
> **3. 随伴性**
> 　①A→B（賃料債権）のCへの譲渡
> 　②A→F（直接訴権）も随伴してCに移転

　(b) **先取特権**　　また，民法は，賃貸人の賃借人に対する賃料債権の担保のために，賃借人の転借人に対する賃料（転貸料）債権につき先取特権を認めている（314 条）。賃借人（転貸人）の転借人に対する賃料債権に対する，先取特権に基づく優先的取立権が認められることになる。先取特権としては異例な債権に対す

る先取特権であり，債権質や物上代位と同様の関係になる。いわば法定の債権質であり，債権質同様に，先取特権に基づいて，賃貸人は転貸料債権を取り立てて賃料債権の回収を図ることができる。

(2) 転貸料債権の譲渡――譲渡の有効性

　BはFに対する転貸料債権をGに対して集合債権譲渡担保に供しており，これが有効なことは先に説明した。特定性は充たされており，本問では特に公序良俗に違反する事情はみられない。また，467条1項，2項の債務者・第三者対抗要件を具備している。譲渡人Bに受領権限を認める旨が記載されていても，譲渡通知としての要件を充たす。なお本件はいわゆる譲渡担保であるが，判例は，物の場合と同様に，「譲渡」という形式通りに，債権の移転を認めている。

(3) 転貸料債権の譲渡と賃貸人の権利

　(a) **直接訴権**　　賃借人により転借人に対する転貸料債権が譲渡された場合，転貸料債権が賃借人以外の者に帰属することになるが，直接訴権にどのような影響をもたらすのであろうか。この点，賃借人が，転貸料債権を譲渡することにより直接訴権の拘束を免れうるのは適切ではない。また，先取特権同様の担保制度であることを考えれば，Aの担保の保護が必要になる。転貸料債権の譲受人に対する対抗要件は要求されていないが，転貸料債権であることは容易に分かり不都合はない。CのFに対する直接訴権は存続することになる。

　(b) **先取特権**

　　(ア) **対抗要件の規定なし**　　314条の先取特権については，転貸料債権の譲受人Gが，<u>転貸料債権を先取特権の負担付きで取得する</u>ことになるが，対抗要件は特に要求されていない。動産については，転得者に引き渡されると，動産先取特権は消滅するが（333条），債権の法定の担保権である先取特権については，特に第三者の関係を意識した規定は置かれていない。

　　(イ) **物上代位とは異なる**　　①まず，法律により債権に担保権が成立するという点で，<u>物上代位に類似しているため</u>，304条1項を類推適用して差押えを必要とすることも考えられる。②他方で，転貸料債権だということは容易に分かるので，物上代位とは異なり第三者に対する対抗要件不要という処理も考えられる。判例はなく，学説でも議論されることはない。②でよいのではないかと思われる。

⑷　賃料債権の譲渡と賃貸人の権利

　⒜　**直接訴権**　　賃料債権がAからCに譲渡されても，<u>賃貸人たる地位は依然</u><u>としてAが保持</u>している。613条2項を見ると，「賃貸人に対して」と規定されている。では，賃料債権を譲渡してもAは「賃貸人」のままなので，直接訴権は，Cは取得できずAが保持するのであろうか。しかし，それは通常の事例を規定したにすぎない。直接訴権が担保であることを考えれば，<u>随伴性が認められるべき</u>である。Cは，賃料債権と共に，Fに対する直接訴権も取得すると考えられる。

　⒝　**先取特権**　　314条の先取特権については全く問題がない。賃料債権が譲渡されれば，担保である先取特権が随伴するのは当然である。随伴性についての規定はないが，担保についての「法の一般原則」として認めるべきである。譲受人Cは，先取特権付きの賃料債権を取得することになる。

⑸　**本問へのあてはめ**

　⒜　**Gの譲渡担保権実行前──Fが既にBに支払った分**

　　㋐　**Bへの弁済は有効**　　Gが譲渡担保権を実行する前は，債権はGに帰属しているもののBが受領権を保持しており，実行により完全な債権を取得することになる。本問でも特約により実行まではBが受領できるものとされている。実際にも，転貸料は譲渡人であるBが受領している。

　　㋑　**直接訴権者Cへの対抗**　　担保とはいえ，C→F直接訴権，B→F転貸料債権は，<u>連帯債権の関係に立つ</u>ため，FのBに対する支払は有効であり，<u>C→F直接訴権もこれにより消滅</u>する。この場合，Cは，Bに対して譲り受けた賃料債権は保持しており，これを行使することになる──FのBへの転貸料の支払により消滅することはない──。Cの請求に対しBが譲渡禁止特約を援用して，Cの請求を拒絶し，Aに弁済することができることは既に述べた。

　⒝　**Gの譲渡担保権実行後**　　Gが譲渡担保権実行の意思表示をFに対して行った後の賃料については，未だ支払はなされていない。CがBに賃料の支払を求めたならば，Bからは466条3項が援用されることになる。問題は，Gとの関係，また，FのCに対してなし得る法的主張である。

　　㋐　**GとCの関係について**

　　　❶　**直接訴権について**　　まず，直接訴権については，CはFに対する直

接訴権を取得し，GはFに対する転貸料債権を取得し，両債権は連帯債権の関係になる。Fはいずれに支払ってもよい。連帯債権にすぎなければ，CとGの権利行使が競合した場合には，債権者平等の原則により半分ずつの配当がされることになる。しかし，直接訴権の担保という趣旨を重視すれば，両者の権利行使が競合した場合には，Cの直接訴権を優先することも考えられる。

❷　**先取特権**について　　次に，先取特権については，Gが取得するFに対する転貸料債権には，Cの賃料債権のための先取特権が付いており，第三者対抗力を認めれば<u>追及力が認められる</u>ことになる。また，第三債務者に対する対抗力が認められれば，FはCに支払わなければならず，Gに支払っても対抗できないことになる。転貸料債権であることは容易に分かるので，CはGに当然に先取特権を対抗できると考えるべきか。

㈠　Fが466条3項を援用できるか

❶　**参考としての代位行使**　　Cが，BのFに対する転貸料債権を代位行使したのであれば，FはBに対して主張できる事由を援用することができる（423条の4）。Cの債権についての事由として，強制力欠缺は援用できる（423条3項）。では，Bが466条3項を援用できることを，Fが援用できるのであろうか。A→B債権が代金債権の場合，Bが同時履行の抗弁権を有しているとしたら，Fはこれを援用できるのであろうか。代位権により，債務者に対する以上の保護を与えるべきではないと考えれば，これを肯定し，466条3項も然りということになる──Aへの弁済権まで認めるのは無理──。

❷　**本問**について　　本問で，CがBに賃料の支払を請求したら，Bは466条3項を援用できる。では，CがFに対して，直接訴権を行使したり，先取特権に基づいて転貸料を取り立てる場合，Fは466条3項を援用して，支払を拒絶しまた譲渡人Aに支払うことができるのであろうか。債権者固定の利益の保護はこれを合意した債務者Bを保護すればよく，Fには及ばないと考えるべきか。ただし，肯定説も考えられないわけではない。

【答案作成についてのコメント】CのFに対する権利として，直接訴権と先取特権の2つの権利が問題になることを確認した上で──いずれも落とす答案が出てくることが考えられる──，転貸料債権の譲渡に対する直接訴権及び先取特権の効力を議論する必要がある。そして，転貸料債権の譲受人Gとの関係を考察し，また，FがCに対して466条3項を援用できるのかを論じるべきである。

1 ［設問1］について
(1) Cに対する賃料債権譲渡の効力
　(a) 有効性　　Cは賃料債権の譲渡を主張し、6月分の賃料のAへの支払を無効とし、Bに自己への支払を求め、また、7月分についても、Dへの支払を無効として、やはりBに自己への支払を求めることが考えられる。そのためには、将来の複数の債権の譲渡が有効であることが必要になる。
　(b) 有効要件　　民法は、将来の債権も有効に譲渡できることを規定している（466条の6第1項）。しかし、有効要件については解釈にまかされている。この点、譲渡される債権の特定性は必要であり、本件はこれを充たしている。債権発生の確実性やそれほど遠い将来の債権でないことは必要ではない。場合により公序良俗違反による調整がされればよく、本件はこの点でも問題はなく有効である。
　(c) 対抗要件　　将来債権の譲渡についても467条1項、2項により対抗要件具備が可能である（467条1項括弧書）。個々の債権が発生と同時に移転するが、その対抗要件を予め包括的に取得できる。本問では、内容証明郵便で譲渡通知がされており、この要件を充たしている。
(2) 6月分の賃料について
　(a) Bの抗弁　　Bからは、譲渡禁止特約が援用されることが考えられるが、譲渡禁止特約があっても譲渡は有効である（466条2項）。民法は、債務者の債権者固定の利益を保護するために、譲受人の悪意又は重過失を要件として、①請求を拒絶できること、及び、②譲渡人への弁済その他債務消滅行為を対抗できることを規定した（466条3項）。
　(b) 結論　　Bのなした6月分の賃料の債権者Aへの支払は有効であり、Cの無効の主張、自己への支払請求は認められない。Cは、Aが受領した6月分の賃料につき、Aに対して不当利得返還請求が認められるだけである。
(3) 7月分の賃料について
　(a) CD間について　　Cは内容証明郵便によりAにより譲渡通知をしてもらっており、将来債権について包括的に既に対抗要件を具備している。そのため、その後のDによるAのBに対する賃料債権の差押えに対抗でき、Dの差押えは無効である。
　(b) 譲渡禁止特約との関係　　譲渡禁止特約は差押えに対抗できない（466条の4第1項）。しかし、これは、差押えが有効になされたことを前提としており、本問では、(a)に述べたように、そもそも差押えは無効である。BはAを債権者として債務消滅行為ができるが、その保護は、無効な差押えをした債権者に及ぶことはない。
　(c) BのDへの支払の効力　　以上より、BのDへの弁済は受領権のない者への弁済となり無効である。民法の規定による帰結であり、法の不知は許されず、Bは478条を援用することはできない。したがって、CはBに対して7月分の賃料の支払を求めることができる。

2 ［設問2］について

(1) 債権の二重譲渡の対抗関係

Eが、AのBに対する賃料債権に権利行使が認められるためには、有効にこれを取得していることが必要である。将来債権も有効に譲渡を受けられることは先にみたようである。本問で問題となるのは、CとEが二重譲渡を受けている点である。

467条2項により、その優劣は証書による譲渡通知の債務者への到達の先後で決められる。日付は証書の作成日付でよいというのが判例であり、証書の日付は有効要件にすぎず、日付の先後では優劣は決められない。そうすると、CEのいずれの譲渡通知も同時に到達しており優劣が決められない。

(2) 優劣を決定しえない場合の権利関係

CE間では、いずれも他方に債権譲渡を対抗できない。しかし、債務者またそれ以外の第三者には対抗できる。その結果、連帯債権類似の関係になる。すなわち、いずれも債務者Bに対して全額の履行請求ができる。債務者Bはいずれかに支払えば債務を免れる。

(3) 6月分の賃料

6月分の賃料は、BによりCに支払われている。これが有効であり、BはEに対しても債務を免れることは先に述べた。従って、EはBに賃料の支払を請求できない。

では、EはCに対して、半分の100万円の分配を請求できるであろうか。この点、Eは自己が債権者であることをCに対抗できないので、不当利得（703条）は問題にならない。民法は連帯債権につき分配義務について規定せず、解釈にまかせている。確かに公平の観点から分配を認めることも考えられるが、破産手続に至るまでは債権回収は自由競争にまかされる。分配義務を否定すべきである。

(4) 7月分の賃料

(a) Eによる466条4項の援用　7月の賃料については、EはBより支払を拒絶された後、BにAへの支払を求め、その期間が経過したため、466条4項により、同3項の適用が排除される。従って、その後に、Bが譲渡人Aに弁済したのは無効になる。そこで、EはBに7月分の賃料の支払を求めることになる。

(b) Cとの関係では有効　466条4項は相対効なので、その効力はEにのみ及び、Cには及ばず、BのAへの弁済はCとの関係では有効である。

(c) 結論　この結果、Eは、BのAへの弁済を無効として、Bに対して7月分の賃料の支払を求めることができるが、Cは債権を失ったままである。Cは、Aに不当利得返還請求（703条）をするしかない。

(5) 8月分以降の賃料

8月分以降の賃料についても、CEの優劣が決まらず、譲渡禁止特約につきCEいずれも悪意なので、466条3項の適用があることになる。Eについては、7月分の賃料以降と、包括的に466条4項の催告をしている。これは有効であろうか。

前月末の支払という確定期限が賃料には定められており、遅滞に落ち入れるための催告ではなく、466条3項の適用を排除するための催告である。各期日に466条4項

の手続をさせる必要はない。譲受人の便宜からして、このような包括的な催告は有効と考えてよい。

　従って、8月以降は、期日より3日が経過すれば、Eについては、自動的に466条3項の適用が排除され、同条4項によりEはBに対して自己への支払を求めることができるようになる。

3　[設問3]について
(1)　転貸借がされた場合の賃貸人の権利
　CはAのBに対する賃料債権を取得しており、Bに対して賃料の支払を求めることができる。ところが、Bが2024年12月の賃料から支払をしなくなったため、Fからの債権回収を考えている。民法上、CにFに対してどのような権利が認められ、その権利と、Bに対する債権者Gが転貸料債権を譲渡担保にとっているため、Gとの関係が問題になる。

　まず、CのFに対する2つの権利を確認したい。

　(a)　**直接訴権（613条）**　賃貸人は、転貸人に対して賃借人に対するのと同じ権利を取得する（613条1項）。以下、Cの613条の権利を直接訴権という。転借人に対して、賃貸人の直接訴権と賃借人の転貸料債権が競合する。これは連帯債権の関係になり、転借人はいずれに支払ってもよい。

　(b)　**先取特権（314条）**　賃貸人は、賃借人の転借人に対する転貸料債権につき先取特権を有する（314条）。債権に対する担保権であり、法定債権質のような関係になる。そのため、債務者また第三者への先取特権の対抗が問題になり、転貸料債権の譲渡を受けたGに対抗できるのであろうか。

(2)　転貸料債権の譲渡と2つの権利
　将来債権譲渡も有効であり（既述）、本件でも有効である。そこで、上記2つの権利との関係を考察する。

　(a)　**直接訴権との関係**　転貸料債権が譲渡されても、直接訴権には影響はない。Cの直接訴権と、Gの取得する転貸料債権が連帯債権の関係のままである。いずれの債権が優先することはなく、債権者平等と扱われる。Fはいずれかに支払うことで、責任を免れる。なお、Cの債権は200万円であり、直接訴権は「賃借人の債務の範囲を限度」とするため（613条1項前段）、差額20万円は必ずGに支払う必要がある。

　(b)　**先取特権との関係**　GはCの先取特権の負担のついた転貸料債権を取得する。Cの先取特権についての対抗要件は規定がない。転貸料債権であることは容易に分かる。そのため、動産とは異なり、対抗要件は不要と考えるべきである。ただし、第三債務者には二重弁済のリスクから保護するため、304条1項ただし書を類推適用して、差押えを対抗要件と解すべきである。

(3)　賃料債権の譲渡と直接訴権についてのFの反論
　613条は「賃貸人」と規定されており、Cは賃料債権を取得するが賃貸人ではない。そのため、FはCの支払請求に対してこれを争うことが考えられる。しかし、「賃貸

人」というのは通常の場合を考えただけであり、賃料債権のための制度である。従って、賃料債権が譲渡されれば、随伴性により、賃貸人Aではなく譲受人CがFに対する直接訴権を取得する。

(4) **本問へのあてはめ**

(a) **Gの譲渡担保権実行前**　Gへの譲渡後もBに受領権が付与されているため、Gの実行通知前のFのBへの支払は有効である。Gへの支払となり、Cの直接訴権も消滅する。実行前のBの未払いの2024年12月、2025年1月分については、Cの直接訴権は消滅しているため、CはBに賃料を請求するしかない。

またCの転貸料債権への先取特権は、差押えがない限りFには対抗できず、FのBへの支払により消滅している。

(b) **Gの譲渡担保権実行後**　Gの譲渡担保権実行後の2025年2月以降の賃料については未だ支払はなされていない。①Cの直接訴権とGの債権との関係は、債権者平等となる。②他方で、Cの転貸料債権についての先取特権は、特別の対抗要件を要することなく、第三者Gに対抗できると考えるべきである。そのため、Gの取得した転貸料債権を、Cは先取特権に基づいて行使をして、Fに自己への支払を求めることができる。ただし、Fに対しては差押えが必要である。他方で、CはGの権利行使に対して先取特権に基づいて異議を申し立てることができる。もしGがFから支払を受ければ、CはGに対して不当利得返還請求が可能である。

以上

No.8　弁済・相殺

次の文章を読んで、後記の［設問1］、［設問2］及び［設問3］に答えなさい。（配点：100点〔［設問1］、［設問2］及び［設問3］の配点は、35：35：30〕）

【事実Ⅰ】

1.　Aは、その土地建物を所有する甲旅館（法人化していない）の経営を同居の息子Bに任せ、経営に必要な一切の代理権を与えた。甲旅館の建物には、Aが親戚のCから借りてロビーに飾っている乙画がある。

2.　2024年4月、Bは、乙画がC所有であることを知らず、これを売却して旅館の経営資金にするため、Aを代理して（甲旅館の名で）乙画を、絵画商を営むDに50万円で売却した。

3.　Dは、かつてCと取引があったため乙画はC所有と知っていたが、AがCから購入したのであろうと考えて、Cに確認をすることなくこれを購入し、代金50万円の支払をして乙画の引渡しを受けた。

4.　Dは、同年5月、知り合いの画商を営むEに乙画の販売を委託し、Eの名で販売する権限を与えてこれを引き渡した。Dは、Eに乙画の販売を委託するに際して、70万円以上で販売をすることという制限を設定している。

5.　Eは、乙画を自己の店舗に商品として陳列していた。同年6月、Eの店を来店した美術品の収集家Fは、乙画を見て気に入り、購入の交渉をした。Eは、Fに乙画を65万円で販売し、Fから現金65万円を受領し、乙画を直ちにFに引き渡した。

6.　Eは、販売に際して、乙画はD所有でありDから販売委託を受けているという事情をFに説明していた。Fはこの説明を聞いて、乙画はD所有であり、Eは有効にDから販売授権を受けているものと考えて購入をしたものであった（売主はEとされている）。

［設問1］　【事実Ⅰ】を前提として、CのFに対する乙画の返還請求が認めら

れるかどうか、Ｆからの反論を踏まえて検討しなさい。Ｄが乙画購入につき
Ｃに確認しなかったことは、過失と評価されるものとする。

【事実Ⅱ】

【事実Ⅰ】1〜2の後に、以下の事実があった。

7.　Ａは、乙画がなくなっていることに気が付き、Ｂに確認したところ、Ｄに
売却して引渡しをし、Ｄが真作と確認をしてから代金を振り込むことになっ
ているという話を聞いた。驚いたＡは、直ちにＣに乙画が誤ってＢにより
売却されたことを連絡し陳謝した。

8.　Ｃはこれを聞いて驚いたが、Ｃは乙画をいつかは売ろうと思っていたので、
直ちにＤに連絡をして、実は乙画はＣ所有であり、Ｂがそのことを知らず
に売ったのであるが、これを追認すると伝えた。そして、Ｃは、Ｄに対して
乙画の返還は求めないと述べ、代金50万円を自分に支払うように求めた。

9.　不安になったＤは、Ａに確認したところ、ＡはＤに対して、乙画はＣ所
有であり、Ｃが追認をしたので、代金は自分ではなくＣに支払うように求
めた。なお、その後、Ｄは乙画を真作と確認している。

[設問2]　【事実Ⅰ】1〜2及び【事実Ⅱ】を前提として、以下の各問いに答え
なさい。

(1)　Ａに対して50万円の金銭債権を持つＧが、ＡのＤに対する乙画の代
金債権を差し押さえてＤに対して代金の支払を求めてきた場合、これは
認められるか、また、この場合のＣの法的保護を検討しなさい。

(2)　ＤがＣに対して50万円の金銭債権を有しているとして、Ｃが、Ａに対
する不当利得返還請求権に基づいてＡの代金債権を代位行使して、Ｄに
対し代金の自己への支払を求める代わりに、ＤのＣに対する上記債権と
の相殺を主張した場合、これは有効か、Ｄに対して50万円の債権を有す
るＧが、ＤのＣに対する上記50万円の債権を差し押さえた場合も含めて
検討しなさい。

【事実Ⅲ】

【事実Ⅰ】1〜2の後に、以下の事実があった。

10. その後、BがAの代理人として、Dから代金50万円を受領し、これを甲旅館の経営資金に使用した。Dには、A所有と信じたことに過失はないものとする。

11. 2024年4月に、CがHからCの事業のため100万円を借り入れるに際して、AはCに保証人になることを頼まれ、保証意思宣明公正証書を作成した上で連帯保証契約をHと締結した。返済期日は同年6月1日とされている。

12. 2024年5月25日、Cは乙画が売却されたことを知り、Aに対して不当利得返還請求権（以下、「本件債権」という）50万円を有していると説明して、これをⅠに譲渡した。同日、内容証明郵便によりCからAに本件債権の譲渡通知がなされ、これは翌日にAに配達された。

[設問3] 【事実Ⅰ】1〜2及び【事実Ⅲ】を前提として、CのHに対する借入金の6月1日の返済期日が到来した後、①Aが保証人としてHに100万円を支払った場合、②Aが保証人として支払う前の場合とに分けて、ⅠのAに対する本件債権に基づく50万円の支払請求に対して、Aがどのような法的主張をすることができるか検討しなさい。

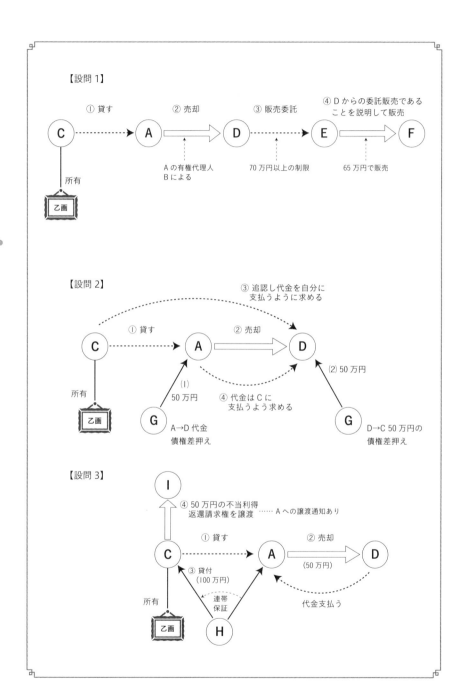

【設問1】

① 貸す　　　② 売却　　　　③ 販売委託　　④ Dからの委託販売である
　　　　　　　　　　　　　　　　　　　　　ことを説明して販売

C ⇢ A ⇒ D ⇢ E ⇒ F

所有　　　　　Aの有権代理人　　70万円以上の制限　　65万円で販売
　　　　　　　Bによる

乙画

【設問2】

③ 追認し代金を自分に
　支払うように求める

① 貸す　　　② 売却

C ⇢ A ⇒ D

所有　　　（1）50万円　　④ 代金はCに　　　(2) 50万円
　　　　　　　　　　　　　支払うよう求める

乙画

G　　A→D代金　　　　　　　　　　　　G　D→C 50万円の
　　債権差押え　　　　　　　　　　　　　　債権差押え

【設問3】

I

④ 50万円の不当利得　　…… Aへの譲渡通知あり
　返還請求権を譲渡

① 貸す　　　② 売却

C ⇢ A ⇒ D
（50万円）

所有　　③ 貸付　　　連帯　　　　　代金支払う
　　　　（100万円）　保証

乙画

H

◯ 言及すべき点及び論点 ◯

1 [設問1] について
(1) 代理行為について
①営業についての代理権あり（重要度C）
②他人物売買ではあるが有権代理（重要度C）
(2) Dの所有権取得について
①他人物売買である（重要度C）
②即時取得の適用について
ⓐ他人物占有者の代理人による場合（重要度A）
ⓑ表見代理の場合でもよい（重要度A）
(3) Fの所有権取得について
(a) 授権について
①処分授権の有効性（重要度B）
②処分授権の越権と110条の類推適用（重要度B）
(b) 授権と即時取得
①授権の場合と即時取得（重要度B）
②授権の越権行為と即時取得（重要度B）

2 [設問2] 小問(1)について
(1) Cの追認の効力——代金債権を取得するか（重要度A）

(2) 差押債権者Gの権利行使
①追認の効力の援用（重要度B）
②Cの保護（重要度A）

3 [設問2] 小問(2)について
(1) 債権者代位権の行使
①無資力要件の要否（重要度C）
②自己への支払請求の可否（重要度B）
(2) 相殺の可否
①3者間の3つの債権の相殺（重要度A）
②差押債権者に対抗できるか（重要度A）

4 [設問3] について
(1) Aの不当利得
①Bが受領しAの営業に使用（重要度B）
②代理人を基準とするので善意の不当利得（重要度C）
(2) 債権譲渡
①債務者Aへの対抗要件具備（重要度C）
②Aによる抗弁の対抗
ⓐ弁済後（重要度A）
ⓑ弁済期到来後——事前求償権による相殺（重要度B）

解説及び答案作成の指針

1 [設問1] について（配点は35点）

【出題趣旨】 [設問1] では，Cが所有権に基づいて，乙画を占有するFに対して乙画の返還請求をすることになる。これに対して，Fは所有権の取得原因を主張立証することになるが，2つが問題になる。①まずは，Dによる即時取得，そして，所有権を取得したDの処分授権を付与されたEからの購入である。②Dに過失があり即時取得が成立しないとしても，FはD（Eではなく）が占有者であることから所有者と信頼したとして，即時取得を主張することになる（授権の越権につき，110条の類推適用を組み合わせる）。

(1) BによるA代理人としての売却——Dの即時取得（否定）

(a) 代理の効果　まず，BはAから経営に必要な一切の代理権を与えられており，有権代理であり，AD間に乙画の売買契約は債権契約として有効に成立する。ただし，他人物売買であるので，(b)のような問題が生じる。

(b) Dによる所有権の取得　AD間の売買契約が債権契約として有効であっても，乙画はCの所有であり，他人物売買である。そのため，Cが追認をするか，又は，外観法理の適用によらなければ，Dは乙画の所有権を取得できない。そこで，問題になるのが，即時取得である（192条）。この点，問題文に，Dが乙画購入につきCに確認しなかった過失があるものとして考えることが求められており，Dには即時取得が成立しない。

この結果，Dは所有者ではないが，乙画の引渡しを受け占有し，Eに販売を委託したことになる。

> 【答案作成についてのコメント】Bによる代理人としての売却は有権代理であるが，他人物占有者を本
> 人とする代理人による処分であり（他人物売買），Dの保護は即時取得によることを指摘した上で，
> Dに過失があるため，即時取得は成立しないことを確認する。

(2) Eによる処分授権に基づくFへの売却——Fによる即時取得

(a) Fによる即時取得の援用　Fは売主Eから，乙画の所有者はDであり，Dから販売委託を受けている事実を聞かされている。従って，買主Fは，売主Eを所有者と信じて購入した訳ではない。

しかし，Fは，Eが所有者Dの代理占有者であり（Dが間接占有者），Dから販売授権を受けていると信じているのである。すなわち，所有者から販売授権を受けた者から有効に取得するものと信じているのである。ところが，Dが所有者ではなかったのである。この場合に，Fは即時取得を援用できないであろうか。

(b) 処分授権と即時取得の可能性　規定はないが，代理とは異なり，受任者が自己の名で販売をすることを委託することは有効と考えるべきである（代理と区別して，「授権」という）。その場合，売買契約は，他人物売買になり債権契約として授権の有無にかかわらず有効である。授権は物権的効力を生じさせるものであり，所有者から買主に所有権が移転することになる。しかし，そのためには，授権する者が所有権者であることが必要であり，間接占有を有する授権をした者を所有者と信じて，買主は受託者から購入するのであり，即時取得（192条）を適用（類推適用）することが考えられる。

(c) 有効な取引行為の存在が必要

　(ア) 授権の越権事例である　　即時取得の規定（192条）の類推適用が認められるためには，取引行為が有効なことが必要である。ところが，本問では，Dは70万円以上での販売の授権をしたのに，Eは65万円で販売しており，権限外の行為である。代理とは異なり債権契約としては，他人物売買でも有効であるが，所有権取得という効果が認められない。

　(イ) 110条の類推適用　　ところが，授権についても，権限を踰越した場合に，相手方に権限内を信じる正当事由があれば，110条の類推適用を認めることが可能である。そうすると，<u>即時取得で保護される有効な物権取引を認めること</u>ができる。また，Eが自分を所有者として販売した場合，また，Dの代理人として販売した場合とのバランス論もある。これらの場合には，即時取得が成立することは疑いない。

　こうして，授権に110条が類推適用でき，192条がEF間の授権に基づく取引に適用できるため，Fは所有権を取得することができる。この結果，Cの所有権に基づくFに対する物権的請求権による返還請求は認められない。

【答案作成についてのコメント】本問では，Dにつき即時取得が成立しないため，所有者でない者が処分授権をしてEに販売したことになることを確認し，授権が可能なこと，所有者でない占有者による処分授権に即時取得も認められることを確認すべきである。その上で，有効な取引行為の存在が必要になり，<u>授権の踰越につき110条の類推適用ができ</u>，これにより即時取得により保護される取引の存在を想定できるため，即時取得が成立することを論じるべきである。

2　［設問2］小問(1)について　（配点は(1)(2)で35点）

【出題趣旨】　［設問2］小問(1)は，他人物売買において所有者が追認した場合の効力，また，買主が代金を所有者に支払った後の法律関係について考えてもらう問題である。

(1)　差押債権者GのDに対する代金支払請求

　(a)　追認の効力

　　(ア)　他人物売買も債権契約としては有効　　Bが代理して行った乙画のAからDへの売買契約は，無権利の法理により，所有者ではないAよりDに所有権の移転はなく——即時取得が認められればDの原始取得は可能——，この意味で物権的効力は認められないが，<u>他人物売買でも債権契約としては有効である</u>。他人物売買でも，有効にAはDに対する代金債権を取得する。債権的効力として

（右側余白）

8

弁済・相殺

発生する代金債権は，所有者がCであっても売主Aに帰属し，Cには帰属することはないのである。

(イ) **所有者の追認は物権的効力を補完するだけ**　すなわち，所有者Cの追認によって有効になるのは，売買契約ではなく，売買契約の効力の1つである所有権の移転という部分のみである。Cの追認により，CからDへの所有権が移転するという物権的効力が発生するにすぎない（☞【図1】）。

【図1　他人物売買の効力】

I. 債権的効力あり（他人物売買も債権契約として有効）
　所有者の授権，追認の有無は問わない

2. 物権的効力（所有権の移転）
　①原則として所有権は移転しない（即時取得による原始取得は可能）
　②次の2つの場合には所有権が移転する
　　ⓐ所有者が処分授権を付与した場合（代理と異なり，代金債権は取得しない）
　　ⓑ所有者が事後的に追認した場合（代理と異なり，代金債権は取得しない）

(b) **Cは追認しても代金債権は取得しない**　そうすると，追認の有無にかかわらず有効な債権契約としての売買契約については，所有者Cの追認があっても代金債権は売主Aに帰属したままである。所有者が追認をしても，契約当事者たる地位を取得しえないことは，売買契約の事例ではないが，ぶなしめじ事件判決（最判平23・10・18民集65巻7号2899頁）が認めている（☞◆関連問題）。

◆**関連問題**──**一方的に追認して契約関係を成立させえない**　上記判例は，「無権利者を委託者とする物の販売委託契約が締結された場合に，当該物の所有者が，自己と同契約の受託者との間に同契約に基づく債権債務を発生させる趣旨でこれを追認したとしても，その所有者が同契約に基づく販売代金の引渡請求権を取得すると解することはできない」（追認による646条2項の権利の取得の可否が問題となった）と判示されている。事例を分けて考えてみたい。

(1) **売買契約の追認**　Aの所有物を，無権限のBがこれをDに販売し，BがDに対する代金債権を取得した場合，AはBの処分を追認しても，本文に述べたように，物権的効力が認められるだけで，AD間の売買契約にすることはできない。代金債権は，Bに帰属したままである。

(2) **委任契約の追認**

　(a) **代理型**　Aの所有物を無権利のBがCに代理権を授与して販売委託し，CがBを代理してDに販売して，BがDに対する代金債権を取得した後に，AがDに追認したとする。①AD間の売買契約を成立させないことは，(1)と同じであり，Aは追認によりBのDに対する代金債権を取得できない。②では，既に，Cが代金を受領している場合，BのCに対する代金の引渡請求権（646条1項）を取得することができるかというと，BのCへの委任もAが一方的に追認して，AC間の委任契約にすることはできない。BにCに対する代金の引渡請求権は帰属したままである。

(b) **授権型**　Aの所有物を無権利のBがCに処分授権方式で販売委託し，Cが自己を売主として Dに販売して，CがDに対する代金債権を取得した後，AがDに追認したとする。Aは追認により，①AD間の売買契約を成立させないだけでなく，②AC間の委任契約にすることもできないので，BのCに対する代金の移転請求権（646条2項）を取得することもない。もちろんCが代金を受領後も同様である。

(3) **まとめ**　後述のように，AはBが代金を受領した場合に不当利得返還請求権を取得するのみならず，代金債権，代金の引渡請求権，代金債権の移転請求権（これは(2)(b)の事例だけ）を取得したことを不当利得として，これらの権利の移転請求権を認めることができる。

(c) **差押えは有効——差押債権者GのDに対する代金支払請求は可能**　従って，Cは追認してもAD間の売主たる地位また代金債権を取得することはない。所有者Cの追認により，Dが乙画の所有権を有効に取得するだけであり，AD間の売買契約は債権契約として有効であることに変わりはなく，代金債権はAに帰属したままであり，Aの債権者Gがこれを有効に差し押さえることができる。

> 【答案作成についてのコメント】本問では，まずは，所有者Cが追認をしても，Dが乙画の所有権を有効に取得するという物権的効力が認められるだけで，売買契約の債権的効力には影響はなく，売主たる地位また代金債権をCが取得するものではないことを確認すべきである。

(2) **所有者Cの法的保護**

(a) **問題点——所有者Cも単なる債権者の1人か**

(ア) **Cも金銭債権者の1人になる**　以上のように，Cの追認があっても，代金債権はAに帰属したままであるので，ACDの法律関係は，A→Dの代金債権，C→Aの不当利得返還請求権——BをAの乙画の保管についての履行補助者だと考えると履行補助者の過失（が認められれば）を理由として債務不履行による損害賠償請求権も——が成立するだけで，C→D債権は成立していない。

(イ) **乙画の代金債権につき債権者平等でよいのか**　そうすると，CもGもAに対する50万円の金銭債権者同士ということになり，担保権の成立が認められない限り，Aの責任財産の1つである乙画の代金債権についてCとGは債権者平等ということになる。

Aの他の財産ならば債権者平等で問題ない。しかし，乙画はC所有であり，Gの債権者の責任財産ではなかったのである。乙画の代金債権については，CのGに対する優先的回収が保障されて然るべきである。

【図2　GCのAに対する権利】
I. G→A（金銭債権）　A→D（代金債権）はその責任財産である

2. C → A（不当利得返還請求権）

①A → D（代金債権）がある間は，権利移転請求権が認められる

②A → D（代金債権）が弁済されたら，金銭債権になる

3. C の排他的権利取得の保護（2①以外）

①破産法の代償的取戻権（破産 64 条 1 項）

②委任者の受任者に対する権利移転請求権（646 条 2 項）

◆**関連問題——参考となる制度**　この観点から参考になる制度を 2 つ挙げておく。

(1)　**破産法の代償的取戻権**

❶　**取戻権**　破産手続開始の決定を受けた者が，他人所有の動産を占有していても，これはその所有・責任財産ではなく，破産財団を構成しない。そのため所有者は，これが破産財産として清算されるのを阻止するために「破産者に属しない財産を破産財団から取り戻す権利」（取戻権）が認められている（破産 62 条）。

❷　**代償的取戻権**　ところが，破産者が他人物を売却していると，債権契約としては有効に代金債権を取得するため，代金債権はそのままでは破産財団を構成することになる。しかし，物自体は責任財産ではなかったため，破産法は「反対給付の請求権の移転を請求することができる」（代償的取戻権）と規定した（破産 64 条 1 項）。

(2)　**受任者の権利移転請求権**　また，民法上の制度として，委任規定に，委任者の受任者に対する権利移転請求権がある（646 条 2 項）。例えば，A が間接代理方式で（問屋）物の販売を B に委託した場合，B が C に物を販売すると代金債権は B に帰属する。このままでは，B の債権者が差押えや債権譲渡を受ける可能性があるので，A が代金債権を取得できることにしたのである。請求権であるため，形成権ではなく，A の一方的意思表示で自己に帰属させることはできず，B に譲渡を求め，B が応じない場合には譲渡の意思表示に代わる判決を得る必要がある。

(b)　**C の法的保護はいかにあるべきか**　本問では，A が破産手続開始の決定を受けているわけではなく，また，CA 間に販売の委託契約があるわけでもない。従って，◆関連問題(1)(2)のいずれも援用できない。法の欠缺としてやむを得ない，C と G を債権者平等で扱うしかないと考えるべきであろうか。この点，以下のような解決の可能性がある。

(ア)　**C の優先的保護の実現**

❶　**不当利得返還請求権**　A は C の所有物を販売して代金債権を取得している。所有者でもないのに代金債権を取得していることが不当利得になる。不当利得の効果は，得た利得の「返還」である。「返還」は損害賠償義務のように金銭賠償という原則はなく，利得が財産権の取得であればそれを返還することになる。この結果，◆関連問題(1)(2)のような規定がなくても，C は A に対して代金債権の「返還」，自分への移転を求めることができる。A がこれに応じなければ，意思表示に代わる判決を取得する必要がある。

❷ **第三者異議**　こうして，Cは，Gが差し押さえた乙画の代金債権につき，不当利得返還請求権を有することになる。いわば，排他的取得権である。そのため，Gの差押えに対して，**第三者異議の訴え**（民事執行法38条1項）が認められるべきである。同規定の「所有権その他目的物の譲渡又は引渡しを妨げる権利を有する第三者」に該当すると考えるべきである。

　㈡　**本問の結論**　①本問では，Cは，Aに対して乙画の代金債権取得につき不当利得返還請求権を有することから，Gによる本件代金債権の差押えに対して第三者異議の訴えが可能である。②更にいえば，事実9の，AがDに対して「代金は自分ではなくCに支払うように求めた」とあるのは，代金債権をCに帰属させる旨の意思表示（債権譲渡）と解することができる。そうすると，代金債権は既にCに移転していることになる——追認の効果ではない——。467条2項の第三者対抗要件を充たしていないが，対抗要件不要と考えるべきである。

> **【答案作成についてのコメント】** CがAD間の売買契約を追認しても，代金債権はAに帰属したままであり，Gの差押えは有効であること，しかし，乙画はAの責任財産ではなかったのにAの代金債権になりAの責任財産となることは不合理であることから，Cの法的保護を考えるべきことを問題提起すべきである。これができていれば，立法論としては問題であるが，解釈論としてはCGの債権者平等もやむを得ないという結論でもかまわない。

3　［設問2］小問(2)について

> **【出題の趣旨】** ［設問2］小問(2)は，C→A，A→D，D→Cと金銭債権が連続する債権関係になっている場合に，2当事者間の相殺適状はないが，支払の循環を省略する必要性があり，D又はCから相殺（循環的相殺）ができるのかを検討してもらう問題である。

(1)　債権者代位権の行使について

Cは，Aが無資力であれば，債権者代位権（423条1項）に基づいて，AのDに対する代金債権を代位行使することができる。その場合に，CはDに対して<u>自己に50万円を支払うよう求める</u>ことができる（423条の3）。ただ，2つの債権に密接な関連性があり，本問のようにDが支払う代金が結局はCにわたるべきである場合には，Aの無資力を要件とする必要はないという考えもある。

(2)　Cによる循環的相殺の可否
(a)　循環的相殺の可否

㋐　**相殺適状はないが簡易な決済という趣旨はあてはまる**　　ACD間では，それぞれ50万円をCがDに，DがAに，AがCに支払い合う循環的関係にあり，金銭支払の循環を省略する必要がある。代位弁済的相殺のように，3者間に2つの債権があるにすぎない事例を超えて，全員が循環的に債権を有しているのである。

【図3　循環的相殺】
I. 債権について
①C→A不当利得返還請求権
　ⓐ50万円の金銭債権
　ⓑA→Dの代金債権の移転請求権
②A→D（50万円の代金債権）
③D→C（50万円の債権）
2. 本事例の特殊性
①　簡易な決済　　50万円が，C⇒Dに，これがD⇒Aに，更にA⇒Cに支払われ，巡りめぐって，結局はCに戻ってくる。だったら，初めから意思表示（相殺）だけで清算できるのが便宜である。
②　AやDの債権者保護との関係　　実質的にはC→Dの債権，また，CはA→D債権を取得しうる。CD間の債権の対立と同視して511条を適用（類推適用）することを認めるべきである。

　㋑　**判例は3者間相殺を相殺適状がないと形式的に否定**
　　❶　**代位弁済的相殺**　　判例は，相殺適状の1つの要件である「二人互いに」という要件を充たさないという理由で，簡単に3者間の相殺を否定している（大判昭8・12・5民集12巻2818頁）。これに対して，学説には，代位弁済の代わりに相殺を用いることについて，第三者弁済の474条1項を相殺へと拡大解釈することを認めるが，物上保証人や第三取得者などに限定する提案もある。
　　❷　**循環的相殺**　　本問のような，3者間に債権の連続があり循環的な資金の移動を省略する3者間の相殺（循環的相殺）については，判例はない。上記の形式的に処理する立場から推論すれば，循環的相殺も否定されるものと思われる。しかし，無駄な金銭の支払を省略するという相殺の趣旨はあてはまるので，相殺を認める余地がある。
　(b)　**差押債権者への対抗**
　　㋐　**簡易決済を超えて担保的機能までは認められない**　　Cによる循環的

相殺ができるとしても、511条を類推適用し、差押前の債権であれば差押えがされてもこれを排除することができるのであろうか。相殺を期待して取引を安心して行えるようにするという担保的機能——先取特権のような法定担保——を、3者間についても認めるべきであろうか。単に代位弁済の代わりに相殺を用いる場合には、差押えを排除することまで認めるのは行き過ぎである。

　(イ)　本事例の特殊性

　　❶　差押えに優先すべき　　しかし、本問では、CはAから乙画の代金債権を取得することができ、また、連続した1つの債権のような扱いが保障されるべきであり——代金は全額Cに辿り着くべき——、実質的にはCD2当事者間の債権の対立に等しい。そのため、循環的相殺だが511条1項を類推適用して、差押債権者Gに相殺を対抗できると考えることができる。

　　❷　債権を取得した場合——2当事者間相殺　　また、Cは、不当利得返還請求求権によりAから代金債権を取得でき（☞【図3】1①ⓑ）——この場合は505条1項の相殺を問題にできる——、511条2項により、差押後に取得した債権であるが、その原因が差押前にあったものとして、Cは差押えを差押債権者Gに対抗できると考えることもできる。

【答案作成についてのコメント】本問では、債権者代位権の行使ができることを確認し、できれば無資力要件の要否まで言及し、循環的相殺の本論に入るべきである。循環的相殺の必要性を、本問の特殊性と結びつけて検討すべきである。さらには、代金債権を取得することができることに言及して、511条2項まで論じれば更に高い評価になる。

4　[設問3] について（配点は30点）

【出題趣旨】[設問3] は、債権譲渡がされた場合の、債務者による相殺の抗弁の対抗を考えてもらう問題である。改正法では、債権譲渡の対抗要件具備後に取得した債権でも、例外的に相殺を対抗することが可能になったことを確認する問題である。また、事前求償権による相殺についても検討することが求められている。

(1)　Aの事後求償権及び事前求償権

　主たる債務が事業のために負担した貸金等債務であるため、Aの連帯保証には465条の6以下の保証意思宣明公正証書の作成が義務づけられ、本問はその要件を充たしている。そのため、Aは契約と同時に連帯保証債務を負担する。そして、①主債務の弁済期到来により、保証人Aには主債務者Cに対する事前求償権が成立し（460条2号）、②保証人が実際に弁済をすると事後求償権が成立する（459

条）。

(2)　Iへの債権譲渡について

　(a)　AのCに対する不当利得返還義務　　本問では，Dは善意無過失なので，乙画を即時取得する。そして，Bは受領した乙画の代金を，Aの旅館業の運営資金として使用したので，CはAに対して不当利得返還請求権を取得する（703条）。確かに本人Aは，乙画はC所有と知っているが，Aの同意を得ることなくBが善意で乙画を売却したものであり，代理人Bを基準として善意悪意が検討されるべきであり——本人の指図があった場合は別（101条3項）——，善意の不当利得返還請求権（703条）が成立する。

　(b)　債権譲渡は有効でありまたAに対抗できる　　Cはこの不当利得返還請求権をIに譲渡し，CはAに対して内容証明により債権譲渡通知をしているので，債務者Aに債権譲渡を対抗することができる（467条1項）。従って，Iは，期限の定めのない債権なので，Aに対して，50万円の返還とその支払請求後の遅延損害金の支払を求めることができる（412条3項）。

(3)　Aによる相殺の対抗

　(a)　債権譲渡と相殺　　判例は，改正前の511条についていわゆる**無制限説**を採用し，これを468条2項の解釈として債権譲渡にも採用した。債権譲渡前に債務者が譲渡人に対して債権を取得していれば，その弁済期の先後を問うことなく相殺をもって債権の譲受人に対抗することができると考えている。改正法は，この無制限説を明記すると共に（469条1項），債権譲渡の対抗件具備後に取得した債権であっても，例外的に債務者が債権の譲受人に相殺を対抗できる新たな制度を導入した（469条2項）。

　(b)　譲渡の対抗要件具備後の事後求償権による相殺（①ケース）

　　㋐　改正前は相殺を対抗できなかった　　保証人AがHに弁済をした後には事後求償権が成立し，これを自働債権とする相殺が考えられる。しかし，事後求償権が成立したのは債権譲渡の対抗要件具備後である。そのため，改正前では，対抗要件具備後に取得した債権なので，Aは，Iに相殺を以て対抗することができなかった。

　　㋑　原因が対抗要件具備前なら相殺を対抗できる　　改正法は，469条に債

権譲渡と相殺に特化した規定を設け，469条2項において2つの例外を認めた。本問で問題になるのは，第1号であり，「対抗要件具備時より前の原因に基づいて生じた債権」である。保証人の求償権は，保証契約に基づいて成立するのであり，保証契約の時に保証人は主債務者に対する債務と将来の求償権とを相殺することの期待が成立しているため，その期待を債権譲渡によって奪うことはできないものとしたのである。

　　(ウ)　**本問の結論**　　この結果，事後求償権の成立は債権譲渡の対抗要件具備後であるが，Aは債権譲受人Iの支払請求に対して，Aに対する求償権による相殺をもって対抗することができることになる（469条2項1号）。AのCに対する事後求償権については，抗弁権など相殺が否定される事情はない。

　(c)　譲渡の対抗要件具備後の事前求償権による相殺（②ケース）

　　(ア)　**事前求償権の成立**　　主債務の弁済期が到来すると，委託を受けた保証人には事前求償権が認められる（460条2号）。そうすると，AC間で債権債務の対立が認められるので，AにはCに対する事前求償権を自働債権として，譲受人Iに対して相殺ができるかのようである。しかも，事前求償権も保証契約に基づく権利であり，469条2項1号が適用になる。

　　(イ)　**抗弁権つき**　　しかし，保証債務を履行もしていないのに求償ができるのは不合理である。そのため，民法は，事前求償権の行使を受けた主債務者につき，担保の提供を求めることができるものと規定しており（461条1項），事前求償権の履行請求に対して抗弁権となるものと解されている。そうすると，Cが抗弁権を有する債権を自働債権として相殺を主張することになり，規定はないが，抗弁権のついた債権を自働債権とすることはできないと考えられている。そもそもAは相殺ができないことになる。

　　(ウ)　**469条2項1号の趣旨から保護できないか**　　債権譲渡の対抗要件具備後の債権でも相殺を以て対抗を認めるのは，将来債権が発生しそれによる相殺の期待が既に成立しているため，その期待を保護しようとする趣旨である。その趣旨からは，差押えがあったが，未だ債権が成立していない段階でも，将来の相殺の期待を保護することを考える必要がある。

　Cが無資力である場合には，自分が支払うことになり譲渡人に対して求償権を取得し，求償権を自働債権とした相殺により支払を免れるという期待を有している。そのため，将来の求償権により相殺できる限度で拒絶権を認めることが考え

られる。469 条 2 項 1 号の趣旨の類推とでもいうべきか。

【答案作成についてのコメント】［設問 3］では，債権譲渡と相殺の問題につき，改正法により債権譲渡の対抗要件具備後に取得した債権でも，例外的にこれを自働債権とする相殺が可能になったことを確認し（これは条文の確認でよい），本問にあてはめて検討すべきである。また，事前求償権による相殺は，抗弁権つきなので認められないこと，しかし，主債務者が無資力であり，事後求償権が成立することが必然である場合には，相殺の期待を保護する必要があり，弁済前の段階でも拒絶権を認める必要性があることまで議論できれば最高である。

1 ［設問1］について

(1) BによるAの代理人としての売却

Cは乙画の所有者であり、Bが権限なしに乙画をDに売却し、更に、DがこれをEに委託してFに対して売却させており、現在、乙画はFが占有している。そのため、Cが所有権に基づいて、占有者Fに対して、乙画の返還を求めることになる。これに対して、Fからは、AD間、DF間の有効な所有権の移転ないし原始取得を主張し、自己に所有権が帰属することを反論することになる。以下、Fの反論が認められるか検討する。

　(a) **代理の効果**　BがAの代理人として乙画を販売したのは、BにはAより一切の営業についての代理権が与えられているため、有権代理であり、他人物売買になるが債権契約としては有効である。

　(b) **Dによる所有権取得**　Fは、Dが乙画を即時収得（192条）したと主張することになる。しかし、問題文から、DにはCに確認しなかった過失があるということなので、Dには即時取得は成立しない。よって、Dは無権利者である。

(2) Eによる処分授権に基づくFへの売却

以上のように、Dが無権利者であるとしても、FはEとの売買契約により乙画の所有権を即時取得したことを主張することになる。

　(a) **EF間の取引**　Fとの売買契約は、Eを売主としてなされており、Eが乙画を占有しているため、FがEを所有者と信じたのであれば、即時取得が成立する。しかし、FはEから、所有者はDで、Dから販売の授権がされていることを聞かされていた。この場合、即時取得は可能なのであろうか。

　　① **授権の権限内の場合**　Fは乙画がD所有でEは処分授権を受けていると考えている。Eの占有は、Dの代理占有であると考えている。Dが占有者で、所有権を有し、Eに処分授権し、これに基づいてEがFに有効に販売をしていると信じている。確かに所有者と信じたDとの取引ではないが、所有者の授権による取引であると信じているのであり、即時取得が可能と考えるべきである（192条の類推適用といってもよい）。

　　② **授権の権限を越える本問の場合**　ところが、Eは授権の権限を越えている。Dが所有者であっても、Fは所有権を取得しえない。即時取得が認められるためには、保護される有効な取引行為の存在が必要である。この点、授権についても110条の類推適用を認めるべきである。Fに善意無過失が認められれば、即時取得が成立する。

よって、Fは所有権を取得し、反射としてCは所有権を失うため、Cの所有権に基づく乙画の返還請求は認められないことになる。

2 ［設問2］(1)について

(1) 所有者Cによる追認の効力

(a) **債権契約として AD 間売買は有効**　AD 間の売買契約は債権契約として有効である。従って、A は D に対して乙画の代金債権を取得しており、A の債権者 G によるその差押えは有効になる。

(b) **C の追認の効果**　所有者 C の追認は、D の所有権取得という物権的効力を発生させるにすぎない。従って、C が追認しても、売主は A のままで代金債権も A に帰属したままである。この結果、C は追認しているが、代金債権は A に帰属したままで、A の債権者 G の差押えは有効である。

(2) C の法的保護

(a) **問題点**　乙画は A 所有ではなく、G の責任財産ではなかった。それなのに、無権限で売却したら、代金債権が G の責任財産になるというのは不合理である。C は A に対して、50 万円の不当利得返還請求権を取得しているが、乙画の代金債権につき、CG は債権者として平等というのは適切ではない。もちろん、A の他の財産については、債権者平等である。

(b) **不当利得返還請求権**　C の A に対する不当利得返還請求権については、50 万円の金銭債権ではなく、物の代償として A の取得した代金債権の返還請求権と考えるべきである。A がこれに応じない場合には、譲渡の意思表示に代わる判決（民事執行法 174 条）を得るしかない。

(c) **C が代金債権の譲渡を受けたら**　もし C が A から代金債権の譲渡を受けても、先に差押えがされているので、差押えには対抗できない（467 条 2 項）。そのため、差押え自体を排除することが必要になり、第三者異議の訴え（民事執行法 38 条 1 項）を認めるべきである。不当利得返還請求権としての債権取得権は、同規定の「所有権その他目的物の譲渡又は引渡しを妨げる権利を有する第三者」に該当すると考えるべきである。

(3) 結論

代金債権は、C が追認しても A に帰属したままであるので、A の債権者 G による差押えは有効である。しかし、C は、A に対して代金債権につき、不当利得返還請求として、自分に移転させるよう請求できる。そのため、G の差押えに対して、第三者異議の訴え（民事執行法 38 条 1 項）が認められるべきである。この結果、C は G の差押えを排除できる。

3　［設問 2］(2)について

(1) 債権者代位権の行使について

A が無資力であれば、C は A の D に対する代金債権を代位行使できる（423 条 1 項）。この場合、C は D に対して自己への支払を求めることができる（423 条の 3）。また、2 つの権利が密接に結びついており、D の支払う代金が全て C に辿りつくべき関係が認められ、A の無資力は必要ではないと考えられる。

(2) C による 3 者間の相殺

(a) **相殺の可否**　判例は 2 当事者以外には相殺適状を認めず、相殺を否定する。

しかし、本件の場合には資金が循環するのを省略でき、相殺（循環的相殺）を認める必要性がある。505条1項を類推適用して相殺を認めるべきである。

(b) Gが差し押さえた場合　　では、Dの債権者Gが、DのCに対する債権を差し押さえても、Cは、これを受働債権として循環的相殺ができるのであろうか。簡易決済を超えて、Cの相殺に担保的効力まで認めるべきであろうか。

この点、CのAに対する債権は正確には、代金債権の返還請求権、代金債権の取得権であると考えれば、実質的には、CD2当事者間の相殺に等しい。更にいえば、Cは、AからDに対する代金債権を取得し、CD間を相殺適状とすることができる。この場合、差押後の債権取得であるが、その原因が差押前なので、511条2項により、Cは相殺を差押債権者Gに対抗することができる。

4　[設問3] について

(1) Iへの債権譲渡について

Dに過失がなくDの即時取得が成立しており、代金も支払われているので、CはAに対して、50万円の不当利得返還請求権を取得しており、そのIへの譲渡は有効である。そして、内容証明郵便によるCの譲渡通知があるので、債務者Aに対する対抗要件を充たしている（467条1項）。なお、不当利得は代理人を基準とし、Bが善意なので703条が適用になる。

(2) Aの連帯保証債務

Aのなした本件保証契約は、書面が作成され、保証意思宣明公正証書も作成されている。特に錯誤等の事由はない。したがって、有効に成立している。

(3) Aによる相殺の対抗

Aは、Iの50万円の請求に対して、相殺を対抗することが考えられる。

(a) 事後求償権成立後（①ケース）　　469条1項は債権譲渡の対抗要件具備までに成立した債権による相殺のみを認めている。Aの事後求償権は、Iへの債権譲渡の対抗要件具備後である。従って、同1項では相殺を対抗できない。

しかし、同2項は例外として、それ以前の「原因」により生じた債権ならば相殺の対抗を認めている。本件では、Aは保証に際して自分が支払っても相殺で求償が得られないことを避けられると期待できたのである。この将来の相殺の期待は既得権として成立していたと考えられ、これを債権譲渡から保護した規定である。

結論として、事後求償権による相殺を、AはIに対抗できる。

(b) 事前求償権成立後（②ケース）　　弁済期到来により、AにCに対する事前求償権が成立している（460条2号）。これによる相殺も、原因が対抗要件具備よりも前であるとして、Iに対抗できるのであろうか。

① 抗弁つき　　しかし、主債務者は担保を提供するよう抗弁権が認められる（461条1項）。規定はないが、抗弁権のついた債権を自働債権として相殺はできない。そうすると、そもそも相殺ができない。

② 拒絶権を認めるべき　　ただし、AはCが支払わない場合には、保証人と

して支払わなければならず、支払えば、469条2項1号により相殺をIに対抗できる。だとすれば、469条2項1号の趣旨を類推して、事後求償権の可能性がある限り、担保的機能より、Cの請求を拒絶でき、これをIにも対抗できると考えるべきである（468条1項）。

　　③　**結論**　よって、事後求償権が成立していなくても、AはIの請求を拒絶することができる。その後、事後求償権が成立すれば相殺を対抗できることは、(a)に説明した通りである。

以上

次の文章を読んで、後記の［設問1］、［設問2］、及び［設問3］に答えなさい。（配点：100点〔［設問1］、［設問2］及び［設問3］の配点は、35：35：30〕）

【事実Ⅰ】

1.　A（株式会社）は、家電メーカーであるB（株式会社）と、部品αをAが生産してBに家電β生産用に供給する基本契約を、2024年4月に締結した（以下、「本件契約」という）。本件契約では、同年5月より、毎週月曜日の午前中に部品α1万個をBの甲工場で引き渡すことになっている。

2.　本件契約の契約期間は2024年5月から2年間とされ、更新可能となっている。交渉に際しては、何も問題がなければ更新されるのが普通であると、Bから口頭でAに説明されている。代金の支払は、1か月ごとにその月の代金をまとめて月末に支払うものとされている。

3.　Aは、同年5月の製品の納品開始に間に合わせるため、5000万円をかけて部品αの生産に必要な機械をAの工場に設置した。その際、設備投資のための資金については、信用金庫から5000万円の融資を受けた。

4.　製品の納入が開始されてから3か月目に当たる同年7月の第2週目に、Bが不況で商品が売れなくなったことを理由に、8月からは、週1万個ではなく5000個の供給でよい、それ以上は受け取れないと伝えてきた。本件契約には、Bが供給量を変更できることを根拠づける条項はない。

5.　Aは、設備投資をしておりそのための借入もしたので、週5000個の供給では投下資本の回収が難しいため、Bに約束通り週1万個を受け取ってくれるよう求めた。しかし、Bは5000個しか受け取れない、生産調整しないとBの経営が傾くと言い張るだけであった。

6.　協議が整わないまま、Aは、8月の第1週も部品αを1万個生産し、Bの甲工場に持参し提供をした。しかし、Bは5000個しか受け取れないと主張するため、Aは、やむを得ず5000個のみを引き渡し、残り5000個を持ち帰

り、自社の倉庫で保管している。

7. AはBに対して、残り5000個も受け取るように求め、請求があればいつ
でも引き渡す旨を伝えると共に、8月の第2週以降についても1万個を受け
取るよう求めたが、Bはこれを拒絶した。そのため、Aは、8月の第2週供
給分については1万個を生産して持参したが、やはりBが5000個しか受け
取らず5000個の引渡しのみを求めたため、Aは一切の引渡しをせず、1万
個全部を持ち帰った。

8. その後、AはBに保管中の1万5000個の受取りを催告したが、Bは8月
の第2週分の5000個のみしか受け取らないこと、また5000個を直ちに持っ
て来るよう求めるだけであった。そのため、Aは、8月の第3週については、
1万個を生産したがBの工場に持参せず、1万個を受け取るのであれば持参
すると電話で催告しただけであった。

9. 同月の第4週については、Aは1万個を生産したが、Bに受取りを催告せ
ず、保管中の2万5000個と共に倉庫で保管し（合計3万5000個）、部品が
なくなってBが折れてくることを期待していた。同年9月の第1週以降は、
部品αはBの製品用でありほかに販売することはできず、倉庫も一杯になっ
てきたため、Aは全く生産をしなかった。8月末には、Bからは8月の第1
週に受領した5000個分の代金が振り込まれている。

[**設問1**] 【事実Ⅰ】を前提として、以下の各問いに答えなさい。

⑴ BはAに対して、どのような法的主張をすることができるか、理由を
付して解答しなさい。

⑵ AはBに対し、どのような法的主張をすることができるか、理由を付
して解答しなさい。

【**事実Ⅱ**】

【事実Ⅰ】1～3に加え、以下の事実があった。

10. Aは、2024年5月から部品αを生産して、Bに供給を始めたが、本件契
約で求められていた品質を満たしていなかったため、同年6月に、部品αを
用いて生産したBの家電βについて、ユーザーがその使用中に部品αを原

因とする不具合が発生した。

11. そのため、Bは、それまでに生産した家電βをリコールにより回収し、Aに対しては、契約通りの品質を満たした部品αの生産を求めた。Aは陳謝してこれに応じて、直ちに契約通りの品質の部品αをリコールに必要な分を生産してBに引き渡した。

12. Bは、このリコールによって生じた損害を1億円と算定して、同年7月にAに対して損害賠償を求めた。しかし、Aは、Bの主張する算定根拠には合理性がないとこれを争い、Bの算定根拠として相当な項目だけを認めて、約5000万円を賠償金として支払う和解案を提示すると共に、5000万円を提供しBに受取りを求めた。

13. Bは受取りを拒絶し、同年8月、Aに対して1億円の賠償を求める訴訟を提起した。同年の10月に第1審裁判所の判決があり、5000万円が損害として認定され、5000万円の支払を命じる判決が出された。そのため、AはBに対して5000万円を提供し受領を求めたが、Bが受領を拒絶して控訴をしたため、Aは5000万円を供託した。

[設問2] 【事実Ⅰ】1〜3及び【事実Ⅱ】を前提として、控訴審裁判所は損害を7000万円であると認定して、第1審判決を変更する判決を出そうと考えている。控訴審裁判所としてはどのような判決を言い渡すべきか、遅延損害金を含めて検討しなさい。

【事実Ⅲ】
　【事実Ⅰ】1〜3に加え、以下の事実があった。

14. Aは、部品α生産用の機械の製作をC（機械の生産を業とする株式会社）に依頼し、Cは機械γを製作し、Aの工場に納品した。その製作代金500万円については、5月末に支払うことが合意されている。

15. Aは、機械γにより部品αを生産し、Bに供給していたが、機械γには設計上の不具合があり、2020年4月15日に、Aの従業員Dが機械γを操作中に、機械γの不具合により事故が発生し、Dが負傷し入院した。

16. Aは、就業規則に基づいてDに治療費・入院費等を支払った。Dは1か

月入院したが、やはり就業規則に基づいてその間の給料を全額支払っている。そのため、同年5月末に、Aは支払った合計額（200万円とする）につき、Cに対して損害賠償金の支払を求めた。

[設問3] 【事実Ⅰ】1～3及び【事実Ⅲ】を前提として、AのCに対する損害賠償請求の法的根拠について検討しなさい。また、Cから機械γの代金債権との相殺が主張された場合、これは認められるか検討しなさい。なお、機械γについては、事故後にCにより修理がされ危険性は解消されている。

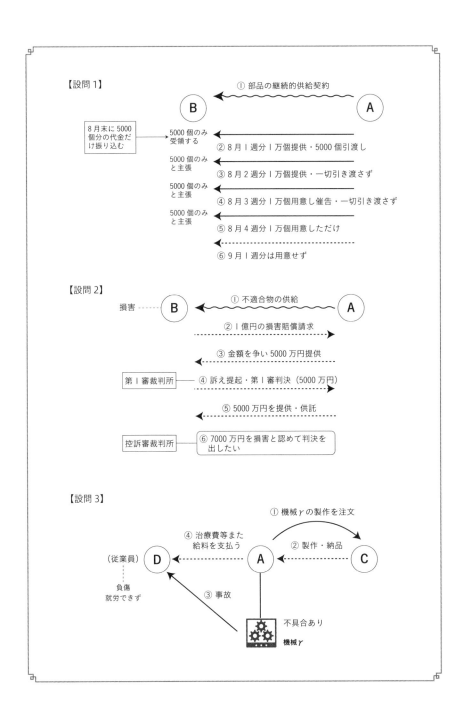

【設問1】

① 部品の継続的供給契約

B ← A

8月末に5000個分の代金だけ振り込む

5000個のみ受領する ← ② 8月1週分1万個提供・5000個引渡し

5000個のみと主張 ← ③ 8月2週分1万個提供・一切引き渡さず

5000個のみと主張 ← ④ 8月3週分1万個用意し催告・一切引き渡さず

5000個のみと主張 ← ⑤ 8月4週分1万個用意しただけ

⑥ 9月1週分は用意せず

【設問2】

損害 ---- B ← ① 不適合物の供給 A

② 1億円の損害賠償請求

③ 金額を争い5000万円提供

第1審裁判所 ← ④ 訴え提起・第1審判決（5000万円）

⑤ 5000万円を提供・供託

控訴審裁判所 ⑥ 7000万円を損害と認めて判決を出したい

【設問3】

① 機械γの製作を注文

④ 治療費等また給料を支払う

（従業員）D ← A ← ② 製作・納品 C

負傷就労できず

③ 事故

不具合あり

機械γ

1 [設問 1] 小問(1)について
(1) 事情変更の原則
①事情変更の原則の認否（重要度 B）
②あてはめ（重要度 B）
(2) A の履行遅滞の有無——確定期日債務
（重要度 B）
①現実の提供（重要度 A）
②口頭の提供（重要度 A）
③口頭の提供も不要な場合
ⓐ口頭の提供は必ず必要か（重要度 B）
ⓑ準備は必要か（重要度 B）

2 [設問 1] 小問(2)について
(1) A による提供の有効性
①[設問 1] 小問(1)と共通（重要度 B）
②5000 個のみの受領遅滞か（重要度 B）
(2) B の受領遅滞
①増加費用の請求（重要度 B）
②受領義務の認否（重要度 A）
③契約解除（重要度 A）
④損害賠償（重要度 A）
⑤受領遅滞の解消（重要度 C）

3 [設問 2] について
(1) 契約不適合責任の確認
①契約不適合（重要度 C）
②損害賠償義務は期限の定めなき債務,
催告により遅滞（重要度 C）

(2) A による一部提供・一部供託
①提供・供託は債務の本旨に従わなけれ
ばならない（重要度 A）
②一部提供・一部供託も例外的に有効に
なる
ⓐ第 1 審判決が出された場合（重要度
A）
ⓑ判決は必ず必要か（重要度 A）
ⓒあてはめ——差額 2000 万円のみ賠
償命令またその遅延損害金（重要度
B）

4 [設問 3] について
(1) C の A に対する責任
①不適合物給付責任（重要度 C）
②不適合物責任による損害（重要度 B）
(2) C の D に対する責任
①不法行為責任（重要度 B）
②信義則上の義務違反による債務不履行
責任（重要度 C）
③相殺の受働債権にしえない（重要度 A）
(3) 代位取得
①弁済者代位が適用されるか（重要度 B）
②賠償者代位（重要度 A）
③賠償者代位の類推適用——給与支払
（重要度 B）
④相殺禁止は被害者でないと認められな
いのか（重要度 A）

解説及び答案作成の指針

1 [設問 1] 小問(1)について （配点は(1)(2)で 35 点）

【出題趣旨】 [設問 1] 小問(1)は，A に提供による免責の要件が充たされているか，提供の要件
を検討してもらう問題である。民法は口頭の提供を最低限必要としているが，それさえ不要
な場合を認めるか，その要件をどうするか，その場合には履行の準備さえも不要なのかとい
うことを論じることが求められている。

(1) 契約内容の変更を前提とした主張

(a) 契約内容の変更を前提とした主張　Bからは，Bの通知により契約内容が週1万個の供給から5000個の供給に変更されたこと，そして，それを前提として以下のような法的主張がされるものと考えられる。

①8月から5000個の供給契約に変更された，Bは5000個の受領しか義務付けられず，毎週5000個を受け取ると主張しているため，Bには受領遅滞はない。②8月の第2週以降は，5000個の引渡しがなく，Aは履行遅滞にある。③第2週は1万個を提供しているが，1万個受け取らなければ渡さないという条件付きであり，5000個についての提供とは認められない。④第3週以降も同じである。

以上より履行遅滞にあることから，損害賠償請求（415条1項），契約解除（541条）が主張されることになる。以上の主張が認められるためには，Bは契約内容が有効に変更されたことを証明しなければならない。

(b) 事情変更の原則が適用されるか

(ア) 事情変更の原則自体は認められる　まず，Bの契約変更権については，契約に規定がなく，事情変更の原則は民法に規定はないが解釈により認められる（1条2項）。契約後の事情変更が，①契約時に予見できなかったこと，②その者の帰責事由によるものではないこと，③そのまま契約内容を強制するのでは信義則に反するほど重大な変更であることなどの要件を充たすことが必要である。

(イ) 本件へのあてはめ　本問では，Aは不況による販売の落ち込みを理由としている。確かに，生産量を半分に減らさなければならないのは，かなりの事情の変更である。しかし，予見できなかったかは不明であり，第一，この程度の変更では，契約拘束力の原則に対する例外を認めるのには足りないといわざるをえない。従って，Bの主張する契約内容の変更は認められず，当初の契約通り週1万個の供給契約のままである。

> 【答案作成についてのコメント】まずは，Bによる週1万個の供給から5000個の供給への契約内容変更の意思表示は無効であり，AB間には週1万個の供給という契約関係が存続していることを確認すべきである。

(2) Aの履行遅滞の主張

(a) 確定期限を遅滞している　Bによる契約変更が無効であるとしても，Bからは，Aの製品引渡義務は確定期限のある債務なので，①8月の第1週は残り5000個，②それ以降については，1万個全部について，Aが履行遅滞にあるとし

て（412条1項），損害賠償請求（415条1項），また，契約解除（541条）が主張されるものと考えられる。

これに対しては，Aからは提供による免責の主張がなされることになる。そこで，以下には提供について検討する必要がある。なお，履行また提供の状況は下記【図1】のようである。

【図1　Aの準備・提供の状況】
①8月第1週　1万個現実の提供　　5000個のみ引渡し　5000個保管
②8月第2週　1万個現実の提供　　一切引渡せず　　　1万個保管（合計1万5000個）
③8月第3週　1万個準備・口頭の提供　一切引渡せず　1万個保管（合計2万5000個）
④8月第4週　1万個準備しただけ　　一切引渡せず　　1万個保管（合計3万5000個）
⑤9月第1週　一切生産せず　　　　　　　　　　　　新たな保管なし（合計3万5000個）

(b)　**現実・口頭の提供がされている8月第1週〜第3週**

(ア)　**8月第1週分の未引渡しの5000個**　　まず，8月の第1週の残りの5000個については，Aが現実の提供をして，Bが5000個の受領を拒んだために引渡しができなかったのであり，492条，493条本文により現実の提供が認められ，Aは不履行による一切の責任を免れる。

なお，代金は月末締めであるため（Aの引渡しは先履行義務），代金支払との同時履行の抗弁権は援用できない。

(イ)　**8月第2週分の1万個——現実の提供あり**

❶　**5000個のみの受領拒絶**　　8月の第2週分については，Aは1万個の現実の提供をしているので，やはり492条，493条本文により不履行の責任を免れそうである。ただここで問題になるのは，Bは全部の受領を拒絶しているのではなく，5000個は受け取るといっているので，5000個を渡さないのは履行遅滞にならないのかということである。

❷　**5000個の受領意思の表示は有効か**　　この点，履行の提供・供託と同様に，一部のみを受け取るというのでは受領意思の表示としての効力は認められないと考えられる。そうすると，Aは1万個全部について提供による免責の効果が認められることになる。

(ウ)　**8月第3週分の1万個——口頭の提供あり**　　このように，「5000個だけしか受領しない」という受領の意思表示の効力は認められないので，Bが1万個全部を受け取ると意見を変えない以上は，受領拒絶と扱われる。そのため，A

は事前に受領拒絶がされている事例として，口頭の提供をすれば足りることになる（492条，493条ただし書）。従って，8月の第3週の1万個分についても口頭の提供の効果により，Aは債務不履行の責任を免れることになる。

(c)　**提供がされていない8月第4週以降**　　ところが，8月第4週以降は<u>口頭の提供もしていない</u>。そのため，民法では，上記の通りあらかじめ受領拒絶がされていても口頭の提供は不可欠とされているので，Aは履行遅滞の責任を免れないのであろうか。

(ア)　**8月第4週分の1万個——準備はあり**　　まず，8月第4週分の1万個については生産して準備をしていたが，口頭の提供さえもせず，債権者から請求されるのを待っていたにすぎない。口頭の提供をしていない以上は責任を免れないのであろうか。

最判昭32・6・5民集11巻6号915頁は，賃貸借の事例で賃貸人が契約の終了を主張して受領を拒絶している事例で，「債務者が言語上の提供をしても，<u>債権者が契約そのものの存在を否定する等弁済を受領しない意思が明確と認められる場合</u>においては，債務者が形式的に弁済の準備をし且つその旨を通知することを必要とするがごときは全く無意義であって，法はかかる無意義を要求しているものと解することはできない」と，<u>口頭の提供さえも不要</u>と認めている。従って，8月第4週分の1万個もAは履行遅滞にない。

(イ)　**9月第1週分以降の1万個——準備もしていない**　　ところが，9月第1週分以降の1万個については，Aは，無駄になることを恐れまた倉庫での保管もばかにならないため——すでに3万5000個が保管されている——生産自体をしなかった。

❶　**準備は必要とする判例**　　最判昭44・5・1民集23巻6号935頁は，上記(ア)の判決を認めつつ，「このことは，賃借人において言語上の提供をすることが<u>可能なことを前提としている</u>ものであって，経済状態不良のため弁済の準備ができない状態にある賃借人についてまでも債務不履行の責を免れるとするものではない」，として賃貸人による解除が有効としている。「債務者が経済状態の<u>不良のため弁済の準備ができない状態にあるとき</u>は，そもそも債権者に協力を要求すべきものではない」ことが理由とされている。

❷　**本問はどう考えるべきか**　　この判例の射程が，金銭債務ではない本事例のAの債務に及ぶのかは問題となる。部品aはBの製品以外に汎用性もなく，

既に3万5000個が保管されていることからも生産を控える合理的な理由があるといえる。例外の適用を否定する上記判例の射程は本件には及ばないと考えるべきである。

(d) **本問の結論**　　以上のように考えると，BはAに対して履行遅滞の責任を問うことはできず，過去の分の受領をすることまた今後は1万個を受領することを明確に伝え受領遅滞の状態を解消しない限りは，Aの履行遅滞の責任を問うことはできない。解除も損害賠償請求も認められない。

> 【答案作成についてのコメント】BからAに対する契約解除や損害賠償請求について，Aからは提供，更には提供を不要とする特段の事情の存在の主張がなされ，その検討がされるべきである。そして，Bからは，9月第1週分以降については，Aは準備さえもしていないため履行遅滞を免れないとの主張がされることが予想され，この点についても更に検討すべきである。

2　［設問1］小問(2)について

> 【出題趣旨】　［設問1］小問(2)は，同じ事例を債務者Aの側から検討してもらう問題である。受領遅滞についての債権者Bの責任，債務者Aに与えられる法的保護を検討することが求められている。

(1)　代金債務の不履行について

Aとしては，このままでは埒が明かないので，債務不履行を理由として契約を解除して，設備投資が無駄になったことにつき損害賠償を請求することを考えるはずである。その根拠としては，まず，Bは各月の代金を支払わないと思われるので，代金債務の不履行が考えられる。

(a) **契約解除について**　　この点，Aの引渡義務が未履行なので同時履行の抗弁権により履行遅滞にならないということが考えられるが，明確に受領を拒絶している場合には提供なくして同時履行の抗弁権の主張を排斥できるので（最判昭41・3・22民集20巻3号468頁），提供なく催告解除は可能である。各月の代金未払い分の解除ではなく，基本契約自体の解除である。

(b) **損害賠償について**

(ア) **金銭債務の不履行である**　　問題は，基本契約についての設備投資が無駄になった損害の賠償請求である。代金債務（金銭債務）の不履行を理由に，このような賠償請求ができるのであろうか。金銭債務の賠償内容は制限されているからである（419条）。

（イ）　解除の場合には 419 条の制限は適用にならない　　しかし，ここでは，545 条 4 項の解除がされたがための損害の賠償請求がされているのであり，上記損害の賠償請求を認める余地がある。ただし，債権者が受領をしない，基本契約のいわば協力義務の違反が本質的に問題になっているのであり，受領義務違反を理由とした方がより適切である。そこで，この点につき次に検討してみたい。

(2)　債権者の受領義務違反

(a)　受領義務の認否

（ア）　改正法は解釈にまかせた

❶　改正前は「責任」規定——受領義務を認めるかは議論があった
2017 年改正前は，旧 413 条に債権者が受領遅滞について「責任を負う」旨の規定があった。この規定の理解を握るカギは，債権者に受領義務を認めるか否かにあった。①これを認めない**法定責任説**では，そもそも義務違反が考えられないので契約解除や損害賠償請求は認められなかった。②他方，これを認める**債務不履行責任説**では，債務不履行があるので契約解除も損害賠償請求も可能と解されていた。

❷　改正法は「責任」規定を削除　　改正法はこの点につき解決することなく，解釈にまかせる趣旨で，413 条には受領拒絶について異論なく認められていた効果のみを規定することに変更した。そのため，従前の判例が改正後も先例として残されることになる。そこで従前の判例を確認したい。

（イ）　従前の判例

❶　法定責任説の変更は宣言されていない　　判例は，かつての通説である法定責任説を採用し（大判大 4・5・29 民録 21 輯 858 頁，最判昭 40・12・3 民集 19 巻 9 号 2090 頁），それを正面から変更することを宣言することなく，最判昭 46・12・16 民集 25 巻 9 号 1472 頁は，受領義務を認めた。X が採掘する硫黄鉱石の全量を年最低 4000 トンを Y に売り渡す契約がなされたが，市況悪化のため Y が途中で引取りを拒絶した事案で，X の Y に対する損害賠償請求を認めた原判決を支持した。

❷　受領義務を認めた根拠は明確ではない　　同判決は，「信義則に照ら

して考察するときは，Xは，右約旨に基づいて，その採掘した鉱石全部を順次Yに出荷すべく，Yはこれを引き取り，かつ，その代金を支払うべき法律関係が存在していた……，Yには，Xが採掘し，提供した鉱石を引き取るべき義務があったものというべきであり，Yの前示引取の拒絶は，債務不履行の効果を生ずる」と説明する。根拠の説明は必ずしも明確ではない。

　　❸　**受領義務を認める可能性**　上記判決は，信義則を介して受領義務を契約内容として認める——そのような黙示の合意を認める（補充的解釈を認める立法ならば，裁判官による契約内容の補充）——にすぎない。しかし，その後，信義則上の義務として安全配慮義務を認める判例が確立しており，信義則上の義務として受領義務を認めることが，近時の信義則上の義務論に合致する。

　　㋑　**本問**について　本問は，毎週1万個の部品の生産・供給であり，上記判例ほどの大規模な事例ではない。しかし，受領してもらわないと債務者Aは困り，また，設備投資が無駄になるという点では共通している。そうすると，本問でも，少なくとも上記判例の射程が及ぶと考えられる。AはBの受領義務違反を理由に，本件供給契約を解除し（541条［催告解除］，541条1項2号［即時解除］），また，設備投資の損害を含めて損害賠償を請求することができる（545条4項）。

　　(b)　**受領遅滞のその他の効果**　また，Aは，受領遅滞と相当因果関係のある損害として，受領を拒絶された部品 a の保管費用の賠償請求も可能であろうが，受領義務の認否にかかわらず認められる効果として，改正413条2項に，受領拒絶又は受領不能により履行費用が増加したならば，その費用は債権者が負担することが規定された（485条の確認規定）。従って，Aは受領遅滞中の保管費用を413条2項に基づいて償還請求することもできる。

　　なお，Bが5000個を受け取るという意思を表示しているが，1万個全部の受領遅滞として扱われることは先に述べた通りである。

　　(c)　**受領遅滞解消の要件**　Bが契約解除を免れまた解除による莫大な損害賠償義務を免れるためには，受領遅滞を解消する必要がある。この点，最判昭45・8・20民集24巻9号1243頁は，建物の賃貸借の事例で，「X［賃貸人］は，賃貸借の終了を理由とする賃料の受領拒絶の態度を改め，以後Y［賃借人］より賃料を提供されれば確実にこれを受領すべき旨を表示する等，自己の受領遅滞を解消させるための措置を講じたうえでなければ，Yの債務不履行責任を問えない」と判示する。

本問でいえば，Bが週5000個の供給契約に変更されたという主張を撤回して，過去の分も含めて1万個を受け取る旨をAに通知して初めて受領遅滞が解消されることになる。Bにはこれに該当する事実は認められない。

> **【答案作成についてのコメント】**受領義務について，判例の解釈また判例の射程がどこまで及ぶかを中心論点として議論すべきである。落としても構わないが，受領遅滞の解消にも言及しておくと加点されるものと思われる。

3 ［設問2］について（配点は35点）

> **【出題趣旨】**［設問2］は，一部提供・一部供託の効力について考えてもらう問題である。僅少な不足である場合を除き，一切提供・供託の効力が認められないのが原則であるが，債務者が債務の全部だと信じている場合，それがやむを得ない場合にまで全部無効という原則を貫いてよいのか，例外について検討してもらう問題である。

(1) 一部提供・一部供託についての原則

［設問2］の論点は単純である。弁済提供は「債務の本旨に従って」しなければならず（493条），これは現実の提供，口頭の提供に共通の要件である。一部提供また供託は，その一部を含めて<u>全部無効となる</u>。本問の控訴審は，【図2】のような状況の下で7000万円の損害賠償を命じる判決を出す予定である。そうすると，第1審判決後になされた5000万円の提供・供託は一部提供・一部供託として無効になり，7000万円全額につき請求時からの遅延損害金の支払を命じるべきであろうか。判決で確定まで損害額は決まらないのに，僅少な差額での提供・供託を求めるのは不能を強いることになり酷である。他方で，無条件で債務者が自分の考える金額で提供・供託できるというのも問題である。

【図2 ［設問2］における提供・供託状況】

① 2024年7月　　　BがAに対して1億円の損害賠償を請求（裁判外）
② 2024年7月　　　Aは5000万円を提供
③ 2024年8月　　　BがAに対して1億円の損害賠償請求訴訟を提起
④ 2024年10月　　5000万円の支払を命じる第1審判決が出される（その後，Bが控訴）
⑤ 2024年10月　　AはBに5000万円を提供し，これを供託する

> **【答案作成についてのコメント】**まず，提供・供託は債務の本旨に従う必要があり，一部提供や一部供託は全面的に無効であることを確認し，金額が分かっていて一部提供・供託をしているのではなく，金額が分からず全部提供・供託だと思っていて，結果的に一部提供・供託になっている場合に

は，保護の必要性があることを指摘して，問題提起をすべきである。

(2) 僅少の不足＋善意の場合は例外的に有効

(a) 492条，493条以外の事例

①提供や供託された金額の不足額が極めてわずか（＝僅少な不足）であり，かつ，②不足について債務者が善意である場合には，その金額の支払を要件とする制度の効力が認められている。例えば，買戻しのための提供がされた事例（大判大9・12・18民録26輯1947頁），譲渡担保における担保物件の引渡請求を拒否するための提供・供託の事例（大判昭10・6・8判決全集19号3頁）などである。

(b) 492条，493条について

弁済提供また供託についても，上記と同様の原則が適用されている。例えば，代金1万円の提供で100円不足した場合（大判昭9・2・26民集13巻366頁），804円95銭に対し7円40銭不足した場合（大判昭13・6・11民集17巻1249頁）などで，一部提供も有効とされている（その金額のみの一部有効）。判例はないが，損害賠償義務にもあてはまり，僅少の不足ならばその金額の限度で有効となると考えられる。

> **【図3　一部提供・一部供託が有効と認められるための要件】**
> ①僅少な不足であること
> ②債務者が不足について善意であること

(c) 本問の事例の問題点

しかし，本問では損害が7000万円に対して5000万円の提供・供託（第一審判決後）なので，2000万円の不足であり僅少の不足ではない。では，Aの5000万円の提供・供託は全部無効なのであろうか。損害が不明で裁判所によって決めてもらうための訴訟が提起されているのに，判決を予測してその金額に僅少の不足となるような金額での提供・供託を要求するのは，債務者にとってはいかにも酷である（「法は不能を強いない」という格言がある）。

> **【答案作成についてのコメント】**原則については，債務者が全部提供・供託だと信じていて，そして，不足額が僅少である場合には，例外的に提供の効果が認められることを確認し，しかし，僅少でなければならないということを問題提起すべきである。

(3) 僅少の不足ではなくても例外が認められるか

(a) 明文規定があれば可能

(ア) 判例により無効とされた

賃貸人の賃料増額請求が裁判により認めら

れた場合に，特別規定が立法される前は，差額が僅少ではない場合には全部無効とされていた（最判昭40・12・10民集19巻9号2117頁）。

　　(イ)　**立法により解決された**　　しかし，それでは賃借人に酷なので，判決の翌年＝昭和41年の借地法，借家法の改正により，賃貸人の賃料増額請求の場合には，賃借人は自分の相当と思う額を支払えばよいとする規定が置かれた（現在の**借地借家法11条2項，32条2項**）。ただし，差額については年10％の利息を支払うという責任を加重することによりバランスが図られている。修正したのは僅少という**【図3】**①の部分だけであり，賃借人が提供した金額を相当と思っていなければ例外的保護は認められない（最判平8・7・12民集50巻7号1876頁）。

　(b)　**明文規定がない場合はどう考えるべきか**　　本問の損害賠償義務のように「損害額」が判決や和解により初めて確定される債務の場合には，特例規定がなくても，解釈上特別の扱いが認められるべきであろうか。

　　(ア)　**事例判決だが例外を認める**　　最判平6・7・18民集48巻5号1165頁は，交通事故による損害賠償請求訴訟において，「加害者が被害者に対し，第一審判決によって支払を命じられた損害賠償金の全額を任意に弁済のため提供した場合には，その提供額が損害賠償債務の全額に満たないことが控訴審における審理判断の結果判明したときであっても，原則として，その弁済の提供はその範囲において有効」とした。一般論は述べておらず，事例判決にすぎない。

　　(イ)　**有効とする理由**　　同判決は，その理由につき，①「加害者は……判決が確定して初めて自己の負担する客観的な債務の全額を知るものであるから，……加害者に対し難きを強いること」，また，②「被害者は，右提供に係る金員を自己の請求する損害賠償債権の一部の弁済として受領し，右供託に係る金員を同様に一部の弁済として受領する旨留保して還付を受けることができ」ることを挙げている。

　(c)　**本問へのあてはめ**

　　(ア)　**判例の基準による解決**　　本問では，第1審判決により5000万円の賠償を命じる判決が出されており，判決後のAのBに対する5000万円の提供また供託は5000万円の限度で有効となり，供託（494条）が有効なので残額2000万円の支払を命じ，遅延損害金については請求から第1審判決後に5000万円の提供があるまでの7000万円を元本とした遅延損害金，また，それ以降の残額2000万円についての遅延損害金の支払が命じられることになる（☞**【図4】**③）。

　　（イ）　拡大できないか　　問題は，必ず判決が必要なのかということである。訴訟前に，A は 5000 万円での和解を提案して 5000 万円を提供しており，結局はそれが第 1 審判決の認容額と等しかったのである。A の提案に合理性があったことになるが，判決は必須なのであろうか。この点，上記最判平 6・7・18 は，事例判決であり，今後事例の重ねが期待され，ADR 機関の和解案として提示された額であるなど，相当な根拠がある場合にも拡大してよい。特段の事情がない限り，事実 12 の A による 5000 万円の提供については，その効力を認めるのは難しい。

4　[設問3] について（配点は 30 点）

(1)　C の損害賠償義務

(a)　A に対する債務不履行責任

　　（ア）　担保責任が成立　　まず，C は A との間に製作物供給契約（請負と分析しておく）があるので，不適合物を製作して引き渡したのは債務不履行になり，担保責任が成立する。A は C に対して 559 条，564 条，415 条 1 項により，損害賠償を請求できる。機械 γ には「欠陥」があるといえるが，A の工場が損傷したなどの損害は受けていないので，A については製造物責任は問題にできない。

(イ)　**損害賠償の範囲**　　担保責任の賠償範囲については，416条により規律される。欠陥があれば事故が起きるのは相当因果関係の範囲内であり，Aが就業規則により賠償金を支払いまた就労できなくても給料を支払うことも，本件不履行と相当因果関係を認めることができる（代位取得との関係では，損害を否定する余地があることについては☞(3)(c)(イ)❸）。

　(b)　**Dに対する責任**

　　(ア)　**不法行為責任**　　Cは欠陥製品の製造者として，Dに対して製造物責任を負い（製造物責任法3条），また，過失があれば，民法709条の責任を負う——従業員の製作上のミスであれば715条1項——。賠償範囲は，416条が不法行為にも類推適用される。ただ，①治療費や傷害慰謝料については，Aによる賠償金の支払により塡補され，②収入については，就労していないのに，Aの好意で給与が支払われており損害がない。しかし，Cを免責するのは不合理である。

　　(イ)　**債務不履行責任**　　Aは被用者に対して安全配慮義務を負い，安全な機械を調達・管理して保養者に使用させる義務を負う。Aはその義務の履行として，Cからγ機械を調達したのであり，機械の安全性確保の保護範囲に被用者も含まれている。そこで，AC間の機械γ製作の請負契約に付随する信義則上の義務をCD間に拡大する余地があり，もしこれを肯定すればCはDに対して債務不履行責任も負い（415条1項），不法行為責任と請求権競合となる。

> **【答案作成についてのコメント】** まず，CのA及びDに対する損害賠償義務について確認をしておくべきである。

(2)　**Cの相殺の主張——相殺の受働債権とすることができるか**

　(a)　**509条による相殺禁止**　　民法は，①悪意による不法行為に基づく損害賠償請求権（509条1号），及び，②不法行為，債務不履行かを問わず，生命又は身体侵害による損害賠償請求権について（509条2号），相殺の受働債権とすることを禁止している（☞【図5】）。

> **【図5　それを受働債権とする相殺が禁止される場合】**
> ①悪意による不法行為に基づく損害賠償請求権（509条1号）　悪意による債務不履行はOK
> ②生命または身体侵害による損害賠償請求権（同2号）　　　　下記いずれにも適用される
> 　ⓐ不法行為の場合
> 　ⓑ債務不履行の場合（安全配慮義務違反，医療過誤など）

Ｃの代金債権による相殺の主張については，ＡのＣに対する損害賠償請求権は，債務不履行責任に基づくものであり，A自体の損害としては賠償金，給与の支払であり生命・身体の侵害による損害賠償請求権ではない。こうして，Ａの固有の損害賠償請求権に対しては，Ｃの相殺の主張は認められることになる。

> 【答案作成についてのコメント】不法行為債権の相殺禁止は改正で大きく変わったので，改正規定を確認して，Ａには適用にならず，Ｄには適用になることを確認すべきである。

(3) ＡによるＤの損害賠償請求権の取得と相殺禁止

Ｄの損害賠償請求権には509条2号が適用になるが，Ｃは，Ａは被害者自身ではなくこれを代位取得したことから509条柱書の類推適用を理由に，Ｃの相殺は認められると主張すること考えられる。

(a) **損害賠償金の支払——入院・治療費など**　Ａは，就業規則によりＤに賠償金を支払っており，Ｄに対してＡＣは不真正連帯債務者といえる。ただし，最終的には全面的にＣが負担すべきであり，422条の賠償者代位を認めるべきである。そうすると，Ａは，①固有の担保責任に基づく損害賠償請求権の他，Ｄの不法行為（また製造物責任法）による損害賠償請求権及び債務不履行による損害賠償請求権を，代位取得することになる。

(b) **給料の支払——休業損害**　本来ならば，Ｄは就労することができずＡから給料を受けられないため，それを損害としてＣに賠償請求ができたはずである。ところが，就業規則に従い就労中の事故による就労不能としてＡはＤに給料を全額支払っている。判例は，「民法422条を類推して使用者に第三者に対する求償を認めるべきである」という（最判昭36・1・24民集15巻1号35頁）。この結果，Ａは，ＤのＣに対する既述の損害賠償請求権を取得することになる。

(c) **相殺禁止の承継の認否**

㋐　**債権の属性は承継される**　以上のように，ＡがＤの損害賠償請求権を取得するとしても，相殺禁止という属性を承継するのであろうか。Ｄの損害賠償請求権は不法行為債権であり，消滅時効は724条また724条の2により規律され，また，遅延損害金の発生時期，弁護士費用の賠償請求の可否など不法行為債権の属性は失われない。弁済者代位については，労働債権の代位取得が認められ，労働者でない代位取得者につき労働債権としての保護が認められている（最判平23・11・22民集65巻8号3165頁）。

㋑　**509条について——ただし書の射程**

❶ 債権譲渡についての適用否定　　509条柱書ただし書は，被害者から損害賠償請求権を譲り受けた者には，509条の保護を否定している。これを，一身専属的保護であることを確認する規定と考え，債権譲渡以外にも拡大して適用すべきであろうか。509条の趣旨を，損害賠償義務者への制裁，被害者の保護のいずれと考えるかにかかり，後者では相殺禁止の保護を受けるのは被害者に限定される。

❷ 類推適用を制限すべきか　　相殺禁止は相続人には承継される。労働債権の相殺禁止も同様である。債権譲渡を，第三者弁済の形をとって回避した場合には，類推適用を認めてよい。しかし，債権譲渡についての規制を潜脱する意図のない賠償者代位については，類推適用を否定すべきように思われる。

❸ 請求権競合に立ち返って　　ところが，Aの取得した固有の損害賠償請求権（担保責任）については，Cは相殺ができ，それにより代位取得した損害賠償請求権も消滅すると考えざるをえない。それを考えると，Aには，Dの負傷については固有の損害賠償請求権（担保責任）を認めず——もちろん，工場の設備の損傷があれば固有の損害賠償請求権を取得する——，賠償者代位によるDの損害賠償請求権取得に一本化することも考えられる。

> 【答案作成についてのコメント】最後に，Dの損害賠償請求権をAが取得することを，その法的構成と共に確認する。そして，509条ただし書との関係で，不法行為債権の相殺禁止という保護がAに承継されるのかを検討すべきである。

1 ［設問1］(1)について

(1) BのAに対する法的請求

(a) 法的請求の前提としての契約内容の変更　Bは、毎週1万個の供給契約を、毎週5000個に一方的に変更する通知をしている。そのため、Bは、週5000個の供給に契約内容が変更され、Aが1万個の受領を主張することはできない、8月第2週以降は5000個の引渡しをしておらず、履行遅滞にある（412条1項）と主張する。そのため、Bは契約解除（541条本文）、また、損害賠償請求（415条1項）をすることになる。

では、契約内容は有効に変更されているであろうか。AB間の契約にはそのような権限をBに認める条項はない。Aが同意すれば有効に合意で変更が可能であるが、Aは同意していない。法定の権限としては、解釈上、事情変更の原則の適用が考えられる。

(b) 事情変更の原則の適用の認否　この点を検討するに、予見できない事情の変更ではない。また、契約拘束力の原則に対する例外を認めるほどの事情の変更ではない。この結果、Bによる内容変更の意思表示は無効であり、従前どおり1万個の供給内容のままである。

(2) Aの履行遅滞について

Bとしては、週1万個の供給契約のままだとしても、8月の第1週の残り5000個、翌週以降の1万個が引き渡されていないとして、損害賠償等の法的主張をすることが考えられる。

(a) 確定期日債権である　毎週月曜に1万個を供給するという確定期日が定まっている。そのため、催告がなくても期日を経過すると履行遅滞になる（412条1項）。提供など遅滞を免れる事由がないと遅滞の責任が生じる。この点、以下に検討する。

(b) 提供による免責　Aからは履行遅滞が争われることになる。

①8月第1週分の未引渡しの5000個については、現実の提供があり（493条本文）、免責される（492条）。

②8月第2週分の1万個については、Bは5000個は受領するといっているのに、Aは引渡しをしていない。しかし、受領は全部でなければならず、一部の受領拒絶は全部拒絶として扱われる。したがって、Aは1万個全部を提供した上で引渡しをしないことができる。よって、Aは1万個全部について履行遅滞の責任を免れる。

③8月第3週の1万個については、あらかじめ全部受領拒絶と扱われる。Aは口頭の提供をしているので1万個全部につき履行遅滞の責任を免れる（493条ただし書）。

(c) 提供がないものについて

①8月第4週分の1万個については、Bが明確に拒絶しているため口頭の提供なしに、遅滞の責任を免れる。

②9月第1週分以降の1万個については、Aは準備さえもしていない。判例は賃料

について準備を要求する。しかし、本件は物の生産である。汎用性がなく無駄になること、保管などを考えると生産を控える合理的理由がある。よって、生産さえしていなくても、①と同様の保護が与えられるべきである。

2 ［設問1］(2)について
(1) 代金債務の不履行について
　Aは、8月分の代金をBが5000個分しか支払わないため、代金債務の履行遅滞を理由に、契約解除また損害賠償義を請求することが考えられる。
　これに対して、Bは、部品αの引渡しをしていないので同時履行の抗弁権を援用することが考えられる。
　しかし、8月の第1週から第3週については、先に見たように、現実また口頭の提供がされている。そして、第4週については、Bが明確に受領を拒絶しているため、Aは提供なくして同時履行の抗弁権の主張を排斥できる。この結果、Bは代金債務について履行遅滞となる（月末支払という確定期日）。
　(a) **契約解除**　　Aは、3万5000個につき、催告解除（541条）が可能である。Bが支払を拒絶したら即時解除が可能になる（542条1項2号）。解除は不履行代金部分ではなく、基本契約そのものにつき可能である。
　(b) **損害賠償請求**　　Bは債務不履行にあるので（履行遅滞）、Aは損害賠償を請求することができる（415条1項）。金銭債務の不履行であるが、419条は適用にならず、545条4項により解除のために生じた損害の賠償請求ができる。そうすると、Aの設備投資が無駄になった損害を賠償請求できる。
(2) 受領遅滞について
　また、AはBの受領遅滞を理由に契約を解除することも考えられる。そのためには、受領義務違反が必要になるが、そもそも債権者に受領義務を認めるかどうかは議論がある。
　(a) **受領義務の認否**　　判例は原則として受領義務を認めない（法定責任説）。しかし、鉱山の開発のような大規模な事例では、受領義務を認めた判例もある。この点、信義則を根拠に契約上受領義務の合意を認めることもできるが、安全配慮義務などと同様に、信義則上の義務たる履行への協力義務として受領義務を認めるべきである。したがって、Bの受領義務違反を認めるべきである。
　(b) **受領義務違反の効果**　　受領義務違反も一種の債務不履行として、541条により催告解除、542条1項2号により即時解除ができる。そして、545条4項により、無駄になった投下資本の賠償など損害賠償請求ができる。また、413条2項により保管費用を増加費用として賠償請求ができる。
　ただし、Aによる解除前に、Bは契約変更を撤回し、過去の分も含めて週1万個受領する旨を伝えれば、受領遅滞を解消できるが、Bにはそのような事情は認められない。

3 ［設問2］について
(1) 一部提供・供託は全部無効
　(a)　問題点　　控訴審裁判所は、債務不履行に基づく損害賠償について、5000万円の賠償を命じた第1審判決を変更して、7000万円の賠償を命じようとしている。この場合、7000万円の賠償金の支払、また、催告時からの7000万円の遅延損害金の支払を命じるべきであろうか。というのは、Aは第1審判決後、5000万円を提供・供託しており、これを有効と解する余地があるからである。

　(b)　一部提供・供託は全部無効が原則　　何故問題になるのかというと、提供また供託は債務の本旨に従わなければならない（493条、494条）。一部提供・供託は債務の本旨に合致せず、提供・供託された一部についても効力は認められず、全部無効になるからである。

　　しかし、金額が不明な損害賠償義務のような場合は問題である。金額が分からないのであり、法は不能を強いることはできないからである。債務者としても遅延損害金の発生を止めたいのである。

(2) 例外は認められないか
　(a)　善意かつ僅少の不足の場合　　金額が不明な場合に、債務者が全部提供・供託と信じている場合には保護すべきである。判例も、僅少の不足であれば信義則上その一部について、提供・供託を有効とする。しかし、本件の場合には2000万円の不足であり、僅少の不足ではない。

　(b)　損害賠償義務についてのさらなる例外　　判例は不法行為による損害賠償請求権については例外を緩和している。①判決で確定するまで金額が分からないこと、②債務者に僅少の不足での金額の提供・供託を求めるのは不能を強いることになり酷であること、③債権者は一部として留保して受領また供託金の受取りをすることができ、不利益はないことが理由である。

　(c)　例外が認められる要件　　しかし無条件ではなく、判例が認めたのは、第1審判決が出されその金額による提供・供託の場合である。そのため、Aが第1審判決後に5000万円提供・供託したのは5000万円の限度で有効である。交渉段階で、Aが5000万円を提供している点はどう考えるべきであろうか。判決等の根拠はなく、一部提供として全部無効と考えざるをえない。

(3) 結論
　供託により5000万円は消滅しており、判決としては残額の2000万円の賠償のみが命じられ、また、遅延損害金は2000万円を基準として、催告から第1審判決後の提供までは7000万円を基礎に、それ以降支払までは2000万円を基礎にすることになる。

4 ［設問3］について
(1) AのCに対する損害賠償請求
　(a)　Aに対する債務不履行責任　　AC間の製作物供給契約は請負契約であり、C

は不具合のある製品を製作し引き渡しており、債務不履行責任たる担保責任を負う（559条、552条以下）。Aからは、Dに対して支払った賠償金や給与を損害として賠償請求することが考えられる（415条1項）。不具合があればこのような事故が発生し、そのような支出が生じることは予見可能である（416条2項）。

(b) Dの損害賠償請求権の取得

① Aによる代位取得　Aは、Dに対して損害賠償義務もないのに、就業規則に基づいて賠償金を支払い、また、Dが就労していないのに給与を支払っている。そのため、賠償者代位（422条）を類推適用して、DのCに対する損害賠償請求権（次述）を代位取得すると考えられる。

② Dの損害賠償請求権　Dは、Cに対して製造物責任法3条に基づき損害賠償請求権を取得する。また、Cに過失があれば民法709条、715条1項に基づく損害賠償請求権も取得する。

更には、債務不履行責任も考えられる。AC間の請負契約の信義則上の付随義務たる保護義務は、Dに拡大されるべきである。そうすると、DはCに対して債務不履行責任（415条1項）も追及できる。請求権は競合しいずれを選択してもよい。

(2) 相殺の受動債権とすることができるか

Cは、Aの損害賠償請求に対して、Aに対する代金債権を自働債権として相殺をすることができるであろうか。

(a) Dの損害賠償請求権　AがDから代位取得した損害賠償請求権は、509条2号により、相殺の受働債権とはできない。Cは従って相殺ができなくなりそうである。

ところが、509条柱書のただし書では、債権譲渡で取得した場合を適用除外としている。これを代位取得にも拡大（類推適用）すべきであろうか。509条2号は、損害賠償請求権者に対する制裁というよりも、被害者保護に主たる趣旨があると考えるべきである。そうすると、その趣旨は被害者のみに当てはまり、代位取得の場合にも柱書のただし書は拡大適用すべきである。

(b) Aの損害賠償請求権　Aの固有の損害賠償請求権は債務不履行による財産損害であり、509条2号の適用なく相殺の受働債権とすることができる。この場合、AがDから代位取得した損害賠償請求権も消滅すると考えなければ不合理である。そう考えると、(a)について相殺を認めることは不合理ではない。

(3) 結論

Aは、自己の担保責任に基づく損害賠償請求権と、Dから代位取得したDの損害賠償請求権を有し（200万円）、いずれを行使してもよい。これに対して、CはAに対して、代金債権500万円による相殺を主張でき、これにより200万円の賠償義務を免れ、差額の300万円代金支払を求めることができる。

以上

次の文章を読んで、後記の **[設問1]**、**[設問2]**、及び **[設問3]** に答えなさい。以下の問題につき、利息については考えなくてよい。(配点：100点〔[設問1]、[設問2] 及び [設問3] の配点は、40：30：30〕)

【事実I】

1. 2024年4月に、〇〇温泉においてホテル業を経営するA(株式会社)は、B(銀行)から5000万円の融資を受けた(返済期日は2025年10月1日)。その際、Aの経営者(代表取締役)Cは、親戚Dに保証人になることを依頼した。Dはこれに応じて、BのAに対する本件貸金債権(以下、「α債権」という)につき連帯保証人になった。Dは連帯保証契約締結の1か月以内に保証意思宣明公正証書作成の手続を経ている。

2. Cは、自らもα債権について連帯保証人になると共に、連帯保証債務を被担保債務としてC所有の甲地に抵当権を設定し、その旨の登記を経ている。甲地には、これ以外に登記された抵当権などの担保物権は存在しない。

3. 同年10月、AはBに追加融資として5000万円の融資を求め、Bがこれに応じた。Aが同年9月に取得していた乙地に抵当権を設定することが約束され、今回の貸金債権(以下、「β債権」という)と共にα債権を被担保債権として、乙地に抵当権が設定され、その旨の登記がなされた。β債権の返済期日も2025年10月1日とされている。

4. その後、Aの業績は芳しくなかったため、2025年10月1日の返済期日に、Aは返済ができなかった。そのため、Dは、α債権の保証人としてBに5000万円を支払い、乙地の抵当権に代位の付記登記をした。β債権については一切返済がされていない。

5. Aはその後も業績が改善しないため、2025年11月からホテルを休業している。そのため、BはAの再建を断念し、同月、β債権に基づいて乙地の抵当権の実行を裁判所に申し立てた。この競売手続には、Dも配当加入している。裁判所は乙地を競売し、5000万円が配当金とされた。

[設問 1] 【事実Ⅰ】を前提として、以下の各問いに答えなさい。

 ⑴ Dが配当要求をできる法的根拠について検討し、配当金 5000 万円が BD にどのように配当されるべきか検討しなさい。

 ⑵ DはCに対してどのような法的主張ができるか、甲地の抵当権の実行も含めて検討しなさい。

【事実Ⅱ】

 【事実Ⅰ】1 に加え、以下の事実があった。

6. Cは、自らもα債権について連帯保証人になると共に、α債権を被担保債権としてC所有の甲地に抵当権を設定し、直ちにその旨の登記を経ている。甲地には、これ以外に登記された抵当権などの担保物権は存在しない。

7. CD間では、CがDに連帯保証人になることを依頼するに際して、Aが支払不能の場合の不利益は全部Cが負担し、もしDが支払ったならば全額Cの抵当権に代位できる旨が約束されていた。Dはこの際のやり取りを録音していた。

8. その後、不況が長引き、Aの業績は芳しくなくなり、2025 年 10 月 1 日の返済期日に、Aは返済ができなかった。そのため、Dは、保証人としてα債権について 5000 万円を支払った。

9. Dは、甲地の抵当権に代位の付記登記をした上で、これを実行することを裁判所に申し立てた。裁判所は甲地を競売し 5000 万円が配当金とされた。配当手続には、Bの抵当権設定後に、Aに対する 5000 万円の債権を被担保債権として甲地に抵当権を設定しているE（後順位抵当権者）が配当加入してきた。

[設問 2] 【事実Ⅰ】1 及び【事実Ⅱ】を前提として、裁判所は、配当金 5000 万円について、DEにどのように配当をなすべきか、理由を付して解答しなさい。

【事実Ⅲ】

【事実Ⅰ】1に加え、以下の事実があった。

10. Cは、Bからもう1人保証人を出すことを求められたため、Dとは別に知人のFにも保証意思宣明公正証書を作成の上、α債権につき連帯保証人になってもらった。

11. Aのホテルは業績が芳しくなく、2024年10月に、Aは同業者のGにホテルの土地建物を売却することとし、α債権については、ABGの合意でAを免責しGがこれを引き受けることにした（免責的債務引受）。その際に、Fには保証人を続けてもらうことの承諾を受けたが、Dからはそのような承諾を得ていない。

12. 同月、Gの代表者Hが、α債権について、保証意思宣明公正証書を作成することなくBと連帯保証契約を締結している。

13. 2025年10月1日のα債権の返済期日が到来したが、GはAから買い取ったホテルの営業が思ったよりも改善せず、支払ができなかった。そのため、Bは、保証人Fに対して5000万円の支払を求めた。Fは、Dも保証人を続けているものと思っていたが、この時初めてDはGの引き受けた債務について保証する旨の承諾をしていないことを知った。

[設問3] 【事実Ⅰ】1及び【事実Ⅲ】を前提として、BのFに対する5000万円の連帯保証債務の履行請求が認められるかどうか、Fから出される反論またBからの再反論も踏まえて検討しなさい。

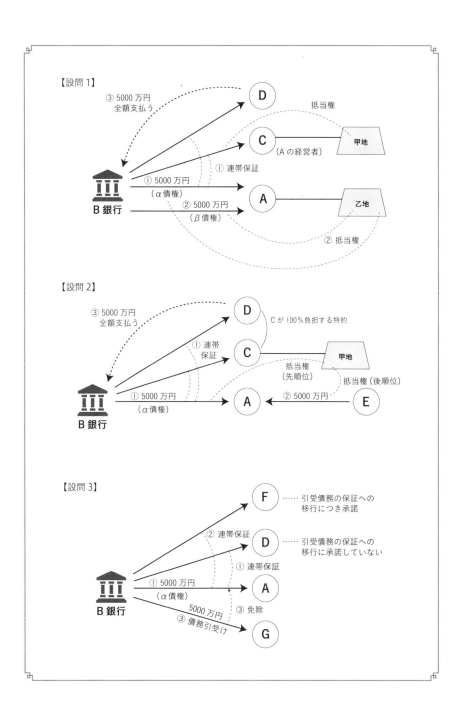

1 ［設問1］小問(1)について
(1) 保証契約の効力
①保証意思宣明公正証書が作成されている（重要度C）
②無効・取消し原因はない（重要度C）
(2) 弁済者代位
①弁済者代位制度（重要度A）
②一部代位
ⓐ一部代位も可能か（重要度A）
ⓑ債権者との関係1──原則（重要度A）
ⓒ債権者との関係2──複数の債権が1つの抵当権で担保されている場合（重要度A）

2 ［設問1］小問(2)について
(1) 共同保証人間の求償権
①465条1項により共同保証人間の求償権が認められる（重要度A）
②負担割合を超えた出捐をしたことが要件になる（重要度B）
(2) 弁済者代位
①DはBのCに対する保証債権を代位取得できるか（重要度B）
②501条2項括弧書（重要度A）
③甲地の抵当権も取得する（重要度A）

3 ［設問2］について
(1) 保証人と物上保証人を兼ねる者の負担割合
①1人と計算するか（重要度A）
②1人だとしても2つの資格で負担（重要度A）
(2) 負担割合の特約による変更
①変更合意の有効性（重要度A）
②変更合意の後順位抵当権者への対抗（重要度A）

4 ［設問3］について
(1) 免責的債務引受
①免責的債務引受の可能性（重要度B）
②免責的債務引受の要件（重要度B）
(2) 免責的債務引受の効果
①新債務の負担と旧債務の免除（重要度A）
②担保への効力（重要度A）
(3) 担保保存義務違反
①Dの承認を得ずに免責的債務引受に同意したことの担保保存義務違反（重要度B）
②その後にHが連帯保証人になった
ⓐ保証意思宣明証書がなくてよいか（重要度C）
ⓑ担保保存義務違反が治癒されるか（重要度A）

解説及び答案作成の指針

1 ［設問1］小問(1)について（配点は(1)(2)で40点）

【出題趣旨】 ［設問1］小問(1)は，弁済者代位の問題について，制度の趣旨また一部代位についての規定を確認した上で，抵当権の被担保債権が複数ありその1つの保証人になった場合も，一部代位についての原則によるべきかどうかを考えてもらう問題である。

(1) 弁済者代位の主張

(a) 前提としての保証契約の有効性
D は，A の事業上の借入金債務について連帯保証をしており，保証意思宣明公正証書の作成が必要になる（465 条の 6 以下）。本問では，D はその作成手続を経ており有効に保証債務が成立している。

(b) 弁済者代位の効力

㋐ 求償権の取得と弁済者代位　上記のように，D は α 債権について有効に連帯保証人になり，保証債務の履行として B に 5000 万円を支払っている。そのため，D は主債務者である A に対して 5000 万円の求償権を取得している（459 条）。民法は，この求償権を保護するために，**弁済者代位制度**（499 条）を認めている。

㋑ 原債権の取得　弁済者代位の効力は，債権者が債権の効力及び担保として有していた一切の権利を「行使することができる」ことである（501 条 1 項）。代位して「行使」というが，債権者が有していた権利を取得するのであり代位「取得」といわれる。そのため，第三者の弁済は，債権（原債権という）の移転原因にすぎないことになる（最判昭 59・5・29 民集 38 巻 7 号 885 頁）。

(c) D の法的主張
本問では，D は A に対して 5000 万円の求償権を取得し，その担保のために，債権者 B が有していた α 債権を取得し，あわせて α 債権の担保のための乙地の抵当権も取得することになる。そのため，D は，乙地の抵当権の配当につき，B に対して債権額に応じた 2500 万円ずつの配当を主張することになる。これに対して，B は自分の抵当権の優先を主張し，一部代位の問題が議論されることになる。

> **【答案作成についてのコメント】** まずは，弁済者代位制度を確認した上で，一部代位について問題提起をすべきである。

(2) 一部代位の問題

(a) 問題点

㋐ 1 つの抵当権が B と D とに帰属する　乙地の B の抵当権は，α 債権だけでなく β 債権も担保している。そのため，D が弁済者代位により α 債権を取得した結果，乙地の抵当権は，D の取得した α 債権と B の β 債権を共に担保することになる（抵当権については準共有となる）。

㋑ 配当をめぐる問題　乙地の配当金は 5000 万円であり，被担保債権は B

のβ債権5000万円と，Dのα債権5000万円であるため，配当金では全額を満足させることはできない。では，配当はどのようになされるべきなのであろうか。

(b) 原則としての債権者優先主義──1つの債権の場合

(ア) 弁済者代位は他の者を害しない限度で認められる例外的制度　弁済者代位制度は，本来，第三者の**弁済により消滅すべき原債権を例外的に存続させて**，保証人らが求償権回収のために用いることを可能にしたものである。債権者またその他の第三者に特に不利益をもたらさないため，本来消える権利を存続させているのである。このような前提に基づく例外的制度であるので，債権者を害することはできない。

(イ) 判例も1つの債権の事例で債権者優先主義を宣言　改正前の502条の解釈として，最判昭60・5・23民集39巻4号940頁は，「抵当権が実行されたときには，その代金の配当については債権者に優先されると解するのが相当である。けだし，弁済による代位は代位弁済者が債務者に対して取得する求償権を確保するための制度であり，そのために債権者が不利益を被ることを予定するものではなく，この担保権が実行された場合における競落代金の配当について債権者の利益を害するいわれはないからである」と，**債権者優先主義**を採用した。改正法は502条3項で，この結論を明文化している。

【図1　1つの債権の場合】
1. B → A 債権（1億円）
　①Dの連帯保証
　②債務者A所有の乙地の抵当権
2. DがBに5000万円弁済すると，B → A債権（1億円）は次のようになる
　①B → A債権（5000万円）　Dの保証とA所有の乙地の抵当権が存続する
　②D → A債権（5000万円）　求償権（5000万円）のため，A所有の乙地の抵当権を代位取得するが，Bに劣後する

(c) 2つの債権の1つが保証されている事例では例外が認められている

(ア) 原則事例は保証債務が残っている　ところが，判例は，複数の債務を同一の抵当権で担保していて，その1つのみについて保証人がいる本問の事例では例外を認めている。原則的事例では，保証人が1億円全額につき保証し，5000万円のみ一部弁済をしただけの事例であり，いまだ債権者に対して5000万円の保証債務を負担しているので（☞【図1】2①），保証人を債権者と平等というの

は違和感がある。

　　(イ)　**例外事例は残債務につき保証人は責任を負わない**　　ところが本問の事例では，保証人は α 債権について全額保証債務を履行し，債権者に対してもはや責任を負担していないのである。そのため，最判平 17・1・27 民集 59 巻 1 号 200 頁は，この場合には「抵当権は債権者と保証人の準共有となり」，「売却代金につき，債権者が有する残債権額と保証人が代位によって取得した債権額に応じて案分して弁済を受ける」と，保証人と債権者を平等として扱う。その理由については，「保証人が自己の保証していない債権についてまで債権者の優先的な満足を受忍しなければならない理由はない」という（☞【図 2】）。【図 1】2①のような事情がないことを重視している。

【図 2　2 つの債権の 1 つだけの保証】
I. 被担保債権
　①Ｂ→Ａ（α債権 5000 万円）　Ｄの保証と乙地（債務者Ａ所有）の抵当権
　②Ｂ→Ａ（β債権 5000 万円）　乙地の抵当権
2. ＤがＢにα債権 5000 万円につき弁済すると
　①Ｄ→Ａ（α債権 5000 万円）　乙地の抵当権（全部代位取得し，Ｂと平等）
　②Ｂ→Ａ（β債権 5000 万円）　乙地の抵当権（存続）＊Ｄが保証人としての責任を負わない

　　(ウ)　**学説には異論が強い**　　ただし，学説には，弁済者代位は本来弁済により消滅すべき権利を存続させる例外制度であり，このことは【図 2】の事例にも当てはまることを根拠として判例に反対し，【図 2】の事例でも債権者優先主義によるべきとの主張もある。改正法は 502 条 4 項を追加したが，判例を変更することは意図していない。そのため，ＢＤは平等になり 2500 万円ずつの配当を受けることになる。

　　【答案作成についてのコメント】原則は債権者優先主義が採用され，改正法もこれを 502 条 3 項で明記したが，本件のような事例は例外を認めるのが判例であり，その点について議論がされるべきである。

2　［設問 1］小問(2)について

　【出題趣旨】　［設問 1］小問(2)は，共同保証人間における求償権，そして，共同保証人間の弁済者代位について検討してもらう問題であり，弁済者代位を認めると甲地の抵当権を代位取得することができるという利点があることを確認してもらう必要がある。

⑴　共同保証人間の求償権——改正前は代位の規定なし

　(a)　弁済者代位についての規定の欠缺　　改正前の 501 条には，保証人・物上保証人間，第三取得者間，また，物上保証人間については代位の負担割合についての規定があり（改正法では 501 条 3 項），保証人に対する債権も代位取得の対象となることが認められている。ところが，共同保証人間についての代位を認める規定がなかった。

　(b)　固有の求償権が別個に規定されている

　　㋐　共同保証人間の求償権　　債務者からの求償不能のリスクを公平に分担する必要性は，保証人・物上保証人間，第三取得者間，また，物上保証人間に限らず，<u>保証人間にも当てはまる</u>はずである。それなのに，旧 501 条が保証人間の代位を規定していなかったのは，別個に保証人間に固有の求償権を認め，それにより公平な負担を分かつようにしているためである（465 条 1 項）。

　　㋑　弁済者代位よりも要件を加重　　保証人間の求償権が 501 条と異なるのは，弁済者代位では一部の弁済でも負担割合に応じた代位が可能であるが，<u>負担部分を超えた出捐をしたことが必要</u>とされ，<u>その超えた部分のみの求償ができる</u>にすぎない点である。

　(c)　弁済者代位の必要性は残される　　しかし，465 条 1 項では<u>無担保の求償権</u>が認められるだけである。本問では，B の C に対する保証債権には甲地について抵当権が設定されており，保証債権の代位取得が認められれば，この抵当権も随伴性により取得できることになる。そのため，弁済者代位を認める必要がある。

【答案作成についてのコメント】共同保証人間の固有の求償権が認められていることと，共同保証人間の弁済者代位との関係について問題提起をすべきである。

⑵　改正法は明文規定を置いて解決した

　(a)　弁済者代位だと負担部分を超えた出捐は不要　　弁済者代位においては，原則として，「自己の権利に基づいて<u>債務者に対して求償</u>をすることができる範囲内」につき，一部弁済でも負担割合に応じて代位（一部代位）できることになる（501 条 2 項）。共同保証人間で代位を認めると，465 条 1 項の，負担部分を超えた出捐という制限が潜脱されてしまう。

　(b)　改正規定——501 条 2 項括弧書　　改正法は，保証人間については，501 条 2 項括弧書で，「保証人の一人が他の保証人に対して債権者に代位する場合には，自己の権利に基づいて<u>当該他の保証人に対して求償</u>をすることができる範囲内」

で代位ができることを明記した。本人への求償権ではなく，465条1項の共同保証人間の求償権を，被保全債権としたのである。これにより，465条1項の趣旨が没却されないようにしたのである。

【図3 共同保証人間の求償権と弁済者代位】

1. 共同保証人間の求償権（465条1項）
- ①負担部分を超えた出捐が必要
- ②負担部分を超えた出捐部分についてのみ求償権が成立

2. 共同保証人間の弁済者代位（501条2項括弧書）
- (1) 2つの求償権
  - ①主債務者に対する求償権が成立（一部弁済でも出捐額全額成立）
  - ②共同保証人間の求償権は1.のような制限がある
- (2) 弁済者代位の被保全債権
  - (1)②に限定して代位を認めた

（c）　**本問へのあてはめ**　　本問にあてはめると，例えばDが3000万円の弁済をしたとすれば，Cに対して1500万円ではなく500万円の求償権しか取得せず（465条1項），この限度で，原債権及び甲地の抵当権のついたBのCに対する保証債権を代位取得できることになる。

【答案作成についてのコメント】2017年改正法がこの問題を，明文規定を置いて解決したこと，501条2項括弧書で共同保証人に対する求償権を被保全債権とすることを説明すべきである。

3 ［設問2］について（配点は(1)(2)で35点）

【出題趣旨】 ［設問2］は，①保証人と物上保証人の地位を兼ねる者の負担割合について確認し，それを変更する合意が有効か，また，②有効であるとしても後順位抵当権者に対抗できるのかを考えてもらう典型論点型の問題である。

(1) 保証人と物上保証人を兼ねる者の負担割合

（a）　**2人分の負担部分を計算すべきか（2人説）**　　Cは，α債権につき，保証人になると共に，甲地に抵当権を設定し物上保証人にもなっている。では，CD間の代位につき，保証人と物上保証人の2人としての負担割合——保証人CDで1／3ずつ，物上保証人Cで1／3（Cは合計2／3）——を考えるべきであろうか（これを肯定するのが2人説）。

（b）　**判例は2つの資格で1人分の負担とする（1人説）**

(ｱ)　**保証人兼物上保証人１人として頭割による**　　判例（最判昭 61・11・27 民集 40 巻 7 号 1205 頁）は，「501 条ただし書後段 4 号，5 号の基本的な趣旨・目的である公平の理念に基づいて，<u>二重の資格をもつ者も一人と扱い，全員の頭数に応じた平等の割合であると</u>解するのが相当である」という（**1 人説〔資格併存1 人説〕**）。Ｃは保証人兼物上保証人１人で 1／2，Ｄは保証人として 1／2 を負担することになる（☞【図4】2）。

【図 4　１人説 vs ２人説】
I. 2 人説
　①保証人Ｄ　1／3
　②保証人Ｃ　1／3（一般財産から回収）
　③物上保証人Ｃ　1／3（抵当権から回収）
2. 1 人説（判例）
　①保証人Ｄ　1／2
　②保証人兼物上保証人Ｃ　1／2（一般財産及び抵当権から回収）

　(ｲ)　**頭割にする理由**　　その理由は，①二重資格者を「二人である，として代位の割合を決定すべきであると考えるのが<u>代位者の通常の意思ないし期待でない</u>」こと，②二重資格者が複数いる場合に，「担保物の価格を精確に反映させて代位の割合を決定すべきであると考えるのが代位者の通常の意思ないし期待であるとしても，右の二つの要請を同時に満足させる簡明にしてかつ実効性ある基準を見い出すこともできない」ことである。

　(c)　**本問へのあてはめ**　　(ｲ)②に述べているように，物件価格を無視するという問題点があることは承知でやむを得ず簡単・公平な基準によるというのである。判例を適用すれば，ＣＤ間は頭割りで 2500 万円ずつの負担となり，Ｄは 2500 万円を限度に，抵当権と保証債権とを代位取得することになる。

　【答案作成についてのコメント】 まず，二重資格者への 501 条 3 項の規定の適用を確認し，判例の状況，そして改正法は規定を置かず解釈にまかせたため，従前の判例が妥当することを確認すべきである。

(2)　負担割合についての特約

(a)　負担割合についての特約は有効

　(ｱ)　**392 条２項は強行規定**　　類似の制度として，392 条 2 項の後順位抵当権者の代位がある。この規定は後順位抵当権者を保護する趣旨の強行規定であり，抵当権設定者と抵当権者との合意で排除したり変更することはできない。

㈠　弁済者代位規定は任意規定　　これに対して，501条3項は，任意規定であり，これと異なる特約は有効であると解されている（最判昭59・5・29民集38巻7号885頁）。「その窮極の趣旨・目的とするところは代位者相互間の利害を公平かつ合理的に調節する」という，当事者間の私的利益の問題だからである。「同号はいわゆる補充規定」であり，この規定により後順位抵当権者が利益を受けても，それは反射的利益にすぎないことになる。

　⒝　負担割合についての特約の後順位抵当権者への対抗

　　㈠　後順位抵当権者は不利益を受ける

　❶　民法の規定だと　　民法の規定（の解釈）によれば，CD間は頭割りで1／2ずつ求償不能のリスクを負担するはずであり，DはC所有の甲地の先順位（第1順位）の抵当権に2500万円を限度で代位取得するにすぎない。後順位抵当権者Eは，配当金5000万円のうちから，Dに配当した残額2500万円の配当を受けられたはずである（☞【図5】2）。

【図5　民法の規定による場合】

1. B→A（1億円）

　①Cによる担保負担（負担割合共通で1／2）
　　ⓐ保証債務負担
　　ⓑ甲地に抵当権設定（第1順位）
　②Dによる担保負担――保証債務負担（負担割合1／2）

2. 保証人Dによる全額の弁済による代位

　①負担割合　　Cの保証債務と甲地の抵当権（1／2）
　②甲地の抵当権の配当　　Dに2500万円配当され，残り2500万円は後順位抵当権者Eに配当される。

3. 債権者Bが保証人からの回収ではなく，抵当権を実行したら

　①抵当権の配当
　　ⓐ第1順位B　　5000万円
　　ⓑ第2順位E　　0円（0円ということもEは覚悟していた）
　②保証人D　　保証債務から解放される

---

　❷　特約によるとEが不利益を受ける　　ところが，CD間の特約によりCが100％負担することになっているので，Dは甲地の抵当権に5000万円全額を代位できることになり，Eは本来2500万円受けられたはずの配当が0円になる。では，この特約をDはEに対抗できないのであろうか。合意は，当事者でない第三者を害し得ないというのが，民法の原則であるために問題になる。

(イ)　判例は対抗を認める

❶　第三者への対抗を認める　この点，判例（最判昭59・5・29民集38巻7号885頁）は，旧501条後段5号（現行3号4号後段）は任意規定——当事者が合意で定めなかった場合の補充規定——であり，これと異なる特約は有効であり，「その求償権の範囲内で右特約の割合に応じ抵当権等の担保権を行使すること」を認めた上で，次のようにいう。

❷　対抗を認める理由　同規定は任意規定にすぎず，後順位抵当権者を保護する規定ではないこと（392条2項と異なる），従って，特約がない場合に民法の規定によるのは，「処分権限を有しない他人間の法律関係によって事実上反射的にもたらされるものに過ぎ」ないこと，債権者が抵当権を実行していたら，それに劣後し債権回収ができないということを覚悟していたこと（【図5】の3参照）等が，上記結論を根拠付ける理由である（登記による公示は不要）。

【図6　特約がある場合】
1. B → A（1億円）
　①Cによる担保負担（特約により100％の負担割合）
　　ⓐ保証債務負担
　　ⓑ甲地に抵当権設定（第1順位）
　②Dによる担保負担
　　保証債務負担（特約により負担割合0％）
2. Dによる全額の弁済による代位
　①負担割合　　Cの保証債務と甲地の抵当権（100％代位）
　②甲地の抵当権の配当　　Dに5000万円配当され，後順位抵当権者Eへの配当はなし

(ウ)　**本件へのあてはめ**　Dは特約により第1順位の抵当権につき5000万円全額の代位ができ，5000万円を優先的に配当を受けることを，特約の登記なくしてEに対抗でき，Eは配当を全く受けられないことになる（【図6】2②参照）。

【答案作成についてのコメント】CD間の特約によりEは不利益を受けるが，民法の規定による代位により利益を受けるとしてもそれは反射的な事実上の利益にすぎず，501条3項は第三者の期待を保護するための強行規定ではないので，公示がなくても第三者に対抗できることを論じる。その際，弁済者代位制度が，Eが覚悟したα債権を超えた権利を代位権者に取得させるものではないこと，抵当権が実行された場合に回収ゼロを覚悟していたことも書き添えるべきである。

4 ［設問 3］について（配点は 30 点）

> **【出題趣旨】** ［設問 3］は，免責的債務引受の法的構造・要件を確認し，その担保への影響，共同保証人の 1 人について承諾を得ず免責を生じさせたことが，担保保存義務違反になり免責を生じさせるか，その後に新たに共同保証人が現れているので免責はどうなるのか等を検討してもらう問題である。

(1) 免責的債務引受の要件・効果

(a) **免責的債務引受の意義** 2017 年改正法は，債務引受は，まさに第三者による「債務」の新たな「引受」と構成した。第三者（本問では G）が元の債務と同一内容の債務を新たに負担——債務の移転ではない——するだけであり，従って，債務者はそのままである併存的債務引受が基本形となる。これに元からの債務者（本問では A）の免除を組み合わせたのが，免責的債務引受ということになる。

(b) **担保について**

(ア) **担保を新たな債務に移すことができる——第三者提供の担保はその承諾が必要** 免責的債務引受では，元の債務は免除により消滅し，その担保も付従性により消滅する。ただし，従前の担保権を引受人の負担する新たな「債務に移す」ことができる。そのためには，第三者が設定した担保権については「移す」ことについて，その第三者のあらかじめ又は同時の「承諾」が必要である（472 条の 4 第 1 項，第 2 項）。そして，保証にもこの点は準用されている（同第 3 項）。

(イ) **本問について** 本問については，A を免責し G に債務を引き受けさせる免責的債務引受がされており，保証人 F について保証を続けることの承諾を得たが，D については承諾を得ていない。そのため，D の保証債務については，主債務者 A の債務が免除されたため付従性により消滅することになる。

(c) **［設問 3］の結論** 免責的債務引受に際し，複数の保証人の 1 人のみが引受人の債務の保証を承諾し，他の保証人が承諾せず免責されたとしても，新たな債務負担であり，既存の代位はここでリセットされるのであり，担保保存義務違反を考える必要はない。たとえ類推適用するとしても，資力のある新たな保証人 H が加わっており，義務違反はないと考えるべきである。F が D も承諾すると考えていたとしても，動機の錯誤にすぎず，F は承諾を錯誤取消しすることはできない（95 条 2 項）。

(2) 担保保存義務違反

(a) 共同保証人間の求償の期待の侵害について　　DFは共同保証人であり，465条1項，501条2項括弧書により頭割りでの弁済者代位が認められる。ところが，債権者Bが，保証人Dの承諾を得ることなく，免責的債務引受につき承諾（472条3項）してしまったため，Dの保証債務は消滅してしまっている。この結果，Fは465条1項の求償ができないことになる。債権者の怠慢により保証人Fが不利益を受けるのは不合理である。

(b) 担保保存義務違反について　　465条1項には504条のような免責規定がない。しかし，先に説明したように共同保証人間でも501条2項括弧書により弁済者代位が認められているのである。そうすると，あとは504条の「弁済をするについて正当な利益を有する者」の解釈として，これに共同保証の場合の保証人を含ませ，その1人の債務を故意又は過失により消滅させたという要件を充たすものと考えることができれば，504条が直接適用できるのである。

(c) 免責を認めるべきか――Bからの反論　　①確かに，Dは免責されるが，新たにHを保証人に取っているのであり（465条の9第1号により，Hについては，保証意思宣明公正証書は不要），保証人の差替えに等しい。HがDに匹敵するほどの資力を有するのであれば，Fに不利益はない。②また，Fが，Gの債務について保証を承認したのは，新たに保証債務を負担したに等しく，Dも承諾するかどうかはD次第である。Dが承諾しないからといって，Fを免責する必要はない。FがDも承諾すると思っていたのは，既述のように動機の錯誤にすぎずFは保護されない。

1 ［設問1］(1)について──BDの配当について
(1) Dの弁済者代位

Dの配当への参加は、代位取得したα債権またそのために設定された乙地の抵当権の基づくものである。

Dは保証意思宣明公正証書を作成し（465条の6以下）、書面もあり（446条2項）、Dは有効に保証債務を負担し保証債務の履行は有効である。そのため、Dは主債務者Aに対して求償権を取得している（459条1項）。この結果、Dはα債権を代位取得しており（499条）、そのための抵当権も随伴性により、Dに移転する。Dによるα債権の取得には対抗要件不要である（500条括弧書）。

(2) 一部代位であること

しかし、Bは、Dは一部代位であり、502条3項によりBがDに配当につき優先するものと主張することになる。

① 債権者が優先するのは、債務を全部保証している場合には、一部代位の事例では一部弁済しかしておらず、未だ債権者に保証債務を負担しているためである。ところが、本問の場合には、被担保債権が複数あり、その一部だけの保証であり、Dは全額弁済しておりもはや保証債務を負担していない。そのため、判例はBDを平等と扱っている。Dはこの判例を援用することになる。

判例に従う限り、本問では、BDは平等になり、2500万円ずつの配当となる。

② しかし、債権者が優先するのは、本来消滅すべき権利を、誰も害することはないので存続させる制度であることに基づくものである。この趣旨は本問の事例にも当てはまる。従って、判例は適切ではなく、本問の事例においても、債権者BをDに優先させるべきである。配当金5000万円は全て、Bに配当されるべきである。

2 ［設問1］(2)について
(1) DのCへの求償権

Dは共同保証人Cに対して465条1項の求償権を行使することが考えられる。

Dはα債権について全額の弁済をした。そのため、Dは主債務者Aに5000万円全額の求償権を取得している（459条）。さらに465条1項により、共同保証人Cに頭割りにより2500万円を求償できる。負担部分を超えた出捐をした場合に限り、これを超えた金額だけの求償権が認められるが、本問では全額の支払をしている。

(2) 弁済者代位はできないのか

Dは弁済者代位によりBのα債権を代位取得できることが好ましい。α債権には抵当権が付いているからである。保証債権も代位の対象になる。しかし、無制限に代位を認めると、負担部分を超えた出捐がなくても代位できてしまい、465条1項の制限が潜脱されてしまう。

そのため、民法は、501条2項括弧書により、465条1項の求償権を被保全債権と

する代位に制限している。本問では全額の弁済をしている。この結果、Dはα債権またそのために設定された甲地の抵当権を2500万円を限度として代位取得できる。

よって、Dが甲地の抵当権を実行して2500万円の回収をすることができる。

3 ［設問2］について

後順位抵当権者Eは、民法の代位規定に従った配当を主張し、Dはこれに対して特約を主張することになる。Cは保証人と物上保証人を兼ねているため、民法規定による負担割合についてまず確認しておきたい。

(1) CDの負担割合

Cは保証人兼物上保証人である。では、2人として負担割合を計算すべきであろうか。しかし、それは当事者の通常の意思に反する。1人分の負担をするというのが通常の意思である。501条3項は当事者が合意しなかった場合の補充規定にすぎず、当事者の通常の意思に合致した解決がされるべきである。

公平という観点から、Cは1人分の負担を保証人と物上保証人の資格で負担すると解すべきである（判例）。

(2) 特約による修正

(a) **特約は有効か**　上述のように、負担割合の問題はCD間の負担についての私的利益の問題である。CD間で自由に決められ、501条3項の負担割合は合意がない場合の補充規定にすぎない。392条2項のように、後順位抵当権者を保護する強行規定ではない。したがって、当事者の民法規定と異なる負担の合意は有効である。

(b) **後順位抵当権者への対抗**

① 特約によると民法の規定によるよりも後順位抵当権者は不利益を受けるため、Eは第三者を害する合意は無効であると主張することが考えられる。確かに民法の規定によれば、CDは1／2ずつの負担であり、Dは2500万円しか代位取得できない。配当の残額2500万円は後順位抵当権者Eに配当されるはずである。

ところが、CD間に特約があり、これがEに対抗できるとEは不利益を受ける。本来ならば2500万円の配当が受けられたのである。特約が有効だと、Dが5000万円全額代位でき、Eの配当はゼロになるからである。

② しかし、特約のEへの対抗を認めてよい。先に述べたように、501条3項は後順位抵当権者を保護する規定ではないからである。合意がされなかった場合の補充規定ないし任意規定にすぎない。合意がされなかったことにより後順位抵当権者の受ける利益は反射的利益にすぎない。債権者が抵当権を実行していたならば、Eは一切配当を受けられなかったはずである。Eは配当ゼロを覚悟していたはずである。

特約は登記ができず、その性質上公示がなくても第三者に対抗できる。後順位の抵当権者がその設定に際し特約を調査すべきである。設定後の特約だけを対抗できないとすれば足りる。本問の特約は後順位の抵当権設定前の特約である。

(3) 結論

本問では、CD間の特約は有効であり、またEに対抗でき、甲地の抵当権実行によ

る配当金 5000 万円は全て D に優先的に配当がされるべきである。

4 ［設問3］について

　F は、B による保証債務の履行請求に対して、D も保証人になると思っていたとして、免責的債務引受への保証への承諾の錯誤取消し（95 条 1 項）、また、D を保証人にしなかったことによる 1／2 の免責（504 条）を主張することが考えられる。まず、錯誤は動機の錯誤であり、F が承諾に際して動機を表示していたとは認められず、錯誤取消しは認められない（95 条 2 項）。そこで、以下、担保保存義務違反を検討する。

(1) 免責的債務引受の要件・効果

　(a) **免責的債務引受の要件**　　まず、B からは免責的債務引受が有効であることが主張される。免責的債務引受は、引受人 G が A と同じ債務を新たに引き受け、A が債務を免除される取引である（472 条）。AG の合意だけでは足りず、債権者 B の承諾が必要である（472 条 3 項）。本件では ABG の 3 者で合意しているため有効であり、債務者が A から G に変更される。よって、B の主張は認められる。

　(b) **担保に対する効力**　　A の債務は免除されて消滅するので、担保も消滅するのが原則である。そこで、担保負担者の「承諾」を得て、引受人 G の新たな債務の担保に「移す」ことが必要になる（472 条の 2 第 1 項）。

　本問では、F については承諾を得ているのでその保証債務は G の債務の担保として存続する。他方、D の承諾を得ていないので、D の保証債務は消滅する。F がこの点、錯誤取消しをできないことは、先に述べた通りである。

(2) 担保保存義務違反による免責

　F からは、B に対して、B が D の G の債務について保証人になることの承諾を得なかったことを、担保保存義務違反として 1／2 の免責の主張がされることが考えられる。これは認められるであろうか。

　　① 　D が免責される結果、F は D への 465 条 1 項の求償ができなくなる。465 条 1 項の求償の期待を害されるが、免責規定はない。ただし、501 条 2 項括弧書で 465 条 1 項の求償権を被保全債権とする代位ができたのである。そのため、504 条により、F の保証人としての責任は 1／2 に減額されるのであろうか。

　　② 　しかし、F の G の債務への保証債務の移転は、新たな保証債務の負担に等しい。D が承諾するかどうかは自由である。債権者 B は、F に D から承諾を得ることを約束していたわけではない。従って、そもそも B の F に対する担保保存義務違反を問題にすることができない。

　　③ 　仮に 504 条を類推適用できると考えても、債権者 B は、新たに H を連帯保証人として補充している。465 条の 9 第 1 号により保証意思宣明公正証書の作成は不要であり有効である。これにより不利益はなくなり、担保保存義務違反は治癒されたと考えるべきである。

　　④ 　よって、B の F に対する 5000 万円全額の請求は認められる。

以上

次の文章を読んで、後記の［設問 1］、［設問 2］、［設問 3］及び［設問 4］に答えなさい。以下の問題につき、利息については考えなくてよい。また、代位については割合のみを示せばよく具体的な金額まで記述する必要はない。（配点：100 点〔［設問 1］、［設問 2］、［設問 3］及び［設問 4］の配点は、20：30：30：20〕）

【事実Ⅰ】

1.　2024 年 4 月に、α温泉においてホテル業を経営する A（株式会社）は、B（銀行）から 5000 万円の融資を受けるに際して、B よりこの貸金債権（以下、「本件債権」という）のために担保を提供することを求められた。

2.　そのため、同月、C がその所有の甲地（5000 万円相当）に抵当権を設定し、また、D がその所有の乙地（5000 万円相当）に抵当権を設定し、それぞれその旨の登記がされた。その後、同年 5 月には、保証意思宣明公正証書を作成した上で、E が連帯保証人になった。

3.　同年 7 月に、C が亡くなり、C_1 と C_2 が相続分平等で共同相続し、同年 9 月、甲地につき共同相続を原因として共有登記をした。同年 10 月には、甲地 1 と甲地 2 とに現物分割をし分筆登記をして、遺産分割を原因として持分移転登記がされ、甲地 1 を C_1 と甲地 2 を C_2 の単独所有とする登記がなされた。

［設問 1］　【事実Ⅰ】を前提として、その後、A が事実上倒産し、B に借入金の返済ができなくなったため、D が 5000 万円を B に支払ったとする。D は C_1、C_2 及び E に対してどのような法的主張をなしうるか検討しなさい。

【事実Ⅱ】

【事実Ⅰ】1 〜 2 に加え、以下の事実があった。

4. Cは、同年7月、甲地をFに抵当権がついたまま売却し、所有権移転登記をなした。

5. その後、Aが事実上倒産し、本件債権につきBに返済ができなくなったため、Dが5000万円をBに第三者弁済をした。

[設問2] 【事実Ⅰ】1～2及び【事実Ⅱ】を前提として、Dは、E及びFに対してどのような法的主張をなしうるか検討しなさい。また、Cが、Aの全株を保有し代表取締役の地位にあり、DEに抵当権設定また連帯保証の依頼をしたときに、Aが倒産しても迷惑はかけないと説明していた場合も検討しなさい。

【事実Ⅲ】

【事実Ⅰ】1～2に加え、以下の事実があった。

6. Bから更に担保を求められ、AはGに依頼して、Gが本件債権担保のためにその所有の丙地（5000万円相当）に抵当権を設定し、その旨の登記がなされた。

7. その後、CはGから抵当権のついたまま丙地を買い取り、その所有権移転登記を受けた。Aが事実上倒産し、本件債権につきBに返済ができなくなったため、Eが連帯保証人として5000万円をBに支払った。

[設問3] 【事実1】1～2及び【事実Ⅲ】を前提として、以下の各問いに解答しなさい。
 (1) EはCDに対してどのような法的主張をなしうるか検討しなさい。
 (2) Eが保証人になることを了承した際に、CE間において、Cが全面的にAの無資力のリスクを負担する旨の特約が結ばれているとして、EはCDに対してどのような法的主張をなしうるか検討しなさい。CはE以外の者との間では、負担割合についての特約をしていないものとする。

【事実Ⅳ】

【事実Ⅰ】1～2に加え、以下の事実があった。

8. Bから更に本件債権のために追加担保を求められ、AはHに依頼して、保証意思宣明公正証書を作成した上で、Hに本件債権のために連帯保証人になってもらった。

9. その後、Aが事実上倒産し、本件債権につきBに返済ができなくなったため、Eが連帯保証人として5000万円をBに支払った。

[設問4] 【事実Ⅰ】1〜2及び【事実Ⅳ】を前提として、EのCDHに対する法的主張について検討しなさい。

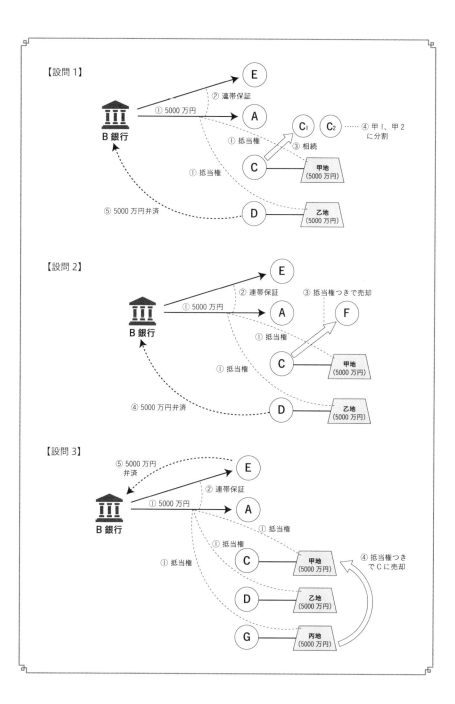

213

【設問4】

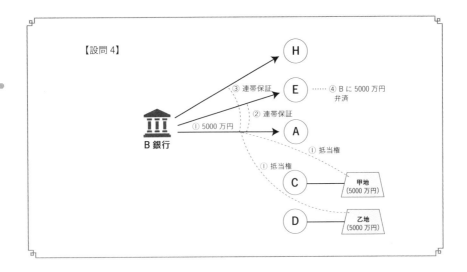

○ 言及すべき点及び論点 ○

1 〔設問1〕について
 (1) Cが死亡する前の負担割合
  ①Eは頭数で1/3，CDは2/3を物件価格に応じて負担する（重要度A）
  ②あてはめ――E：1/3，C：1/3，D：1/3（重要度B）
 (2) Cに共同相続・遺産分割があったらどうなるか
  ①C_1 C_2を2人，物上保証人合計3人として計算するか（重要度A）

2 〔設問2〕について
 (1) 〔設問2〕前段について
  ①物上保証人からの第三取得者は物上保証人と同視される（重要度B）
 (2) 〔設問2〕後段について
  ①経営者たる担保提供者の負担割合（重要度A）
  ②第三取得者にも承継されるか（重要度B）

3 〔設問3〕小問(1)について
 (1) G登場時点での負担部分

  ①CDEの段階
   ⓐ保証人Eは1/3（重要度B）
   ⓑCDは2/3を物件価格で分かち1/3ずつ（重要度B）
  ②Gが登場した段階
   ⓐ保証人Eは1/4になる（重要度B）
   ⓑCDGは3/4を物件価格が分かち1/4ずつになる（重要度B）
 (2) Cが丙地を取得したらどうなるか
  ①物上保証人を1人とみるか2人とみるか（重要度A）
  ②変更合意の後順位抵当権者への対抗（重要度A）

4 〔設問3〕小問(2)について
 (1) 負担割合についての特約（重要度B）
 (2) 特約は丙地の抵当権にも及ぶか（重要度B）

5 〔設問4〕について
  物上保証人がいる場合の共同保証人間の求償（重要度A）

解説及び答案作成の指針

1 ［設問1］について（配点は20点）

> **【出題趣旨】** ［設問1］は，物上保証人が死亡して共同相続があり，抵当不動産が現物分割された場合につき，弁済者代位の負担割合について考えてもらう問題である。

(1) 弁済者代位制度と負担割合

Dは，$C_1 C_2$及びEに対して弁済者代位を主張することになり，代位できる割合が争点になる。

(a) **弁済者代位制度**　Dは，Aの5000万円の債務について，抵当権の実行を阻止するために第三者弁済をしており，Aに対して求償権を取得する（372条，351条，459条）。求償権を保護するために，民法はいわゆる**弁済者代位制度**を用意している（499条）。

(b) **担保負担者間の公平**　もし，Aが無資力状態である場合に，Dが第三者弁済をしたら，Cの甲地の抵当権，Eに対する保証債権を全面的に代位取得できるというのでは，最後に残されたC又はEが債務者Aからの<u>求償不能のリスクを全面的に負担する</u>ことになり公平ではない。そのため，民法は，担保負担者間につき，公平な割合での代位に限定をしたのである（501条3項）。

> **【答案作成についてのコメント】** まずは，弁済者代位制度を確認し，担保負担者間において代位割合が調整されていることを示すべきである。

(2) Cの共同相続前の負担割合

保証人Eについては負担割合が頭割りにより決められ，Eは1／3の負担割合となり，1666万6666円を負担することになる。残りの2／3（3333万3333円）を物上保証人CとDが物件価格に応じて負担を分かち，土地が等しい価格なのでそれぞれ1／3の負担割合（1666万6666円）となる。

> **【答案作成についてのコメント】** 物上保証人の共同相続があると負担割合がどうなるかという問題の検討の前提として，CDEの負担割合について確認をしておく必要がある。

(3) 物上保証人の共同相続

(a) **物上保証人の人数の設定により負担割合が変わる**　<u>頭割りで計算がされる保証人Eがいると，物上保証人の人数を何人とみるかで負担割合についての結</u>

論が変わってくる。物上保証人だけの場合には1人としようと2人としようと，物件価格で負担割合が決まるので結論に差は生じない（☞◆関連問題1）。

❶ 物上保証人を3人だとすると C_1とC_2の2人の物上保証人だとすると物上保証人がC_1 C_2 Dの3人になり，保証人Eは1／4（4／16 = 1250万円）の負担，3／4（3750万円）を物上保証人が負担し，C_1とC_2は3／16（937万5000円），Dは6／16（1875万円）となる。これでは，担保の対象たる財産が増えたわけでもないのに，物上保証人側の負担が増える——保証人の負担割合が軽減される——という不合理な結論になる（☞【図1】2）。

【図1　物上保証人の共同相続 vs 新たな物上保証人の追加】
1. 共同相続の前
　①保証人E　負担部分1／3
　②物上保証人（物件価格合計1億円）　＊負担部分2／3
　　ⓐ物上保証人C（物件価格5000万円）　負担部分1／3
　　ⓑ物上保証人D（物件価格5000万円）　負担部分1／3
2. 共同相続の場合1——判例による2人とする解決
　①保証人E　負担部分1／4（4／16）に減少
　②物上保証人（物件価格合計1億円のまま）　＊負担部分3／4（12／16）に増加
　　ⓐ物上保証人C_1（物件価格2500万円）　負担部分3／16
　　ⓑ物上保証人C_2（物件価格2500万円）　負担部分3／16　＊C_1 C_2合計6／16
　　ⓒ物上保証人D（物件価格5000万円）　負担部分6／16
3. 共同相続の場合2——1人のままとする解決
　①保証人E　負担部分1／3のまま
　②物上保証人（物件価格合計1億円のまま）　負担部分2／3のまま
　　ⓐ物上保証人C_1（物件価格2500万円）　負担部分1／6
　　ⓑ物上保証人C_2（物件価格2500万円）　負担部分1／6　＊C_1 C_2合計1／3のまま
　　ⓒ物上保証人D（物件価格5000万円）　負担部分1／3
4. 参考——新たな物上保証人Zの追加の場合
　①保証人E　負担部分1／4に減少
　②物上保証人（物件価格合計1億5000万円）　負担部分3／4に増加
　　ⓐ物上保証人C（物件価格5000万円）　負担部分1／4
　　ⓑ物上保証人D（物件価格5000万円）　負担部分1／4
　　ⓒ物上保証人Z（物件価格5000万円）　負担部分1／4

---

❷ 物上保証人を2人のままだとすると 物上保証人は2人のままで，Cの負担部分をC_1とC_2が半分ずつ相続するのだと考えると，保証人Eは1／3（1666万6666円）の負担割合のままとなる（☞【図1】3）。残りの2／3（3333

万 3333 円）を物上保証人 CD が物件価格に応じて負担を分かち，等しい価格なのでそれぞれ 1／3 の負担割合（1666 万 6666 円）となり，C の 1／3 を C_1 と C_2 が半分ずつ承継することになる（1／6 ＝ 833 万 3333 円）。<u>抵当物件が増える新たな物上保証人の追加とは異なり</u>（☞【図 1】4），C の甲地が C_1 と C_2 に相続されても担保の絶対的な総数は変わらないのである。

(b)　**判例は 2 人と計算をしなおす**

㋐　**物上保証人 1 人が数人に増える**　　この点，判例（最判平 9・12・18 判タ 964 号 93 頁）は，分割前の遺産共有の状態の事例であるが，「単独所有であった物件に担保権が設定された後，これが弁済までの間に共同相続により共有となった場合には，<u>弁済の時における物件の共有持分権者をそれぞれ一名として右頭数を数えるべき</u>」であるという。そのため(a)❶のようになる（☞【図 1】2）。

㋑　**計算をしなおす理由**　　判例が説明する理由は以下のようである。

❶　**理由 1──当初から共有の場合と区別するのは適切ではない**　　まず，「当初から共有に属していた物件について全共有者が共有持分を担保に供した場合には，共有者ごとに頭数を数えるべきことは明らかであり，この場合と，単独所有であった物件に担保権が設定された後に弁済までの間に<u>相続又は持分譲渡等により共有になった場合</u>とで，頭数を別異に解することは，<u>法律関係を複雑にするだけで，必ずしも合理的でない</u>」ことがある。

❷　**理由 2──負担割合は代位時に確定し，それまでは未確定**　　また，負担部分は「弁済」時に確定されるのであり，「このように頭数が変化する事態は，保証人の増加，担保物件の滅失等によっても起こり得ることであり，<u>弁済時における人数と解することにより法律関係の簡明を期するのが相当である</u>」こと，が挙げられる。重複資格者問題もそうであるが，弁済者代位では法律関係の簡明ということが重視されている。

㋒　**判例による結論**　　①判例をあてはめると，D は E に対する保証債権につき 1／4（1250 万円）代位取得し，C_1 の甲地 1 と C_2 の甲地 2 につき，3／16（937 万 5000 円）につきそれぞれ抵当権を代位取得できることになる（D の負担は 6／16 ＝ 1875 万円）。

(c)　**判例の問題点**

㋐　**その後に共有物分割がされたら**　　判例は共有になった場合について考えているが，本問はその後に現物分割がされている事例である。判例の射程があ

てはまるであろうか。この点，共有段階で2人と計算する以上，その後に現物分割しても2人と計算することは変わらないと思われる。

　(イ)　**相続であること，財産は増えていない**　　しかし，(b)(イ)❷のその後物上保証人が増える可能性があり未確定という理由は，<u>新たに物上保証人が追加され担保の総額が増える事例である</u>（☞【図1】4）。ところが，共同相続の場合には，担保物件は同じまま物上保証人全員の負担が増加するのである（☞【図1】2）。相続は，被相続人を承継するだけの法律原因である。この疑問からは，(a)❷の解決によるべきことになる。

◆**関連問題1──保証人Eがいなかったら**　　物上保証人に共同相続があった場合には，上記のように，物上保証人を2人と計算しなおすか，1人の物上保証人の負担部分が共同相続されるのかという議論がある。しかし，保証人がいない事例では，いずれの考えであろうと，<u>物件の絶対数は変わらないので</u>あてはめの金額が変わることはない。

　①C_1，C_2及びDの3人と計算しなおしても，新たに担保の対象物件が増加するわけではないので，それぞれ1／4，1／4，2／4の負担割合になり，C_1：1250万円，C_2：1250万円，そしてD：2500万円の負担となる。②Cの1人分のままであると考えて，Cの1／2の負担割合がC_1とC_2に2分の1ずつ承継されるとしても，結論は変わることはない。

◆**関連問題2──抵当地の一部譲渡**　　Cが甲地を分筆してその一部を第三者Fに譲渡した場合には，新たに物上保証人が追加されたものと考えて，物上保証人は3人と計算すべきなのであろうか。先の判例は，共有持分が問題になる事例につき，「相続又は<u>持分譲渡等により</u>共有になった場合」と傍論的に述べており，相続だけでなく持分譲渡の場合もパラレルに考えている。そうすると，分筆してその一部を譲渡した場合にも，判例の射程は及ぶということができる。

　しかし，物上保証人の数が増えても，物的担保の総額，合計金額が変わっていないということは，一部譲渡にもあてはまる。物上保証人側の提供している財産の総額が変化しないのに，物上保証人側の負担割合がより重く変更されるのは，保証人・物上保証人の公平という観点からは問題があることはここでも同じである。1つの物上保証人の地位が準共有されると考えることもできる。

【**答案作成についてのコメント**】物上保証人の共同相続人について，判例は相続人の数だけ物上保証人が増加すると考えて，物上保証人の負担を計算しなおし，その母数を増加させる。保証人は負担部分が減額され，物上保証人側は，負担割合が増えるが，それでよいのかを議論すべきである。

2　〔設問2〕について（配点は30点）

【**出題趣旨**】〔設問2〕では，物上保証人・保証人間で負担割合についての特約がある場合に，その第三取得者への対抗を検討してもらう問題である。

(1)　**物上保証人からの第三取得者について**

　(a)　**第三取得者なので全面的な負担か**　　〔設問2〕では，担保負担者が，C

（物上保証人），D（物上保証人），及び，E（保証人）であったのが，Cが甲地をFに売却し，CがF（第三取得者）に代わっている。501条3項1号は，第三取得者の保証人，物上保証人への代位を否定している。しかし，これは全面的に負担をする債務者が抵当権を設定した不動産の第三取得者を念頭に置いたものである。

（b）**物上保証人からの第三取得者は物上保証人と同視される**　物上保証人からの第三取得者はその地位を引き継ぐものと考えるべきである。501条3項1号も，債務者からの第三取得者にその適用を限定している。また，同5号は，「第三取得者から担保の目的となっている財産を譲り受けた者は，第三取得者とみなし」，「物上保証人から担保の目的となっている財産を譲り受けた者は，物上保証人とみな」すと規定する。この結果，担保負担者がCDEからFDEになっても，物上保証人2人，保証人1人という関係は変わらない。

> 【図2　第三取得者の分類】
> **1. 第三取得者と扱われる者**
> 　①債務者からの第三取得者
> 　②債務者からの第三取得者の第三取得者（その後も同じ）
> **2. 物上保証人と扱われる者**
> 　①物上保証人からの第三取得者
> 　②物上保証人からの第三取得者の第三取得者（その後も同じ）

(2)　民法の負担割合の変更合意──問題文後段

　(a)　個人会社の経営者の負担割合について

　　㋐　**民法の規定は公平の観点に基づく原則規定**　501条3項は，当事者が合意で定めなかった場合の公平の観点からの補充規定である。AがCの個人会社であり，Aの倒産は経営者であるCの負担すべきリスクであり，Cが第三者たる担保負担者に対して501条3項により公平な負担を分かつよう求めることができるというのは違和感がある。

　　㋑　**CはDEに対して100%負担が公平**　Cは主債務者Aの株式100%を保有する経営者であり，Aが融資を受けられるのはCの利益になる。CとAは経済的には一体であると考えられる。また，もしAが倒産し主債務の返済ができなくなった場合，それはCが負担すべき経営危険であり，また，経営責任をCが負うことになる。民法の規定は原則的事例を想定しており，このような事例は考えておらず，本問のCとDEについては別異に解し，CとDE間──DE間は措く

（☞【図3】③）——については C の 100%負担と解することができる。

（b）　負担割合についての特約

（ア）　意思表示解釈による特約の認定　　また，C が DE に物上保証人，保証人を委託する際に，「倒産しても迷惑はかけない」と説明をしている。これを信じて D も E も，物上保証人や保証人になっている。契約の解釈は，当事者が達しようとした内容を法的に分析する作業であり，CDE は債務者 A に対する求償のリスクを負担し合う関係であり，その関係で迷惑を掛けないというのは，法的には負担割合につき，C が全面的に負担をする意思表示と解することができる。書面は契約の成立要件ではない（522 条 2 項）。DE 間はそのままであり，下記のようになる。

【図3　特約がある場合の負担割合（相対的)】

①CD 間　民法 C 1／3：D 1／3→特約により C 100：D 0 になる

②CE 間　民法 C 1／3：E 1／3→特約により C 100：E 0 になる（E は C に 5000 万円全額代位できる）

③DE 間　民法 D 1／3：E 1／3→特約がないのでそのまま（E は D に 1666 万円代位できる）

（イ）　特約の第三取得者への対抗　　D と E は特約のおかげで，E が取得した甲地の抵当権に全面的に代位でき，本問で第三者弁済をした D は，5000 万円全額につき甲地の抵当権に代位できる。この点，F からは，上記特約を第三取得者には対抗できないという主張がされることが考えられる。

❶　後順位抵当権者への対抗は認められる　　判例（最判昭 59・5・29 民集 38 巻 7 号 885 頁）は，後順位抵当権者に対する対抗につき，501 条 3 項の負担割合についての規定は任意規定にすぎず，後順位抵当権者を保護する規定ではないこと（392 条 2 項と異なる），従って，特約がない場合に民法の規定によるのは，「処分権限を有しない他人間の法律関係によって事実上反射的にもたらされるものに過ぎ」ないことなどの理由から，対抗を認める。特約の公示は不要である。

❷　第三取得者への対抗はどうか　　負担割合についての規定は任意規定にすぎず，公示も不要という理由は，抵当不動産の第三取得者に対してもあてはまる。そのため，F は特約を知らず，F が 1／3 の負担であり，DE に対して 1／3 の代位ができると考えていたとしても，F は保護されないことになる。第三取得者は，特約の有無を確認してから抵当不動産を取得すべきことになる。

(c) **結論** 以上より［設問2］前段では，Dは，Fの取得した甲地の抵当権につき1/3，Eに対する保証債権について1/3の代位ができる。［設問2］後段では，Dは，Fの取得した甲地の抵当権につき全額の代位ができ，また，Eに対する保証債権について1/3の代位ができ，2つが競合する。

> **【答案作成についてのコメント】** 個人会社の経営者が保証人や物上保証人になっている場合に，501条3項の負担割合につき債務者と同視してよいと考えるかどうか，これを肯定すると，DE間はどうなるか，また，特約を認定する余地はないか，特約を認めるとしたら，第三取得者に特約を対抗できるか等を検討する必要がある。

3 ［設問3］について（配点は(1)(2)で30点）

> **【出題趣旨】** ［設問3］小問(1)は，［設問1］とは逆に，物上保証人が，他の物上保証人により抵当権を設定された土地を取得した場合に，<u>物上保証人を2人から1人と計算しなおすか</u>という問題である。また，［設問3］小問(2)は，その取得した物上保証人が負担割合について特約をしていた場合に，新たに取得した物件にも特約の効力が及ぶのかを検討してもらう問題である。

(1) ［設問3］小問(1)について——物上保証人による他の物上保証人所有の抵当物件の取得

　(a) **物上保証人からの第三取得者は物上保証人と扱われる**　Cは，物上保証人Gが抵当に供した丙地を取得しており，法的には第三取得者ということになる。この点，先に見たように，民法は，<u>物上保証人からの第三取得者は弁済者代位の規定の適用においては「物上保証人とみな」す</u>ことにしている（501条3項5号）。

　(b) **Cは2つの物上保証人の地位を有するか？**

　　(ア) **保証人がいると問題になる**　Cは，甲地と丙地の2つの物上保証人たる地位を取得するため，2人の物上保証人として負担割合が考えられるべきであろうか。2つの考えが可能である（☞【図4】2と3）。

> **【図4　CによるG所有の丙地の取得】**
> **I. 丙地の取得前**
> 　①保証人E　負担部分1/4
> 　②物上保証人3人　負担部分3/4
> 　　ⓐ物上保証人C（甲地5000万円）　負担部分1/4
> 　　ⓑ物上保証人D（乙地5000万円）　負担部分1/4
> 　　ⓒ物上保証人G（丙地5000万円）　負担部分1/4

2. 丙地の取得後（2人と計算する考え）
　①保証人Ｅ　負担部分1／4のまま
　②物上保証人3人　負担部分3／4のまま
　　ⓐ物上保証人Ｃ（甲地5000万円）　負担部分1／4
　　ⓑ物上保証人Ｄ（乙地5000万円）　負担部分1／4
　　ⓒ物上保証人Ｃ（丙地5000万円）　負担部分1／4（Ｃは合計2／4＝1／2）
3. 取得後（1人と計算する考え）
　①保証人Ｅ　負担部分1／3に増加
　②物上保証人2人　負担部分2／3に減少
　　ⓐ物上保証人Ｃ（甲地5000万円＋丙地5000万円）　負担部分4／9
　　ⓑ物上保証人Ｄ（乙地5000万円）　負担部分2／9

　　(イ)　2つの考えの可能性

　❶　1人と計算すると（☞【図4】3）

　　ⅰ　物上保証人側の負担割合は3／4から2／3に軽減される　　Ｃを物上保証人1人と計算すると，物上保証人が3人から2人に減ることになり，Ｅの保証人としての負担割合が1／4（1250万円）から1／3（1666万円）に増加され，物上保証人側の負担割合は3／4（3750万円）から2／3（3333万円）に軽減される。物上保証の総量が変わっていないのに，保証人の負担割合が増えるのである。

　　ⅱ　甲地・丙地いずれの抵当権を行使してもよい　　従って，物上保証人の2／3（3333万3333円）の負担割合につき，Ｄは2／9（1111万1111円），Ｃは4／9（2222万2222円）を負担し，Ｅはそれぞれこの割合の限度で債権・抵当権を代位取得できる。Ｃの2222万2222円の負担は物上保証人を1人と考えるなら，甲地・丙地いずれから回収してもよく，それぞれ1111万1111円しか回収できないということにはならないものと思われる。

　❷　2人と計算すると（☞【図4】2）

　　ⅰ　物上保証人側の負担割合は3／4のまま　　他方，保証人が代位取得できる総量が変わっていないのに，保証人の負担割合が増えるのは不合理であると考えれば，［設問1］についての判例に対する反対説に従って，物上保証人は3人のままと考えることができる。この考えでは，保証人Ｅの負担割合は1／4（1250万円）のままである。

　　ⅱ　甲地・丙地の抵当権ごとに代位を考える　　Ｃは甲地につき1／4（1250万円），丙地につき1／4（1250万円），Ｄは乙地につき1／4（1250万円）

の負担割合になる。Eは、甲地、丙地、乙地につきこの割合で債権・抵当権を代位取得することになる。甲地・乙地それぞれから1250万円ずつを回収することしかできないことになる。

　　　(ウ)　判例だとどうなるか

　　　❶　(イ)❶の解決になる　　物上保証人の共同相続の場合に物上保証人を複数と計算しなおす判例、また、保証人と物上保証人を兼ねる場合に1人と構成する判例——Cが保証人であれば事後的な二重資格者になる——から推論すれば、1人と計算しなおすことになるものと思われる。なお、物上保証人が当初より複数の不動産を共同抵当に供する場合には、1人の物上保証人として数えることとの整合性も認められる。(イ)❶の解決になる（☞【図4】3）。

　　　❷　残される問題点　　そうすると、保証人Eは1/4（1250万円）の負担であったのが、1/3（1666万6666円）に負担が増えることになる。何度も繰り返すが、代位取得できる抵当物件自体に変更がないのに、担保物が1人に帰属したからといって——CとGを同一人が単独相続する場合にも考えられる——保証人の負担割合を増やすことは不合理である。計算が簡単でよいという論理で押し切れるのかは疑問である。

> 【答案作成についてのコメント】[設問3]は、[設問1]の裏返しであり、Cにつき1人の物上保証人として負担部分を誰かの「弁済」までは浮動的であるとして計算しなおすべきなのか、判例の論理ではそうなるが、それでよいのかを議論すべきである。

(2)　[設問3] 小問(2)について——負担割合についての特約

(a)　特約の効力

　　　(ア)　特約は有効　　既に述べたように、501条3項の負担割合は、あくまでも当事者が自由に決められる内容について補充的に規定されたものであり、特約による変更が可能である。担保負担者が2人しかおらず、その2人の間で特約がなされたのであれば、他の者への効力は問題にならないが、複数の担保負担者がいて、その中の一部で特約がされた場合に、残された者の間についてはどう考えるべきであろうか。

　　　(イ)　丙地がG所有のままであったらどうなるか　　保証人E、物上保証人CDGの合計4人がいる場合に、Eが弁済をしたならば、もし特約がなければ、物上保証人の3/4の負担部分につき、物件価格に応じてそれぞれ甲地、乙地及び丙地の抵当権を1/4（1250万円）ずつ代位取得ができることになる。ところが、

CE 間には特約があるため，E は C の甲地には 100％（5000 万円）全額代位ができることになる。

(b) C による丙地の取得後はどう考えるべきか　この負担割合が，C が G より丙地を取得したらどう変わるのであろうか。

❶ 1 人と計算すると──特約が丙地に拡大される　まず，物上保証人 C を 1 人と考えると，物上保証人 C 1 人，物上保証人 D 1 人，保証人 E 1 人となり（合計 3 人），DE 間では，D 4／9，E 2／9 の負担割合になる。EC 間では，C が 100％，E 0％の負担になる。この 100％の負担を，当初の甲地だけでなく，丙地の抵当権でも負担することになる（☞【図 4】3）。

❷ 2 人と計算すると──特約が丙地には拡大されない　これに対して，物上保証人 C を 2 人と考えると，物上保証人 C 1 人，物上保証人 G を承継した C 1 人，物上保証人 D 1 人，保証人 E 1 人となり（合計 4 人），DE 間では，D 1／4，E 1／4 の負担割合になる。EC 間では，C が 100％，E 0％の負担になるが，特約による 100％の負担は当初の甲地に限られ，丙地の抵当権については，G の 1／4 のみ負担することになる（☞【図 4】2）。

【答案作成についてのコメント】小問(1)を踏まえて，特約があった場合にどう変わってくるのか，C につき物上保証人 1 人とするか 2 人とするかに絡めて議論をする必要がある。

4　[設問 4] について（配点は 20 点）

【出題趣旨】　[設問 4] は，共同保証人間でも求償（465 条 1 項）また弁済者代位が認められるが（502 条括弧書），物上保証人もいる場合における共同保証人間の求償また代位を考えてもらう問題である。

(1)　共同保証人間の求償権と弁済者代位

(a)　共同保証人間の求償権

㋐　弁済者代位における調整　保証人と物上保証人間，また，物上保証人間における，債務者からの求償不能のリスクの公平な分担は，501 条 3 項 3 号，4 号の弁済者代位についての調整により行われている。債務者に対する求償権を被保全債権として，抵当権や保証債権について，代位取得できる割合を公平に制限しているのである。

㋑　保証人間では固有の求償権を認めた　ところが，501 条 3 項には共同

保証人間についての規定はない。これは，共同保証人間の主債務者からの求償不能のリスクの公平な分担は，465条1項により共同保証人間に固有の求償権を認めることで図ろうとしたからである。ただし，そこでは，501条の代位とは異なり，負担割合を超えた弁済がされることが必要とされている。

　(b)　**共同保証人間の弁済者代位**　　　2017年改正法は，501条2項括弧書に，共同保証人間でも弁済者代位を認め，その被保全債権を主債務者に対する求償権ではなく——これだと一部代位も認められてしまう——共同保証人間の465条1項の求償権とすることを規定した。465条1項ですでに共同保証人間の公平な調整は済んでいるので，民法は，501条3項には共同保証人間の代位の負担割合についての規定は置かなかったのである。

> **【答案作成についてのコメント】**まず，共同保証人間では，固有の求償権が認められるが負担部分を超えた弁済をすることが必要であること，また，この求償権を被保全債権とした弁済者代位も認められることを確認すべきである。

(2)　**物上保証人がいたら465条1項の適用はどうなるか**

　(a)　**明文規定はない**

　　(ア)　**規定の関係が明確ではない**　　　①保証人1人と物上保証人が複数いる場合には，保証人の負担部分を頭割り計算し，残りの物上保証人の負担部分はその物件価格で割ることになる（501条3項4号ただし書）。②保証人だけが複数いる場合には，465条1項により頭割で求償権を取得し，またそれを被保全債権とする代位もできる（501条2項括弧書）。③では，保証人が複数いて，更に物上保証人がいる本問の場合には（物上保証人CD，保証人EHの4人），465条1項（501条2項括弧書）と501条3項との関係はどう規律されるのであろうか。

　　(イ)　**問題設定**　　　設問を離れて，【図5】のような例で考えてみたい。

> **【図5　保証人が複数＋物上保証人がいる場合】**
> **1. 被担保債務 300万円**
> **2. 担保負担者**
> 　①物上保証人α
> 　②保証人β
> 　③保証人γ
> **3. 保証人γが300万円弁済した**

　物上保証人との関係での弁済者代位が問題になり，負担割合はα β γそれぞれ

1／3（100万円）になる。問題は保証人間である。共同保証人間の調整は501条3項で行うのではなく，465条1項の求償権を前提にしているのである。この点2つの解決が考えられる。

(b)　2つの解釈の可能性

(ア)　465条1項を共同保証人だけで考える

❶　465条1項をβとγだけに適用する　　共同保証人が2人なので，465条1項の求償権は1／2の頭割りとすることが考えられる。そうすると，共同保証人βγ間では150万円を超える弁済が必要で，また，300万円弁済したら150万円の求償ができることになる。また，501条2項括弧書の弁済者代位も150万円が認められる。

❷　問題点　　しかし，それでは，γが弁済した場合，<u>αに100万円代位でき，βに150万円の求償権取得また代位をすることができてしまい，γは50万円の負担だけでよくなり，それは不合理である</u>。なお，物上保証人αへの代位については，債務者に対する求償権が被保全債権になるので，465条1項をどう考えるかによる影響を受けない。

(イ)　465条1項を物上保証人も含めて考える

❶　保証人の負担割合につき465条1項を適用する　　他方で，501条3項4号ただし書のように，物上保証人がいることが465条1項の解釈に影響を及ぼし，物上保証人負担の1／3（100万円）を差し引いた2／3（200万円）が，465条1項で母数とされ，200万円の1／2（100万円）が共同保証人βγ間での固有の求償権になると考えることもできる。共同保証人βγ間では100万円を超える弁済が必要で，また，300万円弁済したら100万円の求償ができ，また，501条2項括弧書の弁済者代位も100万円に限定される。

❷　(ア)の問題点を回避できる　　この考えでは，γが弁済した場合，αの抵当権に100万円代位，βに対して100万円の求償権を取得し，自分も100万円を負担するので，公平性は保てる。

◆関連問題

　　γが150万円弁済した場合，物上保証人αにはその1／3である50万円につき代位できるが，保証人βについては，465条1項の求償権をどう考えるべきであろうか。①βには200万円を超えて出損した場合に，超えた金額だけ465条1項による求償ができると考え，βへの465条1項の求償は認められないことになろうか。②それとも，100万円を超えた50万円につき求償権が成立しまた代位でき，γが50万円につき，αへの代位とβへの求償権また代位のいずれの代位によるか

選択できることになるのであろうか。

(c)　**本問について**　　本問では，物上保証人CD（物件価格平等），共同保証人EHの4人がいて，Eが5000万円全額を弁済している。上の2つの考えをあてはめると【図7】のようになる。

【図7 [設問4]へのあてはめ】
1. (ア)の考え
　①物上保証人への代位
　　ⓐC　1／4（1250万円）
　　ⓑD　1／4（1250万円）
　②共同保証人への求償・代位
　　H　1／2（2500万円）
2. (イ)の考え
　①物上保証人への代位
　　ⓐC　1／4（1250万円）
　　ⓑD　1／4（1250万円）
　②共同保証人への求償・代位
　　H　1／4（1250万円）

(ア)　**共同保証人だけで求償権を考えると（【図7】の1）**　　まず，物上保証人との関係では，保証人EHについては頭数で2／4（2500万円）の負担となり，物上保証人CDも2／4の物上保証人の負担割合として物件価格によりそれぞれ1／4（1250万円）の負担となる（合計2500万円）。共同保証人EH間では，465条1項により5000万円全額支払えば，EはHに2500万円求償でき，保証債権も2500万円を代位取得することになる（501条2項括弧書）。Eは合計5000万円全額負担を免れるという不当な結果になる。

(イ)　**物上保証人も含めて考えると（【図7】の2）**　　他方で，465条1項の共

同保証人間の求償についても，501 条 3 項 4 号ただし書の考慮を及ぼし，保証人側負担の 2500 万円を母数として考えると，EH 間では 1250 万円が 465 条 1 項により認められる求償権ということになる。保証債権に対する弁済者代位も，501 条 2 項括弧書により，1250 万円が認められることになる。物上保証人 CD との関係は(ア)と同じである（合計 2500 万円の代位）。E も債務者からの求償不能のリスクを 1250 万円負担することになり公平な負担が実現される。

　(ウ)　**結論**　　公平な負担の実現という点からは，(イ)によるべきであり，465 条 1 項と 501 条を融合させて，物上保証人 CD は 2500 万円を物件価格に応じて 1250 万円ずつ負担し（501 条 3 項 4 号），保証人 EH は，物上保証人 CD との 501 条 3 項 4 号の適用を前提として，残された保証人の負担部分を基準として 465 条 1 項を適用し，1250 万円の求償権の取得またこれを被保全債権とする代位ができることになる。

> 【**答案作成についてのコメント**】共同保証人のほかに物上保証人がいる場合，この法律関係を規定した明文規定はなく，465 条 1 項との関係に注意しながら，最も公平に合致する解決が模索されるべきである。

■ No.11 模範答案例 ■

1 〔設問1〕について

(1) 弁済者代位の主張

(a) **弁済者代位制度**　第三者弁済をした物上保証人Dは、債務者Aに5000万円の求償権を取得する（372条、351条、459条）。民法は、求償権保護のために弁済者代位制度を導入しており（499条以下）、Dは、$C_1 C_2$の取得した甲地1、甲地2の抵当権、Eに対する保証債権を代位取得したとして、これらを行使することが考えられる。

(b) **全面的代位はできない**　しかし、CEへの代位については、公平の観点からの調整がなされ、全額の代位はできない（501条3項4号）。保証人Eには頭割りで1／3の代位だけであり（501条3項4号本文）、また、物上保証人CDは物件価格で割って、甲地と乙地は同額なので1／3だけが（同ただし書）、代位できる割合である。

(2) Cに共同相続があった場合の問題点——問題提起

本問ではその後に、Cが死亡し、C_1とC_2が共同相続している。更にその後、遺産分割により甲地を甲地1と甲地2に分筆してそれぞれC_1とC_2の所有にしている。この場合に、物上保証人がC_1とC_2の2人になり、物上保証人が3人、保証人1人、合計4人と計算をしなおすべきであろうか。

(3) 判例とその検討

(a) **判例の立場**　この点、判例は2人として計算をしなおしている。この結果、保証人Eは1／3の負担が1／4の負担に軽減される。逆に物上保証人側は、2／3の負担が3／4の負担に増加している。

判例は、弁済までは負担割合は確定しておらず浮動的であり新たな物上保証人が追加される可能性もあることを理由としている。しかし、新たな物上保証人の追加とは異なり、物上保証人の提供した担保の総額に変更はない。それなのに、物上保証人側の負担を増やすのは公平ではない。

(b) **C_1・C_2で1人分の負担と考えるべきである**　担保物件の総数が変わらないため、Cの1人の物上保証人の負担がC_1とC_2とに共同相続されたと考えるべきである。そうすると、保証人Eの負担は1／3のまま、物上保証人側の負担も2／3のままになる。この結果、Dは1／3の負担、$C_1 C_2$はそれぞれ1／6ずつの負担（甲地1・甲地2あわせて1／3の負担のまま）となる。

(4) 結論

Dは第三者弁済により、C_1・C_2の取得した甲地1・甲地2の抵当権に1／3（1666万円をいずれか1つから回収できる）、Eに対する保証債権につき1／3の割合で権利行使ができる。

2 〔設問2〕について

(1) 問題文前段について

(a) **問題点——Ｆの法的地位**　Ｄは、Ｆの取得した甲地の抵当権、また、Ｅに対する保証債権を代位取得したとして、これらを行使することが考えられる。501条3項1号により、ＤはＦに対して全額の代位ができるのであろうか。

(b) **検討**　この点、同規定は括弧書で、債務者からの第三取得者に限定し、同5号で、物上保証人からの第三取得者は物上保証人と扱うものと規定している。全面的な負担であった債務者所有の不動産の承継人であるから、全面的負担を承継するからである。

Ｆは、Ｃの1／3の負担を承継するにすぎず、ＤはＦの取得した甲地の抵当権に1／3の金額のみ代位できる。

(2) 問題文後段について——Ｃの全額負担の主張

Ｄは、Ｃが全額を負担し、この負担がＦに承継されると主張することが考えられる。根拠は2つ考えられる。

(a) **個人会社の経営者であること**　501条3項は、公平の観点からの当事者が合意で定めなかった場合の補充規定である。ＡがＣによる個人会社であり、経済的実体はＡ＝Ｃである。また、Ａの倒産は経営者であるＣの責任でありその負担すべきリスクである。

① そのため、Ｃが、融資の利益も受けず、倒産について責任もない第三者たる担保負担者に負担をさせるには公平ではない。ＣがＤＥとの関係では全面的に負担すべきである。これをＦは承継し、ＤはＦが取得した甲地の抵当権に全面的に代位できる。

② 他方、ＤＥ間で、Ｅを免責する根拠はなく、ＤはＣに対する保証債権につき1／3の代位ができる。

(b) **特約による変更**

① **特約による変更可能性**　501条3項は、公平の観点からの当事者が合意で定めなかった場合の補充規定にすぎず、当事者で自由に処分できる私的利益を対象とする規定である。そのため、当事者の合意で自由に変更することができる。

ＣはＤＥに迷惑をかけないと説明している。これは代位についての特約と解することができる。よって、ＣはＤＥに対して100％負担すべきである。ＤＥの間には特約はなく、また先の特約はこの関係には影響を及ぼさず、Ｅの1／3の負担は否定されない。

② **Ｆに対する代位の対抗**　では、ＣＤ間の代位の特約は第三取得者Ｆに対抗でき、100％負担はＦに承継されるのであろうか。負担割合は自由に変えられ、その公示も要求されていない。従って、Ｆが特約の有無を自ら調査すべきである。特約を知らなかったとしても、動機の錯誤であり、Ｆは売買契約を取り消すことはできない（95条1項、2項）。

(3) 結論

以上より、Ｄは、Ｆの取得した甲地の抵当権に、1／3代位できるが、問題文後段の場合には全額代位でき、また、Ｅに対する保証債権につき、問題文前段・後段を問

わず1／3の代位ができる。

3　［設問3］について
(1)　［設問3］(1)について
(a)　**問題の提起**　　Eは、弁済者代位により、Cに対して甲地及び丙地の抵当権への代位、Dに対する保証債権への代位を主張することになる。この点は疑いないが、Cについて、物上保証人1人として負担割合を計算すべきか、それとも2人として計算すべきかが問題になる。敷衍しよう。

Cが丙地を購入する前は、保証人1人、物上保証人3人であった。したがって、Cの負担割合は1／4であった（501条3項4号本文）。その後に、物上保証人Cが他の物上保証人G所有の抵当物件丙地を取得した。Cは、Gの物上保証人の地位を承継し合わせて2人の物上保証人の地位を有すると考えるべきであろうか。

(b)　**判例の論理ではどうなるか**　　判例は、弁済があるまで負担割合は浮動的であるということから、共同相続があると、複数の物上保証人に計算しなおす。また、保証人と物上保証人の地位を有していても、1人とする。始めから複数の不動産に抵当権を設定しても物上保証人は1人とし、それが始めからか事後的かを区別しないことになる。

そうすると、この点、判例はないが、Cは1人の物上保証人となり、物上保証人CD、保証人Eの3人として負担割合を計算することになるものと思われる。1／3の代位は、甲地と丙地に割り付けられず、例えば甲地だけから全額の回収ができる。

(c)　**やはり2人と考えるべき**　　しかし、それでは、保証人Eは1／4の負担であったのに、物的担保の総額に変わりはないのに1／3の負担に加重されてしまう。Eは、本来CDGにそれぞれ1250万円（合計3750万円）代位できたはずである。それが、CDにそれぞれ1／3（1666万666円）代位できるにすぎなくなる。

やはり、物上保証人Cは、Gの物上保証人たる地位を承継し、2人の物上保証人として2人分の負担をすると考えるべきである。この結果、Eは1／4の負担のままであり、Eは、甲地、乙地また丙地の抵当権にそれぞれ1／4（1250万円）代位できる。

(2)　［問題3］(2)について
(a)　**特約は有効**　　501条3項の負担割合は当事者が自由に決められる補充規定にすぎない。CE間の特約は有効であり、したがって、Eが弁済すれば、Cの甲地に全額代位ができる。

Eを免責する特約はCE間の効力に限られ、Dには効力が及ばない。DE間ではDの免責の効力は認められず、EはDに1／4の代位を主張できる。同様に、Eは、Gが丙地を売却する前は、Gにも1／4の代位を主張できた。

(b)　**Cによる丙地の取得後について**　　CがGから丙地を取得した場合、CE間の特約は、丙地にも及ぶのであろうか。

①上記のCを1人の物上保証人と構成すると、Cのした特約の効力は、甲地だけでなく丙地にも及ぶことになる。②しかし、2人と考えるべきであることは先に述べ

た。そうすると、特約の効力は、甲地にのみ及び、丙地には及ぶことはなく、丙地に
は1／4の代位を主張できるだけである。

(c) **結論**　　この結果、特約がある場合、Eは甲地の抵当権につき全額代位ができ、
丙地の抵当権には1／4の代位ができるのみである。Dの乙地の抵当権には1／4の代
位ができるだけである。

4　［設問4］について

(1)　Eによる物上保証人CDへの弁済者代位

　Eは、物上保証人CD2人に対して弁済者代位を主張し、甲地、乙地の抵当権から
1／4の金額（1250万円）の回収をすることができる。物上保証人2人、保証人EH2
人であり、物上保証人の負担割合は1／2で、物件価格が等しいためである。

(2)　EのHに対する求償・代位

(a) **共同保証人間の求償権・代位**　　EはHに465条1項により求償できる。ま
た、この求償権の保全のためにHに対する保証債権を代位取得する（501条2項括弧
書）。この場合のHに対する求償権はどう考えるべきであろうか。EH間だけで計算
して、465条1項により2500万円の求償権を認めるべきであろうか。

(b) **501条と465条1項の重畳適用**　　しかし、それでは、EはCDから合計
2500万円、Hから2500万円回収できることになり、Eの過剰な保護となる。やはり、
501条3項4号ただし書と465条1項を重畳的に適用して、保証人の負担割合たる1
／2を、465条1項の適用における母数とすべきである。

(c) **結論**　　そうすると、5000万円の1／2（2500万円）のみに、465条1項を適
用すべきである。この結果、EはHに対し、1250万円の求償権を取得するにすぎな
い。501条2項括弧書の代位も、この求償権を被保全債権とする。

以上

No.12　混　同

次の文章を読んで、後記の **[設問1]**、**[設問2]**、及び **[設問3]** に答えなさい。（配点：100点〔[設問1]、[設問2] 及び [設問3] の配点は、40：30：30〕）

【事実Ⅰ】

1.　飲食業を営むAは、甲地を、支店を出店するために購入していた。2024年4月に、息子Bがその家族（Bの妻子）と共に居住するための建物を甲地上に建てたいといってきたため、Aはこれに応じ、甲地をBに建物所有目的で特に期間を定めず賃料月10万円の月末払いの約束で賃貸した。敷金の交付はない。

2.　同年5月、Bは、建物の建築資金2000万円をC（銀行）から融資を受け、甲地上に建築される乙建物に抵当権を設定することを約束した。7月に乙建物完成後、Bは乙建物の所有権保存登記を行うと共に、Cの抵当権設定登記を行った。

3.　同年9月、Aは、D（信用金庫）から事業資金2000万円の融資を受けるに際して、甲地にその担保として抵当権の設定をしてその旨の登記を行った。

4.　2025年5月、BはAに頼んで甲地を売ってもらい、AからBへの甲地の所有権移転登記がなされた。Aはこの代金を事業資金に使用し、Dに対する借入金債務の支払には充てておらず、Dの甲地の抵当権は存続している。

[設問1]　【事実Ⅰ】を前提として、以下の各問いに答えなさい。(1)と(2)はそれぞれ別の事例と考えなさい。

(1)　その後、Cが乙建物の抵当権を実行し、乙建物が競売され、Eが乙建物を買い受けた。この場合に、乙建物の買受人Eが、甲地を利用する法的根拠について検討しなさい。

(2)　その後、BはCに借入金を完済しCの抵当権設定登記は抹消登記がされたが、Dが甲地の抵当権を実行し、Fがこれを買い受けた。建物所有者

233

Ｂが買受人Ｆの取得した甲地を利用する法的根拠について検討しなさい。

【事実Ⅱ】

　【事実Ⅰ】1に加えて、以下の事実があった。

5.　Ｂは甲地上に乙建物を建て居住していたが、2025年5月、ＢはＡから甲地を買い取って代金を支払った。登記手続については、そのうち司法書士に依頼して行うことにした。また、ＡＢ間の甲地の賃貸借契約は合意解除された。

6.　ＢはＡの経営する飲食店を手伝っているが、2026年1月、ＡとＢとで経営をめぐって口論になり、ＢはＡの飲食店の経営から手を引き、Ａの店と競合する別の店の経営者として採用された。

7.　これに激怒したＡは、Ｂを困らせてやろうと考え、同月、甲地の所有権移転登記がされていないままになっていることを利用して、事情を知らないＧに、Ｂが甲地を無断で使用していると説明して、甲地を売却した。

8.　Ｇは甲地の所有権移転登記を受けて、Ａの説明を信じてＢを不法占有者だと考えて、Ｂに対して乙建物の収去、そして、甲地の明渡しを求めた。Ｂはこの話を聞いて驚き、甲地は先に自分がＡから購入したものであり、所有権移転登記をしようと思っていたところであると説明して、Ｇの請求に応じない。

[設問2]　【事実Ⅰ】1及び【事実Ⅱ】を前提として、Ｇの請求に対するＢの反論、また、これに対してＧから出される再反論、必要ならばこれに対するＢからの再反論を指摘して、Ｇの請求が認められるかどうか検討しなさい。

【事実Ⅲ】

　【事実Ⅰ】1～3に加え、以下の事実があった。

9.　Ａは、2024年12月、事業資金2000万円をＨ（銀行）から借り入れるに際して、Ｈに対する借入金債務の担保のために、ＡＢ間の甲地の賃貸借契約上の賃料債権を2025年1月分から5年分譲渡することを合意した。

10.　Ａは、Ｈより求められて、Ｂに本件賃料債権の譲渡について内容証明に

より通知をした。その通知には、HがBに対して実行通知をするまではBはAに賃料を支払うよう求める内容が記載されている。

11. 2025年5月、BはAから甲地を買い取り、AからBへの甲地の所有権移転登記がなされた。Aはこの代金をDに対する借入金債務の支払に充て、甲地のDの抵当権設定登記は抹消登記がなされた。

12. 2026年2月、AはHに対する借入金の返済ができなかったため、Hが債権譲渡担保についてBに対して実行通知をして、3月末の3月分以降の賃料は自分に支払うよう求めた。しかし、これに対し、Bは賃貸借契約は終了したと主張し、Hの支払請求に応じない。

13. 同年4月、BはCに対する借入金債務の返済ができず、Cが乙建物の抵当権を実行し、Iが乙建物を買い受けた。買受人Iは、買受代金を支払い、乙建物の所有権移転登記を受け、乙建物の引渡しを受け居住を開始した。Iは、買受後の賃料を、甲地の所有者であるBに支払うことを考えている。

[設問3] 【事実Ⅰ】1〜3及び【事実Ⅲ】を前提として、Hは、Bに対して3月及び4月分の賃料の支払、Iに対して5月分以降の賃料の支払を求めようと考えているが、B及びIから出される反論も踏まえて、Hの請求が認められるかどうか検討しなさい。

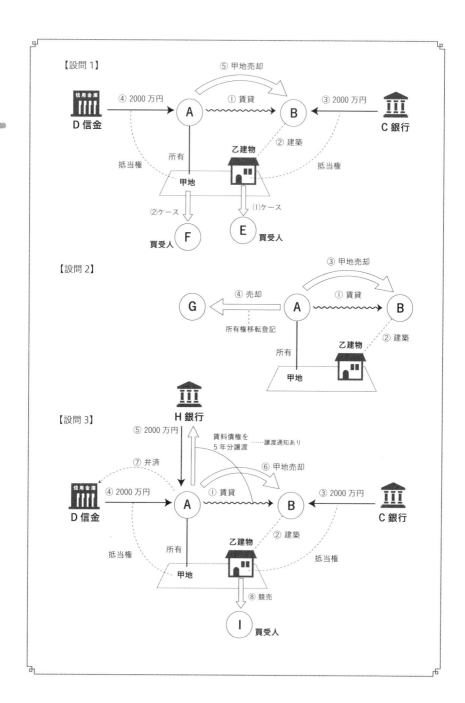

1　[設問 1] 小問(1)について
　(1)　建物抵当権の借地権への効力
　　①借地権は建物の従たる権利（重要度A）
　　②建物抵当権が借地権に効力が及ぶ（重
　　　要度A）
　(2)　買受人による借地権の取得
　　①混同の例外——条文の根拠づけ（重要
　　　度A）
　　②賃貸借契約の承継（重要度B）

2　[設問 1] 小問(2)について
　(1)　借地権の対抗（重要度A）
　(2)　混同の例外
　　①例外を認める必要性の説明（重要度A）
　　②例外の条文根拠（重要度A）

3　[設問 2] について
　(1)　対抗関係（重要度B）
　(2)　借地権の対抗

　①借地権は対抗できる（重要度A）
　②混同による消滅（重要度A）
　③合意解除（重要度B）

4　[設問 3] について
　(1)　集合債権（将来債権）の譲渡
　　①譲渡の可能性・要件（重要度A）
　　②対抗要件
　　　ⓐ包括的にできるか（重要度A）
　　　ⓑ譲渡人への賃料支払を求めるもので
　　　　もよいか（重要度B）
　(2)　混同の例外
　　①[設問 1] (2)と同じ（重要度A）
　　②例外の場合の法律関係
　　　ⓐ抵当権実行前——Bとの関係（重要
　　　　度A）
　　　ⓑ抵当権実行後——Iとの関係（重要
　　　　度B）

解説及び答案作成の指針

1　[設問 1] 小問(1)について

【出題趣旨】　[設問 1] 小問(1)は，法定地上権は成立しないことを確認しつつ，混同の例外を考
　えてもらう問題である。特に難しい論点はない。

(1)　買受人 E による借地権の取得

　(a)　**問題点**　　乙建物の買受人Eは，甲地の利用権がなければ不法占有者にな
り，甲地の所有者Bは，Eに対して建物収去・土地明渡しを請求できることにな
る。これに対して，Eがどのような法的主張をなしうるのかを検討してもらうの
が本問である。

　(b)　**問題となる 2 つの権利**

　　(ア)　**法定地上権**　　まず，買受人Eは法定地上権（388条）を主張すること
が考えられる。しかし，Cが乙建物に抵当権を設定した時には，甲地はA所有，

乙建物はB所有と，別々の所有者に帰属していたので，その要件を充たさず，法定地上権の成立は認められない。

(イ)　**借地権の取得**　　次に，抵当権設定時には，建物所有者Bは借地権を有しており，借地権は従たる権利として抵当権の効力が及ぶことになる。買受人は，乙建物と共に借地権を取得すると考えることができる。判例はこの結論を認めるが，条文根拠を示しておらず，従物とパラレルに考えれば，370条の付加一体物についての規定の類推適用ということが考えられる。

> 【答案作成についてのコメント】まずは，法定地上権は問題にならないこと，借地権が抵当権の従たる権利として目的物に含まれ，買受人は建物と共に借地権を取得しうることを確認する。

(2)　混同による借地権の消滅について

(a)　**原則としての混同による消滅**　　ところが，買受人Eが借地権を取得することについては，BがAから甲地を購入していたため借地権は混同で消滅していたのではないかという疑問がある。借地権者が土地の所有権を取得すれば，土地所有権により土地を利用できるために，地上権については179条，賃借権については520条の「混同」により当然に消滅することになる。借地権については，正確には，賃貸借契約の混同による終了である。

(b)　**本問における借地権存続の必要性**

(ア)　**抵当権者保護の必要性**　　しかし，本問では，乙建物のCの抵当権は，乙建物と共に借地権にその効力が及ぶため，Cは抵当権の実行として，乙建物と共に借地権を実行することにより貸金債権の回収を考えていたのである。Bについては甲地の利用のために借地権を存続させる必要はないが，借地権が消滅してしまうと，抵当権者Cが不利益を被ることになる。

(イ)　**混同の例外**　　そのため，物権，債権いずれについても，第三者の権利の目的になっている場合には，混同による権利の消滅に対する例外が認められている（179条1項ただし書，520条ただし書）。本問では，債権なので520条ただし書を適用して，Bの借地権は消滅しないことになる。

(c)　**自己借地権の法律関係**

(ア)　**賃貸人たる地位の承継**　　本問では混同による消滅がないとしても，所有権と共にAからBに賃貸人たる地位の譲渡の合意はされているとは思われないので，605条の2第1項によって，所有権と共に賃貸人たる地位が移転すると構成せざるをえない。その結果，Bは甲地の所有者＝賃貸人たる地位を取得すると

共に，甲地の賃借人たる地位を維持し，BB 間に賃貸借契約が存続する（＝自己借地権になる）ことになる（☞【図1】）。

(イ) **賃貸借契約は休眠状態になる**　借地権は抵当権の実行に備えるために消滅していないと扱われるだけで，B の土地使用は土地所有権に基づくものと考えれば足り，また，賃貸借契約上の権利関係も，賃料の支払義務や修繕義務などは認める必要はなく（後述 4 ［設問3］参照），たとえ成立するとしても直ちに混同で消滅すると考えるべきである。そのため，賃貸借契約は存続するが――抵当権がなくなればその時点で終了――，事実上休眠状態になる。

12
混同

【図 I　賃貸借契約と混同】

1. 借地関係
　① AB 間の賃貸借契約
　② B は借地権に基づき，A 所有の甲地を使用

2. 借地人による土地の取得
　(1)　混同が生じる事例
　　① BB 間の賃貸借契約にはならず，契約は混同により終了
　　② B は土地所有権に基づき，甲地を使用
　(2)　混同の例外事例（建物に抵当権が設定されている場合）
　　① BB 間の賃貸借契約が存続する（契約上の権利は成立と同時に混同により消滅）
　　② B は土地所有権に基づき，甲地を使用（賃料債務はそもそも成立しないとも考えられる）

(d)　**本問について**

(ア) **買受人による借地権の取得**　乙建物の買受人 E は，B の借地権が存続しているため，乙建物と共に借地権を取得することになり，甲地所有者 B と乙建物買受人 E との間に借地契約が存続することになる。B が E の借地権の取得を承諾しない場合には，E は裁判所に B の承諾に代わる許可を求めることができる（借地借家法 20 条）。

(イ) **休眠していた借地権が息を吹き返す**　買受人の借地権取得が認められた以降は，賃料債権が復活し，B は E に対して賃料の支払を求めることができる。承継される契約内容であるが，期間の定めのない借地権は認められず，当初の契約開始から 30 年となる（借地借家法 3 条）。

　【答案作成についてのコメント】本問では，混同の例外が認められ，520 条ただし書により BB 間に借地権（自己借地権）が存続し（自己借地権），買受人が建物と共にこれを取得することを論じるべきである。

2 ［設問1］小問(2)について

【出題趣旨】 ［設問1］小問(2)は、小問(1)同様に借地権について混同の例外を考えてもらう問題であるが、乙建物の抵当権は消滅しており小問(1)とは事情が異なり、例外を根拠づける条文が問題になる。

(1) 借地権の対抗関係

(a) 借地権に対抗力あり まず、Bが借地権を甲地の抵当権者Dに対抗する対抗関係にあることを確認する必要がある。Dは、借地権の負担のある土地か負担のない土地かで、競売における売却価格には大きく開きがあるからである。本問では、Bは乙建物の所有権保存登記を、Dの甲地の抵当権設定登記よりも先にしているため、借地権をDに対抗することができる（借地借家法10条1項）。

(b) 問題点——混同、法定地上権 従って、Bは借地権を土地買受人Fに対抗できるはずである。ところが、Bは甲地を買い取っており、混同によりBの借地権が消滅するのではないかという疑問を生じる。法定地上権の要件も充たしていない。

【答案作成についてのコメント】まず、借地人と土地抵当権者とは対抗関係に立ち、本問では、Bが借地権を土地抵当権者Dに対抗できることを確認し、それが混同により奪われることになるということを問題提起すべきである。

(2) 混同について

(a) 混同の例外を認める必要性

(ア) 第三者の権利の対象になっていない 先にみたように、Bは甲地を買い取って甲地の所有者になったことから、Bに賃貸人たる地位と賃借人たる地位とが帰一し、例外が認められなければ借地権は混同により消滅する。では、520条ただし書により例外が認められるのかというと、Dの抵当権は甲地を対象としており、乙建物を対象とするCの抵当権とは異なり、借地権は甲地の抵当権の対象とはなっていない。

(イ) Bの保護の必要性 小問(1)では建物買受人の保護が問題であったが、小問(2)では、建物所有者Bの競売後の借地権により土地を使用する利益の保護が問題である。Bは抵当権に対抗できる借地権を有しており、甲地の抵当権が実行されても、借地権を買受人に対抗できた。ところが、甲地を取得して借地権が消滅して、この得られたはずの保護を奪われるのは、Bにとって酷である。しかし、

上記のように520条ただし書の適用はない。では，どのようにして，Bを保護すべきであろうか。

（ウ）　**建物抵当権についての例外は援用しえない**　　なお，Cの乙建物の抵当権がある間は520条ただし書の適用があった。ところが，Cの抵当権は弁済により消滅し，Cの抵当権の存在を理由とする混同の例外の効力は失われている。

(b)　**Bを保護する法的構成**

（ア）　**法定地上権**　　まず，法定地上権（388条）によることが考えられる。しかし，Dが抵当権を設定した時には，いまだ甲地はA所有であり，土地と建物を同一人が所有するという法定地上権の要件は充たされていない。しかし，本問では，Dの抵当権は設定当時はBの借地権の対抗を受けたのに，これを混同で免れるという棚ぼた的利益をDに認める必要はない。

（イ）　**混同の例外の拡大**

❶　**179条1項ただし書は例外が520条ただし書よりも広い**　　Dは借地権を覚悟していたのでその対抗を認めて構わないため，借地権を混同により消滅させずに存続させても，結論は不当ではない。では，520条ただし書を例示と考えて，その類推適用によるべきであろうか。しかしその必要はなく，物権の混同規定を適用することでこの問題を解決することができる。

❷　**179条による**　　179条は，520条ただし書よりも広い範囲をカバーしている。179条1項ただし書は，「その物又は当該他の物権が第三者の権利の目的であるとき」を例外としている。借地権が乙建物の抵当権の対象になっている事例が「当該他の物権」が第三者の権利の目的である場合に該当する。179条1項ただし書は，その場合だけでなく，<u>「その物」自体が第三者の権利の目的になっている場合</u>にも例外を認めているのである。

【図2　179条における混同の例外】

1. 建物に抵当権が設定されている場合──抵当権者また買受人の保護
　①建物抵当権者の保護が必要　　借地権つきで建物を競売する必要がある
　②建物買受人は，借地権を取得する（520条ただし書，179条1項ただし書）

2. 土地に抵当権が設定されている場合──建物所有者の保護
　①建物所有者は，土地買受人に対して借地権を対抗できる（179条1項ただし書）
　②建物所有者の保護が必要　　土地抵当権に対抗できる借地権を実行に備えて保持する必要あり（混同の例外が認められる）

㈦ 本問について

❶ **179 条 1 項ただし書の類推適用**　後者がまさに本問の事例であり、取得した甲地が D の抵当権の対象となっており、その実行に対して利用権を保持しておく必要があるのである。地上権たる借地権（借地借家法 2 条 1 号）ならば直接適用でよいが、賃借権たる借地権は債権なので厳密にいえば、179 条 1 項ただし書の類推適用ということになる。こうして、B は甲地の抵当権が存続する限り借地権を保持でき、競売されたならば、買受人 F に借地権を対抗できる。

❷ **判例も 179 条による**　判例も、「特定の土地につき所有権と賃借権とが同一人に帰属するに至った場合であっても、その賃借権が対抗要件を具備したものであり、かつ、その対抗要件を具備した後に右土地に抵当権が設定されていたときは、民法 179 条 1 項ただし書の準用により、賃借権は消滅しない」と混同の例外を認める（最判昭 46・10・14 民集 25 巻 7 号 933 頁）。判例は「準用」というが類推適用の趣旨であると思われる。

> **【答案作成についてのコメント】** 520 条ただし書とは異なり、179 条 1 項ただし書によると本問の事例にも混同の例外を認めることができることを指摘し、その適用（類推適用）を認めることを議論すべきである。

3　[設問 2] について

> **【出題趣旨】**　[設問 2] では、まず、B が甲地を買い取ったため混同により借地権が消滅していること、混同には登記は要件ではないことを確認すべきである。その後に甲地が G に売却され、BG が対抗関係となり G が所有権移転登記をしており所有者になっている。対抗関係で負けた B が借地権の対抗を主張し、これに対して G が混同また合意解除による借地権の消滅を主張し、B から更に混同を否定する主張が出されることになる。これらを整理しつつ検討してもらう問題である。

⑴ 混同による借地権の消滅——例外規定の適用はない

　B は甲地を購入しており、本問では、乙建物にも甲地にも抵当権が設定されておらず、520 条ただし書や 179 条 1 項ただし書の混同の例外の適用はない。また、AB 間で賃貸借契約は合意解除されている。混同には対抗要件具備は要件とはなっておらず、B が甲地の所有権移転登記を受けている必要はない。

> **【答案作成についてのコメント】**　まず、混同による借地権の消滅には、登記（対抗要件）は必要ではなく、520 条ただし書、179 条 1 項ただし書の適用がないため AB 間の売買契約により借地権は混

同で消滅している，又は，合意解除により消滅していることを確認すべきである。

(2) 甲地についてのGとの対抗関係

Bは，Aから甲地を買い取ったが所有権移転登記をしない間に，事情を知らないGが約8か月後に甲地をAから購入しており，BGは177条の対抗関係になる。Gが背信的悪意ではないため，Bは所有権取得＝Aの無権利をGに対抗できず，GはAから有効に所有権を承継取得できることになる。

【答案作成についてのコメント】BGは甲地につき対抗関係に立ち，善意のGが先に所有権移転登記を受けているので，Gが甲地の所有者になることを次に確認する。

(3) 借地権の対抗

(a) **Gからの建物収去土地明渡請求**　Bに甲地の所有権取得が認められないとすると，甲地上に土地所有者でないBが建物を所有していることになり，土地の利用権限がないと不法占有になってしまい，建物収去を義務づけられることになる。Gは，AよりBは不法占有者だと説明を受けているので，GはBに対して建物収去土地明渡しを請求するものと思われる。

(b) **Bは借地権の対抗要件を充たしていた**　Bは，土地所有権取得を対抗できないので，予備的に借地権を主張するはずである。AがGに甲地を売却した時に，Bが借地権を保持していれば（この点は後述），先に借地借家法10条1項の対抗力を取得しているので，これを土地買主Gに対抗できるはずである。

(c) **Gからの混同，合意解除による借地権消滅の主張**　これに対して，Gからは，Bの借地権は混同（520条）により消滅していた，又は，合意解除により消滅していたという主張が出されるものと思われる。これに対して，Bはどう反論すべきであろうか。

(ア) 混同による消滅

❶ **混同の例外によるのではなく混同自体を否定すべき**　そもそもGによる混同の主張を認めるべきではない。判例も，「一たん混同によって消滅した右賃借権は，右第三者に対する関係では，同人の所有権取得によって，消滅しなかったものとなる」と説明している（最判昭40・12・21民集19巻9号2221頁。最判昭47・4・20判時668号47頁も同様）。

❷ **Gは混同の主張をなしえない**　Gが甲地を買い取るまでは混同の効果が生じているが――対抗力は遡及しない――，Gは177条によりAからBへの

所有権の移転を否定し、<u>Aから自己への所有権の移転を援用する</u>のである。これが177条の「第三者」による対抗不能の援用である。従ってその主張によれば、AからBへの所有権の移転をそもそも否定するので、混同は生じていないことになる。177条の援用と混同の主張は矛盾した主張であり、<u>Gが混同を主張することは許されない</u>といわざるをえない。

(イ) **合意解除について**　ところが厄介な問題に直面する。Gとの関係では、AからBへの所有権の移転はないとしても、AB間で賃貸借契約が合意解除されているのである。これはどう考えるべきであろうか。物権変動とは異なり、Gとの関係ではAB間の合意解除の効力は認められないというわけにはいかない。

❶ **混同による借地権消滅の確認と評価**　まず、AB間の契約は合意解除の形をとっているが、混同による賃貸借契約の消滅を確認するだけの趣旨だと考えることができる。そうすると、混同により賃貸借契約が消滅したことを確認したにすぎず、Gに所有権取得を対抗できなくなり、また混同の効力がGとの関係で否定されるならば、賃貸借は消滅していないことになる。

❷ **行為基礎喪失による失効**　②また、混同により賃貸借契約が消滅したことを当然の前提としており、混同の効力が否定されれば、合意解除の効力も否定されると考えることもできる。さらに言えば、事情変更の原則による「合意解除」の解除も考えられる。

◆**関連問題──GのAとの関係での法的保護**

(1) **GのAに対する権利**　いずれにせよ、Bは結論として、Gに借地権を対抗できることになる。そうすると、Gは、AよりBが不法占有者だと虚偽の事実を説明されて売買契約を締結したことになり、詐欺取消しが可能となる(96条1項)。また、GはAに対して565条の売主の担保責任を追及することもできる。Gは自己使用の目的で甲地を買い取ったのであり、Bの借地権の対抗を受け自ら使用ができなければ契約をした目的を達しえないのであり、542条1項3号により即時解除権も認められる。

(2) **BのAに対する権利**

(a) **履行不能により塡補賠償請求権になっている**　Gへの売却、そしてGの所有権移転登記の取得により、BはAからの履行が履行不能(412条の2第1項[法律的不能])になり塡補賠償請求権を取得していたのであるが(415条2項1号)、もしGが売買契約を取り消したり又は解除した場合、Gによる取消しないし解除により、元の履行請求権が復活して、Aに対して所有権移転登記を求めることができるようになるのであろうか。もし、Bが既にAから賠償金の支払を受けて塡補賠償請求権が消滅してしまっていた場合には、当初の履行請求権が復活することはないと考えるべきである。

(b) **不能後に履行が可能になったらどうなるか**　しかし、塡補賠償請求権は、本来の履行ができない場合の次善の解決であり、履行が可能になったならば元の債権を復活させても、特に債務者

に不都合はない。415条2項も，規定制定時にはそこまで考えていなかったと思われるが，塡補賠償の請求が「できる」と規定しており，選択の余地を残している含みである。そのため，Bは，塡補賠償によってもよく本来の履行によってもよく──不能だと債務者に不能の抗弁（412条の2第1項）が認められるにすぎない──，選択債権になると考えることができる。債務者Aには選択権はなく，Bが塡補賠償を選択したのに，甲地の所有権移転登記の提供をすることは許されない。

【答案作成についてのコメント】借地権の対抗を問題提起し，混同，合意解除いずれの効力も認められず，Bは借地権をGに対抗できることを確認する。その結果，Gが契約をした目的を達しえないので，Aとの売買契約を取り消す又は解除することが考えられ，その場合に，Bが改めてAに対して所有権移転登記請求ができるのかを議論すべきである。

4 ［設問3］について

【出題趣旨】　［設問3］は，甲地の将来の賃料債権の譲渡の可否・対抗要件具備について考えてもらった上で，その後に賃貸人たる地位と賃借人たる地位がBに帰一したものの，混同の例外が認められる場合の賃料債権譲渡の効力，更にその後に乙建物の抵当権が実行され建物買受人が借地人たる地位を取得した場合について考えてもらう問題である。

(1) 将来の賃料債権の譲渡
(a) 将来債権の譲渡の有効性・要件

　(ア) **特定性のみが要件**　　判例は，将来のいわゆる集合債権についても特定されていれば有効に譲渡することができると考え──「発生原因となる取引の種類，発生期間等で特定される」ことを求めるだけである（最判平13・11・22民集55巻6号1056頁）──，必要な規制は公序良俗違反（90条）により行えばよいという立場である（最判平11・1・29民集53巻1号151頁）。

　(イ) **民法は将来債権の譲渡を認めるが要件は明記せず**　　民法は，要件については判例にまかせてこれを明記せず，将来債権の譲渡もできることを明記しただけである（466条の6第1項）。要件については，従前の判例が先例価値を認められることになる。

(b) 将来債権の対抗要件具備

　(ア) **予め包括的な対抗要件具備が可能**　　また，判例は，将来債権の「債権譲渡について第三者対抗要件を具備するためには，指名債権譲渡の対抗要件（民法467条2項）の方法によることができる」と判示しており（前掲最判平13・11・22），包括的に将来債権についての対抗要件具備を認める。

　(イ) **民法は対抗要件具備が可能なことを規定**　　改正法は，467条1項に括

弧書で「現に発生していない債権の譲渡も含む」と規定し，将来債権の譲渡について発生前に対抗要件具備が可能なことを規定している。債権発生前に包括的に対抗要件を具備できることになる。

(c) **本問へのあてはめ**　Hへの5年分の賃料債権の譲渡は有効であり，Bに譲渡通知がされているためBへの対抗が可能になっている。Hへの譲渡について，実行通知まではAに支払うよう求めているが，それにより第三者対抗要件の効力を妨げるものではない（前掲最判平13・11・22）。

> **【答案作成についてのコメント】**まず，賃料について将来の集合債権譲渡ができること，また，その対抗要件について確認をした上で問題提起をすべきである。

(2) その後のBによる賃貸不動産の買取り──混同の例外

(a) **Bに対する請求**　Hは，実行通知をして，Bに対して3月分以降の賃料の支払を求めている。将来の賃料債権が譲渡されており，既に将来の分も債権譲渡の対抗要件を充たしている。しかし，BはAから甲地を買い取っており，賃料を支払っておらず，Hの賃料支払請求に対して支払を拒否している。この点，どう考えるべきであろうか。

(ア) 参考──賃貸借契約が終了すれば債権譲渡の効力は否定される

❶ **契約終了のリスクは譲受人負担**　賃貸借契約が終了してしまえば，それ以降，賃料債権の将来債権譲渡の効力は認められなくなる。譲渡後に賃貸人と賃借人につき混同があった場合，差押えの事例であるが，差押えの効力は否定されている（最判平24・9・4金判1413号46頁）。契約が終了し債権が発生しなくなるリスクは甘受しなければならないのである。

❷ **混同の例外**　ところが，本問ではCが乙建物について抵当権を設定しているため，520条ただし書（179条1項ただし書）により混同の例外が認められ，Bの借地権，更に言えば賃貸借契約は混同の例外として存続することになる。ただ，各月の賃料債権は発生と同時に混同で消滅することになる。

そうすると，問題は混同による消滅を，譲受人に対抗できるのかという問題になる。しかし，そもそも別の問題があり，その問題を以下に説明する。

【図3　将来の賃料債権譲渡後に問題になる事由】
I. 設例（[設問3]の事例ではない）
　①Aが甲地をBに賃貸している

②Aが，１年分の賃料債権をＣに譲渡した

2. その後の問題となる事由

①AB間の賃貸借契約の解除　　その後に賃料債権は発生しないため，譲渡の効力も消滅

②Aが甲地をＤに譲渡（２つの考え）

　ⓐ賃貸人がＤになり債権譲渡の効力が及ばなくなるという考え

　ⓑ賃貸人たる地位の譲渡の賃料債権の処分部分はＣに対抗できないという考え

3. 本問の事例──ＢによるＡからの甲地を買取り（混同）

①混同により賃貸借契約終了（例外なし）　　２①と同じ

②混同の例外事例　　債権譲渡との関係が問題になる

　　(イ)　**賃貸不動産の譲渡（賃貸人たる地位の移転）である**　　本問では，甲地がＡからＢに売却され，混同の例外として賃貸借が存続し，賃貸人たる地位がＡからＢに移転することになる。賃料債権を取得する賃貸人が，Ｈの債務者Ａではなく<u>Ｂに変わっている</u>のである。この場合，将来債権譲渡の効力はこれにより失われるのであろうか。本問はこの変則的な事例──ＢのＢに対する賃料債権──になる。

　　❶　**参考としての<u>賃料債権差押後の賃貸不動産譲渡の事例</u>**

　　　i　**差押えの効力が及んだまま**　　将来の賃料債権が差し押さえられた後に，賃貸不動産が譲渡された事例では，最判平10・3・24民集52巻2号399頁は，賃貸不動産の「譲受人は，<u>建物の賃料債権を取得したことを差押債権者に対抗することができない</u>」という。ＡのＢに対する将来の賃料債権を，Ａの債権者Ｃが差し押さえた後に，Ａが甲地をＤに譲渡した場合，Ｄが取得する賃料債権に差押えの効力が及ぶ（☞【図4】）。

【図4　将来の賃料債権差押後の賃貸不動産の譲渡】

1. 設例（[設問3]の事例ではない）

①Aが甲地をＢに賃貸している

②Ｃが，Ａの１年分の賃料債権を差し押さえた

2. その後の問題となる事由

①AB間の賃貸借契約の解除　　その後に賃料債権は発生しないため，差押えの効力も消滅

②Aが甲地をＤに譲渡　　Ｄの取得する賃料債権に賃料差押えの効力は及ぶ

---

　　　ii　**その理由──賃料債権の帰属の変更への制限の効力がある**　　その理由につき，同判例は，賃料債権の差押えにより，賃貸不動産の「処分は妨げられない」が，<u>差押えの効力が「建物所有者が将来収受すべき賃料に及んで」</u>おり，

「建物を譲渡する行為は，賃料債権の帰属の変更を伴う限りにおいて，将来における賃料債権の処分を禁止する差押えの効力に抵触する」と説明する。

❷　賃料債権譲渡後の賃貸物件譲渡の事例

ⅰ　債権譲渡の効力は及ばないとする下級審判決あり　　将来の賃料債権の譲渡後に，賃貸不動産が譲渡され賃貸人たる地位が譲渡人から第三者に移転した場合については，最高裁判決はない。この点，東京地裁執行処分平 4・4・22 金法 1320 号 65 頁は，「賃料債権の譲渡人がその譲渡後に目的物の所有権を失うと，譲渡人はそれ以後の賃料債権を取得できないため，その譲渡は効力を生じない」と判示する。【図 3】の設例における 2 の，A の B に対する将来の賃料債権を，A の債権者 C が譲渡を受けた後に，A が甲地を D に譲渡した場合，D が取得する賃料債権には譲渡の効力が及ばないことになる。

ⅱ　その理由　　上記判決は，その理由につき，「賃料債権は賃貸人の地位から発生し，賃貸人の地位は目的物の所有権に伴うものである。ゆえに，賃貸人であった者も所有権を失うと，それに伴って賃貸人の地位を失い，それ以後の賃料債権を取得することができない」ことを挙げる。差押えの場合には，賃貸不動産の譲受人の賃料債権のまま差押えの効力を及ぼすことができるが，債権譲渡の場合には譲渡人 A からの移転なので，A に帰属しない以上 A から賃料債権譲受人への移転は考えられなくなるからである。

ⅲ　❶の射程は及ばないか　　❶の差押えについての，賃貸不動産を譲渡はできるが，「将来における賃料債権の処分を禁止する」効力を認める点については，債権譲渡にも射程が及ばないのであろうか。賃料債権を譲渡して対抗要件を充たしても，賃貸不動産の処分は妨げられない。しかし，「将来における賃料債権の処分を禁止する」効力を認めることは――A からの移転ではないが，賃貸不動産譲受人に効力を及ぼして，これからの移転を認める――，可能な解釈のようにも思える。

㈡　B への請求についての結論　　❷ⅰの判例の論理でいけば，甲地の賃貸人たる地位が H の債務者 A から B に移転しても，混同の例外が認められるが，A ではなく B に賃料債権が帰属し H への譲渡の効力が及ばなくなる。そのため，H の B に対する 3 月分及び 4 月分の賃料の支払請求は認められないことになる。発生と同時に賃料債権は混同で消滅するが，その対抗を論じる必要はない。ただし，❷ⅲのような反対説も可能であり，その立場では譲渡の効力を及ぼす以上，賃料

債権の混同による消滅を対抗できないことになる。

(b) **Iに対する請求**　その後に乙建物の抵当権が実行され、Iが乙建物を買い受けることにより、Iが借地権を取得し、甲地の所有者＝賃貸人BのIに対する賃料債権が復活しても、上記解決がそのまま当てはまる。賃料債権の譲渡の効力は及ばず、BがIに対して取得する賃料債権は、発生と同時にBからHに移転することはない（466条の6第2項）。Hは、Iに対して5月以降の賃料の支払を求めることはできないことになる。❷ⅲの反対説では、賃借人がBからIに変わるだけで、譲渡の効力が及んだままである。

1　[設問1]　(1)について
(1)　買受人は借地権も取得できる
　本問では、法定地上権（388条）の要件は充たしていないため、買受人Eは、甲地の所有者Bに対して法定地上権を主張することはできない。

　Cが取得した乙建物には、従たる権利として借地権が成立していた。乙建物の抵当権は甲の借地権にも効力が及ぶため（370条類推適用）、抵当権者Cは、乙建物と共に借地権を競売でき、買受人Eは、乙建物の従たる権利として借地権も取得していると考えられる。

(2)　混同はどうなるのか
　(a)　**問題提起**　ところが、混同で借地権は消滅しているのではないかという疑問がある。Bが甲地を買い取っており、これにより、Aから土地所有権と賃貸人たる地位を取得する。Bは土地を土地所有権により利用でき、借地権は不要になる。そのため、借地権は混同で消滅するかのようである（520条）。

　Bはそれでよいが、それでは、抵当権者Cに不利益を生じさせることになる。何故かというと、借地権付きで競売するという利益を有していたのに、借地権が消滅しては、土地利用権のない建物になり、買手がつかなくなってしまうからである

　(b)　**混同の例外を認めるべき**　この点、抵当権者Cが混同によりいわれのない不利益を受けるべきではない。民法もこのように混同が問題になる権利が第三者の権利の対象となっている場合に、混同の例外を認めている（520条ただし書ないし179条1項類推適用）。よって、Bの借地権は混同により消滅せず、買受人Eが乙建物と共にこれを取得できる。

2　[設問1]　(2)について
(1)　FからBへの請求
　甲地の買受人Fは土地所有権に基づいて、Bに対して建物収去土地明渡しを請求することが考えられる。Bはこれに対して借地権の対抗を主張することになるが、Fからはさらに借地権の混同による消滅が主張される。なお、法定地上権（388条）の要件は充たしていないため、Bが法定地上権を援用することはできない。

(2)　混同の例外が認められるか
　たしかに520条ただし書の事例ではない。しかし、借地権者Bは土地抵当権者Dに借地権を対抗できたのである。土地に抵当権があり競売の可能性がある限り、この法的地位を保持する必要がある。

　そこで、物権についての179条1項ただし書をみると、取得した「物」が第三者の権利の目的になっている場合も例外を認めている。Bが取得した甲地はDの抵当権の対象になっており、これに該当する。借地権は物権化されており、179条1項ただし書を類推適用してよい。

そうすると、本件でも混同の例外が認められ、Bは乙建物のための借地権を甲地の買受人Fに対抗できる。

3　［設問2］について
(1)　Gによる甲地の取得
　Gは、甲地をBによる買取後に買い取っているが（二重譲渡）、先に所有権移転登記を受けており、背信的悪意といった信義則に反する事情もなく、177条により、甲地の所有権を取得することになる。そして、取得した土地所有権に基づいて、乙建物を所有して甲地を占有しているBに対して、建物収去土地明渡しを求めている。

(2)　借地権の対抗
　これに対して、Bは借地権を対抗することになるが、Gからは混同による借地権の消滅が主張されることが考えられる。

　(a)　**矛盾主張の禁止**　確かに借地人Bが土地を取得しており混同が生じる。混同の例外を認める事情はない。しかし、混同についてはGが主張することはできない。その理由は、①Gは、AからBへの所有権移転を否定し、自己の所有権取得を根拠づけていること（177条）、②これと、Bが甲地の所有権を取得し混同が生じているという主張は矛盾するからである。

　これは正当な解決であり、Gは177条を援用する限り、Bの混同の主張をすることは許されない。

　(b)　**合意解除の援用**　Gからは、AB間で借地契約が合意解除されていることも援用されると思われる。しかし、合意解除は、混同の効果を確認するだけの合意にすぎないと考えるべきである。また、Bが甲地の所有権を取得することが当然の前提になっているため、Bが土地所有権を取得できないことになった場合には、その効力は失われるものと考えられる。

　以上の結果、Bは借地権をGに対抗でき、Gの上記請求は認められない。

4　［設問3］について
(1)　将来の賃料債権の譲渡——有効性・要件
　HのB又はIに対する請求が認められるためには、Aによる将来の賃料債権の譲渡が有効であることが必要になる。

　この点、将来の債権の譲渡も可能であり（466条の6第1項）、その範囲が特定されていればよい。必要ならば、公序良俗（90条）により譲渡の効力を全部又は一部否定すれば足りる。

　また、将来債権譲渡の対抗要件具備も可能である（467条1項括弧書）。発生前の将来の債権について包括的に対抗要件が具備できる。譲渡通知で譲渡人への支払を求めていても対抗力具備に支障はない。

　そのため、Hが問題文の通り、B及び買受人Iに対して賃料の支払を求めることができるかのようだが、Bからの反論を次に検討したい。

(2) 甲地がAからBに譲渡された点について

(a) Bに対する3月、4月分の賃料の請求

① 混同による借地権の消滅　甲地がAからBに売却されたことにより、混同により借地契約が消滅したことなり（520条本文）、賃料債権が成立していないと、Bは争うことが考えられる。これに対し、乙建物に抵当権が設定されているため、混同の例外が適用されることが主張されることになる（520条ただし書）。この点、Hの主張が認められ、BB間で賃貸借契約が存続する（自己借地権）。そして、賃料債権は混同で消滅するはずであるが、債権譲渡がされているので、消滅することなくHに移転することになりそうである。

② 賃貸人たる地位の移転　しかし、この点、別の疑問がある。というのは、債権譲渡はAからHになされ、Aに債権が発生と同時にHに移転するが（466条の6第2項）、甲地譲渡後は賃貸人たる地位はBが取得しているのである。すなわち、甲地の所有権と共に賃貸人たる地位は、AからBに移転しているのである。

そのため、将来債権についての包括的なAからHへの譲渡の効力はBには及ばず、Bが取得する賃料債権につき、譲渡の効力の及ぶ当事者でないBからHへの賃料債権の移転は生じることはない。賃料債権は、発生と同時に混同により消滅することになる。

(b) Iに対する5月分以降の賃料の請求　以上は、買受人Iが登場後も変わることはない。買受人Iが甲地の借地人になり、BはIに対して賃料債権を取得する。これは、混同は問題にならないが、AH間の賃料債権譲渡の効力は及ばず、AH間の債権譲渡契約の効力により、BからHに賃料債権が移転することはない。

(3) 結論

Hは、Bが取得する甲地の賃料債権につき、AH間の債権譲渡の効力が及ぶことを主張することができない。よって、3月、4月分の賃料のBに対する支払請求、買受人Iに対する5月分以降の賃料の支払請求のいずれも認められない。

以上

平野 裕之（ひらの ひろゆき）

日本大学大学院法務研究科（法科大学院）教授，慶應義塾大学名誉教授。早稲田大学法学部非常勤講師。

1981 年司法試験合格，1982 年明治大学法学部卒業，1984 年明治大学大学院法学研究科博士前期課程修了，1984 年明治大学法学部助手，1987 年明治大学法学部専任講師，1990 年明治大学法学部助教授，1995 年明治大学法学部教授，2004 慶應義塾大学大学院法務研究科（法科大学院）教授を経て現職。

著書に，『保証・人的担保の論点と解釈』（慶應義塾大学出版会，2024 年），『高齢者向け民間住宅の論点と解釈―有料老人ホーム・サ高住入居契約の法的分析』（慶應義塾大学出版会，2022年），『製造物責任法の論点と解釈』（慶應義塾大学出版会，2021 年），『新債権法の論点と解釈〔第 2 版〕』（慶應義塾大学出版会，2021 年），『新・考える民法Ⅰ―民法総則〔第 2 版〕』『新・考える民法 II―物権・担保物権』『新・考える民法 IV―債権各論』（慶應義塾大学出版会，2019-2023 年），『民法総則』『物権法〔第 2 版〕』『担保物権法』『債権総論〔第 2 版〕』『債権各論 I 契約法』『債権各論 II 事務管理・不当利得・不法行為』（日本評論社，2016-2023 年），『コア・テキスト民法Ⅰ民法総則〔第 2 版〕』『同 II 物権法〔第 2 版〕』『同 III 担保物権法』『同 IV 債権総論〔第 2 版〕』『同 V 契約法〔第 2 版〕』『同 VI 事務管理・不当利得・不法行為〔第 2 版〕』（新世社，2017-2019 年），『民法総合 3 担保物権法〔第 2 版〕』『同 5 契約法』『同 6 不法行為法〔第 3 版〕』（信山社，2008-2013 年），『製造物責任の理論と法解釈』（信山社，1990 年），『保証人保護の判例総合解説〔第 2 版〕』（信山社，2005 年），『間接被害者の判例総合解説』（信山社，2005 年）ほか多数。

新・考える民法Ⅲ ［第2版］
――債権総論

2020 年 4 月 30 日　初版第 1 刷発行
2024 年 6 月 10 日　第 2 版第 1 刷発行

著　者―――平野裕之
発行者―――大野友寛
発行所―――慶應義塾大学出版会株式会社
　　　　　　〒 108-8346　東京都港区三田 2-19-30
　　　　　　TEL〔編集部〕03-3451-0931
　　　　　　　　〔営業部〕03-3451-3584〈ご注文〉
　　　　　　〔　〃　〕03-3451-6926
　　　　　　FAX〔営業部〕03-3451-3122
　　　　　　振替 00190-8-155497
　　　　　　https://www.keio-up.co.jp/
装　丁―――安藤久美子
組　版―――株式会社キャップス
印刷・製本――中央精版印刷株式会社
カバー印刷―――株式会社太平印刷社

©2024　Hiroyuki Hirano
Printed in Japan ISBN978-4-7664-2969-5

慶應義塾大学出版会

平野教授の「論点と解釈シリーズ」！

保証・人的担保の論点と解釈

平野裕之著

保証を中心とする人的担保 その論点の全て！

連帯保証、共同保証、根保証、併存的債務引受、独立損害担保、経営指導念書についても言及。保証を中心とした人的担保をめぐる論点のすべてを扱う解説書。好評書『新債権法の論点と解釈』を深掘りする、保証に関する論点と解釈！

—— 主要目次 ——

A5判／並製／392頁／ISBN 978-4-7664-2939-8
定価3,520円（本体3,200円）　2024年1月刊行